权威·前沿·原创

皮书系列为
“十二五”“十三五”国家重点图书出版规划项目

中国社会科学院创新工程学术出版资助项目

2019年中国经济前景分析

ANALYSIS ON THE PROSPECT OF CHINA'S ECONOMY (2019)

顾　问／李　扬
主　编／李　平

图书在版编目(CIP)数据

2019年中国经济前景分析 / 李平主编. --北京：社会科学文献出版社，2019.6

(经济蓝皮书春季号)

ISBN 978-7-5201-4773-6

Ⅰ. ①2… Ⅱ. ①李… Ⅲ. ①中国经济-经济预测-研究报告-2019 ②中国经济-经济发展趋势-研究报告-2019 Ⅳ. ①F123.24

中国版本图书馆CIP数据核字（2019）第080735号

经济蓝皮书春季号
2019年中国经济前景分析

顾　　问 / 李　扬
主　　编 / 李　平

出 版 人 / 谢寿光
责任编辑 / 吴　敏　彭　战　焦云霞

出　　版 / 社会科学文献出版社·皮书出版分社（010）59367127
地址：北京市北三环中路甲29号院华龙大厦　邮编：100029
网址：www.ssap.com.cn
发　　行 / 市场营销中心（010）59367081　59367083
印　　装 / 三河市东方印刷有限公司

规　　格 / 开　本：787mm×1092mm　1/16
印　张：19.5　字　数：257千字
版　　次 / 2019年6月第1版　2019年6月第1次印刷
书　　号 / ISBN 978-7-5201-4773-6
定　　价 / 99.00元

主要编撰者简介

李　扬　1981 年、1984 年、1989 年分别于安徽大学、复旦大学、中国人民大学获经济学学士、硕士、博士学位。1998～1999 年，美国哥伦比亚大学访问学者。

中国社会科学院原副院长。中国社会科学院首批学部委员、经济学部主任，国家金融与发展实验室理事长。研究员，博士生导师。十二届全国人大代表，全国人大财经委员会委员。中国博士后科学基金会副理事长。第三任中国人民银行货币政策委员会委员。2011 年被评为国际欧亚科学院院士。

中国金融学会副会长，中国财政学会副会长，中国国际金融学会副会长，中国城市金融学会副会长，中国海洋研究会副理事长。

曾五次获得“孙冶方经济科学奖”著作奖和论文奖。已出版专著、译著 23 部，发表论文 400 余篇，主编大型金融工具书 6 部。主持国际合作、国家及部委以上研究项目 40 余项。

李　平　中国社会科学院数量经济与技术经济研究所所长、研究员，中国社会科学院重点学科技术经济学学科负责人和学科带头人。中国社会科学院研究生院教授、博士生导师，中国数量经济学会理事长、中国技术经济学会副理事长、中国区域经济学会副理事长。长期从事技术经济、产业经济等领域研究工作，主持参与多项国家重大经济问题研究和宏观经济预测，包括“我国未来各阶段经济发展特征与支柱产业选择（1996～2050）”“中国能源发展战略（2000～2050）”等项目研究；参加“三峡工程”“南水北调工程”“京沪高速铁路工程”等国家跨世纪重大工程的可行性研究和项目论证。国家南水北调工程审查委员会专家，起草南水北调综合审查报告，国家京沪高速铁路评估专家组专家，代表作有《特大型投资项目的区域和宏观经济影响分析》《中国工业绿色转型》《“十二五”时期工业结构调整和优化升级研究》等。

摘　要

在不确定性因素持续增加的国际背景下，2019 年世界经济依然复苏乏力。在“逆全球化”、单边主义导致的多方面经贸摩擦，以及发达经济体政策外溢效应的直接影响下，中国经济总体保持平稳较快增长。虽然依旧面临产能过剩、企业利润率下滑、内需动力不足、金融风险不断积聚等诸多困难，但 2019 年一季度各项数据明显好于预期，显示我国经济结构继续优化，供给侧改革初现成效。

面对各项风险挑战，预计 2019 年中国经济增长 6.4% 左右，增速比上年小幅回落，可以实现年初预期 6.0% ~6.5% 的经济增长目标。预计 2019 年就业基本保持稳定，居民消费价格上涨 1.9%；工业品出厂价格上涨 0.1%。

2019 年应进一步深化改革，积极培育壮大经济增长新动能，努力促进形成强大国内市场，加快消费升级助推经济高质量发展。把握消费升级大趋势，克服一系列制约消费升级的瓶颈，促进形成强大国内市场；以消费结构变革为契机，推动产业结构转型升级，以满足人民群众美好生活需要为出发点，全面提升产品和服务质量；加快构建现代产业体系，推动供给侧改革与消费升级良性互动，形成可持续的市场动能。不断优化财政政策，促进企业效益提升和激发市场潜在活力。同时发挥稳健货币政策和宏观审慎政策的逆周期作用，坚持疏堵并举，有效防控地方政府隐性债务风险。

关键词： 中国经济　经济增长　经贸摩擦　结构优化

目 录

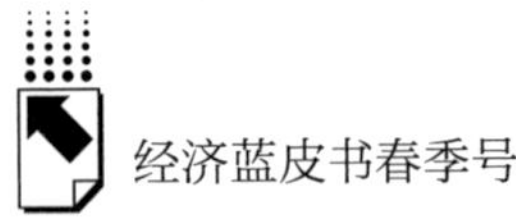

皮书数据库阅读**使用指南**

深入推进金融供给侧结构性改革（代前言）

李　扬*

2019年2月，习近平总书记在主持中央政治局第十三次集体学习时，集中对金融供给侧结构性改革这一主题进行了阐述。事实上，习近平总书记近年来针对金融问题展开的一系列论述，也都是环绕这一命题的。我们应当将这些论述一体研究。我认为，这个命题，是在全面总结近年来国内外经济金融发展形势，以及中国金融业40年改革发展经验的基础上，在中国经济发展进入新时代的背景下，提出的我国金融改革和发展的新方向。

作为整体经济的供给侧结构性改革的有机组成部分，金融供给侧结构性改革的内容可概括为“一个基础、六大方向”。这里所说的“基础”就是确认金融在国民经济中的重要地位，“方向”就是未来金融改革和发展的主要领域。“六大方向”分别是服务实体经济、优化金融结构、管理金融风险、遵循经济规律、发展金融科技、扩大对外开放。

一　金融在国民经济中的重要地位

关于金融在国民经济中的重要地位，学界一向就有很多论述。我

* 李扬，中国社会科学院学部委员、经济学部主任，国家金融与发展实验室理事长。

认为，习近平总书记最近给出的概括，无疑最全面、最深刻。总结起来，有如下三个要点。

第一，“金融是国家重要的核心竞争力”，金融首先被置于全球视野予以讨论，并且是举足轻重的国家核心竞争力。

第二，“金融安全是国家安全的重要组成部分”，凸显了金融安全在国家安全体系中的核心地位。

第三，“金融制度是经济社会发展中重要的基础性制度”。这句话把金融同经济和社会的关系、同国家发展的关系说清楚了。在支撑国家社会经济正常运行的诸项制度中，金融制度不可或缺，并且构成其他各方面发展的基础。

十八届三中全会关于财政的论述：“财政是国家治理的基础和重要支柱”，以及“科学的财税体制是优化资源配置维护市场统一、促进社会公平、实现国家长治久安的制度保障”。首先，金融和财政构成国家两大经济支柱、两大发展基础，缺一不可。其次，既然它们都共同作用于同一个国民经济，既然它们之间存在如黄达教授几十年就清晰地指出的“犬牙交错的结合部”，既然它们都构成宏观调控体系不可或缺的组成部分，那么它们之间应相互协调、彼此配合，就是题中应有之义。

二　金融供给侧结构性改革的六大方向

（一）服务实体经济

习近平总书记在讲到金融、金融风险、金融服务实体经济问题的时候，都是将实体经济与金融相提并论。不妨回顾一下习近平总书记在2016年“全国金融工作会”上的讲话，在论述当时已被人们议论纷纷的金融“脱实向虚”问题时，明确指出，表现在金融领域中的诸种问题本质上是“三个失衡”：一是实体经济供需失衡，二是金融业内部失衡，三是金融和实体经济循环不畅。他说到金融风险频发、多发的时候，首先指出这是实体经济出了问题，然后是金融结构出了问题，最后是金融和实体之间相互循环的时候出现了梗阻。这个思路非常明确地告诉我们，金融是第二性的，它从来不可能离开实体经济而独自存在，它的问题也不可能离开实体经济这一基础来加以解释，也就是说，拘泥于在金融圈子里寻找金融风险、探寻解决办法，是片面的。

在习近平总书记2019年2月的重要讲话中，我们再次看到了他深邃的思想。有三句话值得思考：第一句话是“经济是肌体，金融是血脉，两者共生共荣”，这对于金融与实体经济的关系，给出了一个新的比喻，即血脉和肌体的关系。过去我们常用枢纽来比喻金融同国民经济的关系，这只是停留在一种无机的状态，现在，用血脉和肌体的关系来比喻金融和实体经济共生共荣的关系，就把两者关系提升到有机状态了，显然，血脉和肌体之比，较枢纽之比，更为贴切。第二句话是“金融活，经济活；金融稳，经济稳”。第三句话是“经济兴，金融兴；经济强，金融强”。不妨试着解读一下，第二句话皆以金融为引导，说的是金融与经济之间的活与稳的关系，可以明显体会到，金融之于经济，显然是第二性的，它发挥的是附属的、辅助的、服务的作用。第三句话皆以经济做引，说的是经济与金融之间兴与强的关系，很显然，这里说的是经济对于金融的决定性作用，是决定其能否兴、能否强的因素，是第一性、主导性、基础性的作用。这三句话放在一起，构成了一套完整的关于金融服务实体经济的表述。至于怎么延伸，在具体领域怎么解释，那是进一步的问题，但是总的理论逻辑、原则、方向不能够违背，必须牢记。所以，关于金融与实体经济之间关系的表述，是金融供给侧结构性改革方略的一大亮点，它把金融和实体经济错综复杂的关系讲清楚了。

（二）优化金融结构

提出优化金融结构并将之置于非常重要的地位，无非是因为我国现有的金融结构存在扭曲、错配问题。

第一个错配是期限结构错配，我国金融体系存在“借短用长”的现象。也就是说，基于中国现有金融结构，我们能够筹集到的资金期限相对较短，但是，基于中国现在的发展阶段和面临的任务，我们对资金需求的期限却相对较长。资金来源期限短、资金使用期限长，两者之间存在错配问题。虽然说期限错配是世界各国金融体系的共同问题，但这一错配问题在中国尤为突出，因为中国是发展中国家，是工业化仍在进行中的国家，是正在大力推动城市化的国家，在这样的发展阶段，我们对长期资金的需求比任何国家都甚，但基于现行的金融结构，我们的资金来源期限又相对较短，这就使得克服期限错配成为长期且艰巨的任务。面对国内经济仍在下行的严峻形势，中央在部署 2019 年及未来一段时期的任务时，再次强调了“要发挥投资的关键作用”，而在列举出的十一个主要投资领域中，除了“加快制造业技术改造和设备更新，加快 5G 商用步伐”之外，其他如“加强人工智能、工业互联网、物联网等新型基础设施建设，加大城际交通、物流、市政基础设施等投资力度，补齐农村基础设施和公共服务设施建设短板，加强自然灾害防治能力建设”等，都是需要长期、巨额投资的。这就把矫正我国资金来源和使用之间的期限错配问题，提到了应对经济下行压力的更为紧迫的地位。

第二个错配是权益错配。几十年来，特别是改革开放以来，我国的金融体系从无到有，发生了堪称“大爆炸”的巨变。正是这种变化，为我们动员了长期、规模巨大且源源不断的储蓄资源，支撑了长期的高投资和高增长。然而，在中国现行的金融结构下，我们动员的资金大部分只能形成借款者的负债，能形成资本、形成筹资者权益的比重相对较小，这就形成了权益错配。在经济高速增长过程中，由于经济规模扩张极为迅速，经济运行的突出问题是资金短缺，资金结构中的权益错配问题并不明显，然而，当经济进入中低速增长的新常态、下行压力逐步显现之时，权益资金形成不足的问题就渐次显露，现在的债务过高、杠杆率过高、资本成本过高等问题，都与我国金融结构的权益错配密切相关。

第三个错配是服务对象偏颇。迄今为止，对于广大的中等收入及以下水平的普通居民、民营经济等这些更需要资金及金融服务的经济主体，我们提供的金融服务严重不足。

因此，所谓优化金融结构，主要就是要纠正以上三个扭曲。改革的方向可以概括为以下三个。

第一个方向，“健全商业性金融、开发性金融、政策性金融、合作性金融分工合理、相互补充的金融结构体系”，“构建多层次、广覆盖、有差异的银行体系。”

关于健全四种性质的金融结构体系问题，早在十八届三中全会时就已有部署。提出四种性质的金融活动并举，是面对新时期、新任务的一大创新。在一个相当长的时期内，推进金融体系向着市场化、商业化方向发展，始终构成我国金融改革的主要方向和基本任务——所谓政策性金融，一度被我们“扔到垃圾箱里”。至于合作性金融，在中国至今仍然举步维艰。所谓开发性金融，也只是进入高速工业化时期的新产物。多层次、广覆盖、有差异的银行体系，就更谈不上了。简单回顾历史便可知晓：我们发展金融体系的任务一次又一次地从基层做起，发展信用社、发展村镇银行、支持小额信贷发展等，不一而足，但是，发展到今天，中国仍然还是大银行的天下，更严重的是，无论何种规模、居于何地，所有银行的业务结构都是高度同构化的。所以，提出发展多样化的金融机构的目标切中了我国金融结构的弊端。

第二个方向，“建设规范、透明、开放、有活力、有韧性的资本市场，完善资本市场基础制度，把好市场入口、出口两道关，加强对交易的全程监管”。近年来，资本市场越来越得到国家宏观调控部门的重视，但是，我们也注意到，发展资本市场的重点，渐次也有调整。资本市场自身的体制机制建设问题被提到了首位，中央对于资本市场基础制度的重视，要求把好市场入口、出口两道关，加强对交易的全程监管等，这在过去也是比较少见的。

第三个方向，在调整产品结构方面，强调“以市场需求为导向，积极开发个性化、差异化、定制化的金融产品”。所谓个性化、差异化、定制化，是和我们这几年发展很快但同时也是争议甚多的一桩事情联系一起的，这就是资产管理。要求个性化、差异化、定制化，就是追求“非标准化”，与之对应的，则是“出表”“出场”“脱媒”等。近年来，我国金融产品“非标准化”化趋势十分明显，但由于监管未能及时到位，监管真空和重叠监管同时存在，再加上资本市场的杠杆融资推波助澜，致使资管领域积累了大量风险。在这种情况下，对资管进行整肃亦属正常，但是，要求资金由表外回到表内、由场外回到场内、由多样化变为简单化、由资本市场回到银行资产负债表中，只能是一种应对风险的权宜之计，作为发展的方向，我们的产品还是要向“个性化、差异化、定制化”方向发展。

调整产品结构的另一任务就是增加中小金融数量和业务比重，改善小微企业和“三农”金融服务，选择那些符合国家产业发展方向、主业相对集中于实体经济、技术先进、产品有市场、暂时遇到困难的民营企业给予重点支持。这一类任务的提出，显然是与近年来小微企业和民营企业经营困境加剧密切相关，在进一步改革的过程中对此进行纠正，自属必然。

（二）管理金融风险

学习中央关于金融风险管理的一系列最新说法，我们又一次体会到习近平总书记关于金融和实体经济、金融发展和金融风险之间关系的论述深刻而透彻。他首先强调，防范化解金融风险，特别是防止发生系统性金融风险，是金融工作的根本性任务。这就规定了我国金融改革和发展的一项基本内容。

不过，关于防范和化解金融风险，我们更应当仔细体会如下三个表述背后的深刻含义。

第一，“实体经济健康发展是防范化解金融风险的基础”。这体现的还是习近平总书记一贯的分析逻辑：论金融风险，首先要论作为其服务对象的实体经济风险，而且，从根本上说，金融健康与否，取决于实体经济健康与否。换言之，实体经济发展不好，就不可能有好的金融；实体经济不好，就不能要求金融无条件提供服务。这样，对于社会上广为诟病的“贷款难、贷款贵”问题，我们就可以而且应当有更全面的解释。

第二，“要注重在稳增长的基础上防风险”。这分析的是防范化解金融风险和稳增长之间的关系，很明显，应当是稳增长优先，在实体经济稳定的基础上管理金融风险。

第三，“坚持在推动高质量发展中防范化解金融风险”，这说的是发展与防范和化解金融风险的关系，强调要在推动高质量发展中防范和化解金融风险，说的就是高质量发展优先。

总之，关于防范和化解金融风险的以上论述是比较新的表述，其含义值得反复琢磨，因为它们涉及金融和实体经济的关系、金融发展和金融风险的关系、经济发展和金融风险的关系等，这几对关系构成了我们金融改革和发展的主要内容，并贯穿在改革和发展的全过程之中。

管理金融风险主要应从如下五个方向入手。

一是加快金融市场基础设施建设、稳步推进金融业关键信息基础设施国产化。这里重申了对金融市场基础设施建设的关注，不过，面对国内外经济金融发展的新形势，特别是面对中美摩擦的新情势，我们从现在开始强调了“国产化”，即把金融安全上升到关乎国家安全的核心地位的高度。

二是做好金融业综合统计，健全及时反映风险波动的信息系统，完善信息发布管理规则，健全信用惩戒机制。这几年来，国家金融与发展实验室致力于跟踪分析国内外各种风险及其变化，并按季度予以公布，希望大家关注。

三是“做到管住人、看住钱、扎牢制度防火墙”。反腐倡廉这些年来，我们发现，几乎所有的贪腐都与金融有关，或者最终落在金融领域，或者索性由金融事件引发，所以，管住人和钱，扎牢制度的笼子，对于反腐倡廉而言具有关键意义。

四是运用现代科技手段和支付结算机制，适时动态监管线上线下、国际国内的资金流向流量，使所有的资金流动都置于金融监管机构的监督视野之内。在这里，支付结算、资金的流量流向的监管等过去并不特别被人关注的因素，被提到了关乎国家安全的高度。国家金融与发展实验室一向重视对支付结算、资金流量存量以及资金流动的研究。我们高兴地看到，这样一些被人们认为枯燥的基础性研究，如今被置于其应有的位置上了。

五是去杠杆。我们知道，金融风险的源头是高杠杆。因此，去杠杆是我们的长期任务。一段时间以来，由于去杠杆的重点、策略和节奏有所调整，社会上有些人就妄称去杠杆已经结束。如果认真分析我国宏观杠杆率以及各个部门杠杆率的水平及其演变，特别是认真研究高杠杆与我国传统经济发展方式的内在关联，就会认识到，在我国去杠杆的任务远未完成，它已经成为我们的长期任务。回忆一下我们在上文中提及的几个重要关系：稳定和防风险，稳定第一；高质量发展和防风险，高质量发展第一，知道了这样的主从关系之后，我们就会冷静地判断去杠杆在整体宏观调控操作中所居的位置，因为去杠杆是防风险的举措，所以它要服从于金融稳定、经济稳定、高质量发展。但是，从另一侧面说，由于高杠杆几乎构成一切金融风险的渊薮，去杠杆又必须“警钟长鸣”。总之，去杠杆的任务非但没有结束，而是更为艰巨、长期化了。

（四）遵循经济规律

遵循经济规律的要义，是沿着建设社会主义市场经济的道路向前推进改革，并纠正一切与这一目标相违背的体制机制。在这个方向下，应当特别关注如下三个方面的进展。

其一，“完善人民币汇率市场化形成机制，加快推进利率市场化，健全反映市场供求关系的国债收益率曲线”。这样一个推进“三率”市场化的任务，早在十八届三中全会时就明确提出。我们一定要认识到，汇率的市场化关涉能否有效地利用国内国际两个市场，利率的市场化关乎能否有效地将有限的资源配置到最有效率的领域、地区、行业和企业手中，而国债收益率曲线的完善，则关系到我国金融产品定价的合理性和科学性。我们常说，市场经济中是市场力量在引导资源配置，市场靠什么引导？靠金融的流动，金融资源根据什么流动？靠这“三率”所揭示出的信息牵引。“三率”市场化的重要性，如此可见一斑。应当冷静地看到，完成“三率”市场化，我们仍然任重道远。

其二，在遵循经济规律的名下要做的又一类事情，就是破除金融体系的所有制和意识形态偏好，遵循“竞争中性”原则，平等为各种所有制企业提供高效率的服务。我们知道，遵循竞争中性原则，是由中国人民银行行长易纲先生在会见外国记者时首次明确提出的。2018 年底的中央经济工作会明确提出了“竞争的基础地位”概念。2019 年两会的《政府工作报告》以及博鳌亚洲论坛上李克强总理的报告中，更是明确提出要实施“竞争中性”原则等。这说明，落实竞争中性原则，将成为我国深化各领域改革的方向之一。若能实现竞争中性，目前困扰我国中小微企业和民企的问题等都将迎刃而解。

其三，加强金融的基础设施建设，包括一整套登记、托管、交易、清算、结算制度，以及规范并保护这些制度运行的法律法规。这些都是保证市场正常运行的基础条件，理所当然应当积极推进这些领域的改革。

（五）发展金融科技

关于发展金融科技问题，散见于很多领导讲话、报告和政策表述之中，切实推进金融科技发展，将极大地优化我国经济和金融发展的要素基础和结构，提升我国经济发展的质量。

首先，发展科学技术是供给侧结构性改革的主要内容。推动科学技术发展，特别是推动科技产业化，是供给侧结构性改革的主要着力点，是落实新发展理念、实现创新发展的基础。供给侧结构性改革体现在金融领域，就是大力发展金融科技，发展金融科技的要义就是使创新成为推动金融服务供给结构变革和金融服务效率提升的根本支撑。

金融科技发展对金融发展的革命影响，一是有助于破解信息不对称这一始终困扰金融发展的难题；二是提供更可靠的信用基础，助力金融体系正常运行；三是准确地提供各种要素的流转轨迹，促进金融服务实体经济；四是让各个部门、各个主体都能够显示各自的偏好，为资源配置提供有效的参数；五是降低金融服务成本，有效接入普通大众和小微企业。应当指出的是，金融科技不是科技，其本质是金融，金融科技企业必须做好上述五类事情，才能保证自己不是泡沫。最近几年来，在这个领域已经积累了一些泡沫，值得高度警惕。我们不希望如火如荼的金融科技成为又一个互联网金融。

应当清醒地认识到：只有在金融科技大发展的基础上，我们才有可能让普惠金融和绿色金融真正发展起来并落在实处，从而真正做到为广大人民群众服务。

（六）扩大对外开放

扩大对外开放不是简单地开放，而是要根据国际经济金融形势变化和我国发展战略需要，研究推进新的改革开放措施。也就是说，金融对外开放要有针对性，不能“本本先行”，而应是问题导向。这是金融对外开放的基本原则。

在这个原则基础上，我们看到了三个要点，即“三个提高”。

第一，提高金融业全球竞争能力，扩大金融高水平双向开放。金融供给侧结构性改革，是放在中国融入全球化金融体系的大战略之中的，是将中国置于全球之中的战略安排，所以，金融业对外开放，为的是提高我们在全球范围的竞争力；扩大金融高水平双向开放、引进外资等，只是其包含的内容之一。

第二，提高开放条件下经济金融管理能力和防控风险能力。这里的着眼点还是全球化，关心的问题是，金融市场对外开放后，大量我们不知道、不熟悉的事物接踵而来，如何去管理这样一个日趋复杂的金融世界，我们并无经验。所以，提高经济金融管理能力和防控风险能力，就比过去任何时候都重要了。

第三，提高参与国际金融治理能力。这是中国首次明确提出的战略目标。随着中国经济和金融与全球经济和金融日益密切地联系在一起，随着“你中有我，我中有你”的世界新格局日益成熟，中国经济实力日益提高，参与金融的全球治理，表达我们的看法，发出我们的声音，表明中国的立场，维护中国及广大发展中国家的利益，不仅有必要性，而且有可能性。

在新形势下稳定就业的思考与建议

蔡　昉*

当前，中国经济保持着稳中有进、稳中有变、变中有忧的局面。2012 年中国经济结束了长期保持接近两位数的增长速度，但是，迄今仍然在其潜在增长率水平上运行，实现了中高速增长。2012 ~ 2018 年间，国内生产总值（GDP）年均增长率仍然高达 7%，在中国所处的新的发展阶段上，属于可圈可点的成绩。同时也要看到，中国经济潜在增长率从高位下行，需要有适应和调整的过程，供给侧结构性改革过程中也会产生成长中的烦恼，国际上出现的全球化逆潮以及中国面对的贸易摩擦，也会从需求侧产生一定的干扰，甚至更多的需求侧冲击也可能发生。

2018 年 12 月 19 ~ 21 日召开的中央经济工作会议要求，全面正确把握宏观政策、结构性政策、社会政策取向，确保经济运行在合理区间。中央提出稳就业、稳金融、稳外贸、稳外资、稳投资、稳预期，既是当前需要积极应对、保障稳定的重要方面和主要内容，“六稳”的顺序安排也与时俱进，具有深刻的政策含义。总体而言，“六稳”中虽然没有“稳增长”的直接表述，但是在确定了稳就业这个民生底线和稳金融这个防范系统性风险底线之后，其余“四稳”实际上都是稳增长的内容。因此，把稳就业放在“六稳”之首，标志着按照以人民为中心的发展思想，着力解决变化了的我国社会主要矛

* 蔡昉，中国社会科学院副院长。

盾，宏观经济政策目标从“保增长、稳就业”向“保就业、稳民生”转变。

一　积极就业政策3.0

至少在20世纪90年代中期以前，中国劳动力转移和配置的市场化程度很低，宏观经济政策调控目标中没有明确的就业要求，货币政策和财政政策的官方表述中都没有单独提到就业目标。从一定程度上说，这种情况与当时的劳动力供求关系也是适应的。在二元经济发展过程中，劳动年龄人口和经济活动人口增长较快，劳动力市场上的供给大于需求是常态。经济增长有一个既定的且假设不变的就业弹性（即一定的GDP增长率带来多大幅度的就业扩大），人们常常观察到，就业扩大更多地依靠经济增长速度，因此，以经济增长带动就业这个现象，决定了以增长速度目标代替就业扩大目标的政策理念，也有其历史的合理性。

自经历了20世纪90年代后期就业冲击和劳动力市场改革，累计数千万人下岗失业，中央于21世纪初提出实施积极就业政策，2002年党的十六大报告提出实行促进就业的长期战略和政策，将促进经济增长、增加就业、稳定物价和保持国际收支平衡列为宏观调控主要目标。由此形成“积极就业政策1.0”。这同时也意味着，政府和社会在关于经济增长与就业扩大的关系上，认识有了明显的提高，即认识到“经济增长并不自动带来就业扩大”，不同政策导向的经济增长也带来不尽相同的就业效果。

在2008～2009年应对世界金融危机过程中，党中央和国务院提出实施更加积极的就业政策，标志着就业政策的优先序进一步提升。2012年，党的十八大提出实施就业优先战略和更加积极的就业政策。从此，政府稳定就业的政策内容更加充实，政策工具也更加丰富，各部门对就业政策实施的协调性也得到改善。因此，可以将这个阶段的就业政策体系称作“积极就业政策 2.0”。

与此同时，自世界金融危机发生以来，劳动力供求格局发生了根本性的变化，二元经济发展阶段劳动力无限供给的特征正在消失。图 1展示了中国和主要新兴经济体，以及若干其他国家的实际 GDP 增长率和失业率，横坐标显示的时间跨度是 2008 ~ 2017 年。观察变化趋势可以看到，除中国之外，所有国家的增长率在 2009 年都发生大幅跌落，失业率骤升。中国的减速相对平缓，失业率也没有显著变化，自 2012 年以来经济增长率稳定下行，与此同时失业率即便不说显著下降，也可以说始终稳定在低水平上（图 1 中“中国 a”和“中国 b”分别使用了城镇登记失业率和城镇调查失业率）。

这就引发一个认知矛盾：经济增长下行与劳动力短缺现象之间的关系应该怎么理解，究竟孰因孰果？既然逻辑上无法用经济减速来解释劳动力短缺，唯一正确的解释就是人口结构发生了根本性变化，劳动力供给减少，由此决定了支撑高速增长的人口因素及其决定的经济增长变量都发生了变化。人口红利的消失表现在：首先是出现了劳动力数量的短缺；其次是由于新成长劳动力减少，人力资本改善速度放慢；最后是随着劳动力无限供给特征的消失，资本投资的回报率下降，以及农村可供转移的劳动力数量减少，也使资源重新配置效率的提高速度放缓。所有这些因素，最终都导致中国经济潜在增长率的下降。我们的估算和预测表明，中国潜在增长率在 2010 年之前的 30 余年中，年均大约为 10%，在人口红利消失转折点之后，已经下降到“十二五”时期的年均 7.55% 和“十三五”时期的年均 6.20%。①

① Cai Fang and Lu Yang, “The End of China’s Demographic Dividend: The Perspective of Potential GDP Growth”, in Garnaut, Ross, Cai Fang and Ligang Song (eds.), *China: A New Model for Growth and Development*, Australian National University E Press, Canberra, 2013, pp. 55 – 74.

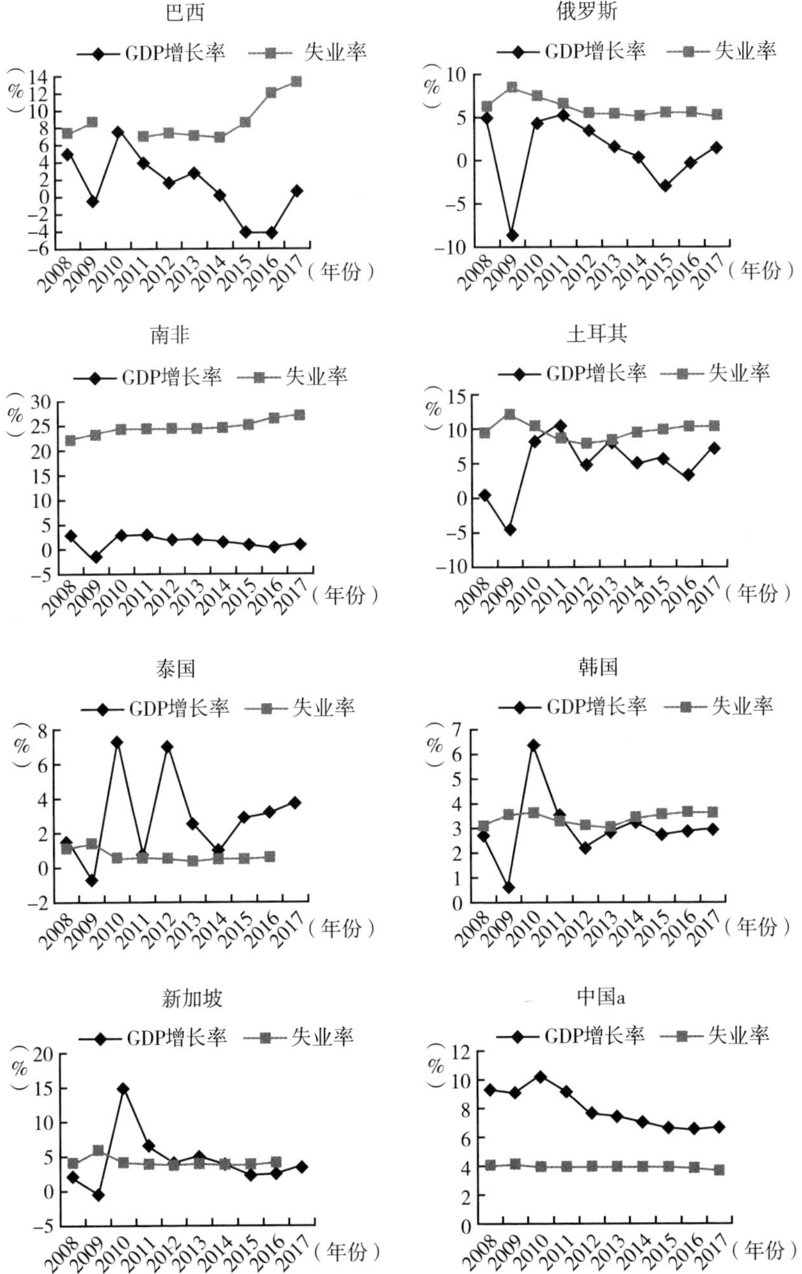
巴西
GDP增长率
失业率
（%）
（年份）
俄罗斯
GDP增长率
失业率
（%）
（年份）
南非
GDP增长率
失业率
（%）
（年份）
土耳其
GDP增长率
失业率
（%）
（年份）
泰国
GDP增长率
失业率
（%）
（年份）
韩国
GDP增长率
失业率
（%）
（年份）
新加坡
GDP增长率
失业率
（%）
（年份）
中国a
GDP增长率
失业率
（%）
（年份）

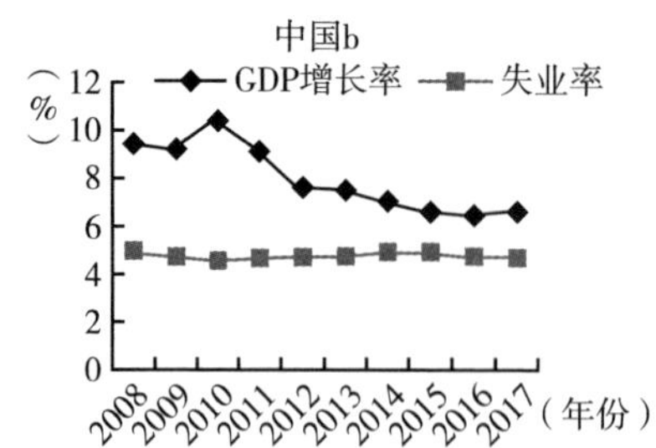

图 1　部分国家的 GDP 增长率与失业率的关系

资料来源：国际劳工组织数据库（https：//www. ilo. org/global/statistics-and-databases/lang—en/index. htm）和世界银行数据库（https：//data. worldbank. org/），2019 年 1 月 1 日。

为了从理念上更能强调保障民生的重要性以及解决好就业问题在其中的突出位置，在中央文件以及各种重要政策表述中，一直都是把确立和实现就业目标作为一项民生保障的要求，归入社会政策的范畴。如果说在政策表达中这样处理有利于提高就业政策优先地位，也便于考核各级地方政府相关工作的话，在政策实施层面未能把就业政策纳入宏观经济政策体系，特别是货币政策的运用方向及出台时机没有劳动力市场信号作为依据，则会导致稳定就业的要求在政策工具箱中的位置不恰当，也就造成稳定就业的措施难以同货币政策和财政政策等宏观经济政策有效衔接，就业目标的优先序也容易在政策实施中被忽略，有时被保增长的要求所代替。

2018 年 7 月 31 日中共中央政治局提出“做好稳就业、稳金融、稳外贸、稳外资、稳投资、稳预期工作”要求，并把稳就业作为“六稳”之首，有关部门也出台了更加具体而精准的稳就业措施，意味着开启“积极就业政策 3. 0”时代的时机已经成熟。特别是，政府已经启用城镇调查失业率统计，发布了的数据也被证明与其他劳动力市场指标具有一致性。因此，通过对积极就业政策在政策工具箱中位置的调整，即把实现充分就业的目标以及劳动力市场各类信号纳入宏观经济政策抉择中予以考量、决策和执行，积极就业政策就可以得到真正落实，宏观经济政策终极目标和底线更加清晰且可操作，民生得到更好的保障。

二 认识就业指标及现状

宏观经济决策所依据的最重要参数是劳动力市场指标，其中核心则是失业率。以失业率为核心的劳动力市场指标，在反映劳动力市场状况的同时，也连接着宏观经济的供给侧和需求侧状况，既揭示劳动要素利用的充分程度，又影响到民生和消费水平，因而，在市场经济条件下，这类指标对于宏观经济决策来说，是统计意义上的充分信息（sufficient information）。长期以来统计发布城镇登记失业率数据，由于该数字长期稳定在4%左右，变动幅度极其微小，可以说这个指标对劳动力市场的变化不够敏感。由此我们可以将其视为不受周期性因素影响的自然失业率即结构性失业率和摩擦性失业率之和。有关研究也估算出，21世纪前十年有一段时间的自然失业率为4%左右。[①]

至于国际劳工组织统一口径，建议使用并且为很多国家采纳的（城镇）调查失业率，统计部门在经过多年调查和试用之后，近年来开始陆续公开发布。笔者曾经利用公开发布的其他劳动力市场数据，对以往的城镇调查失业率水平进行了估计。把年度估计数与统计局发布以来的数据相衔接，可以获得具有连续性的信息。从这个失业率指标来看，在20世纪90年代末和21世纪初经历过大幅攀升之后逐渐得到改善，自2008年之后稳定在5%上下的水平（见图2）。

在积极就业政策1.0版和2.0版的执行中，之所以对劳动力市场冲击做出及时反应的政策手段，始终未能在宏观经济政策工具箱中得

① 都阳、陆旸：《中国的自然失业率水平及其含义》，《世界经济》2011年第4期。

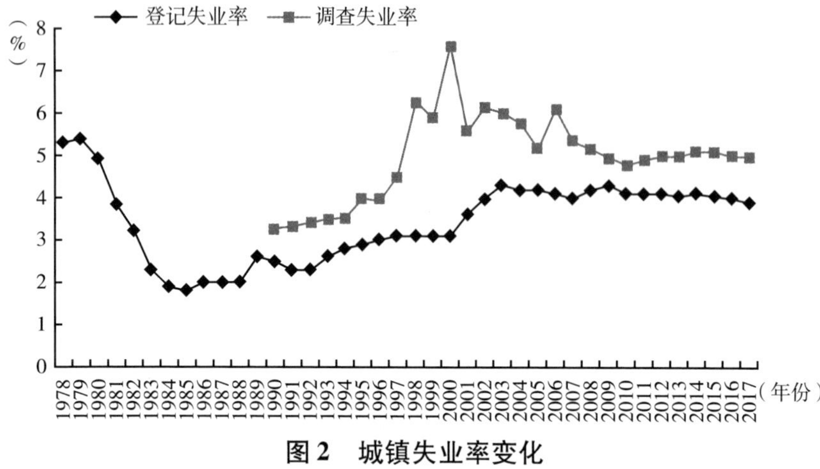

图 2　城镇失业率变化

资料来源：城镇登记失业率数据来自国家统计局历年《中国统计年鉴》；城镇调查失业率较早年份的数据系笔者估计，近年来数据系根据新闻报道和国家统计局发布汇集。

到充分体现，一个关键的制约因素就是失业率等劳动力市场信息不健全，有时还难以得到一致性的解释。通过准确理解城镇登记失业率与城镇调查失业率，并通过这两个指标及其关系认识当前中国的劳动力市场状况，我们可以看到：第一，中国劳动力市场已经具备了典型的显示性指标，以及据此做出反应的劳动力市场行为，这都为宏观经济政策决策创造了必要的条件。第二，迄今为止中国经济基本处于充分就业状态，尚无须出台大水漫灌式的刺激性宏观经济政策措施。

在具有劳动力剩余特征的二元经济发展时期，中国城镇劳动力市场遭遇的最大也是最后一次冲击，始于 20 世纪 90 年代中期，曾经造成大规模失业和下岗现象，城镇调查失业率一度（2000 年）高企到 7.6%，虽然之后逐渐降低，但这一轮劳动力市场冲击的影响在此后大约十年的时间里得以延续。由于那次失业下岗现象的严重性，也由于中国长期处于以劳动力无限供给为特征的二元经济发展阶段，许多人对就业冲击心有余悸，乃至把劳动力供大于求视为永恒的现象，因而看不到随后发生的劳动力供求关系的重要新变化。

在21世纪第一个十年中，人口转变阶段发生了一个根本性变化。首先，15~59岁劳动年龄人口在2010年达到峰值，从2011年开始进入负增长阶段。其次，如果用劳动参与率修正这个指标，并使关注的对象更直接地反映劳动力供给，我们估算了16岁以上经济活动人口，可以看到，这个人口群体也于2016年以后出现负增长（见图3）。结果是，劳动力供求关系相应发生了逆转，劳动力不再是无限供给，二元经济发展特征逐渐式微，中国经济进入了全新的发展阶段。相应地，在2008年前后，一系列经济发展指标和劳动力市场指标如城镇失业率，不仅发生了数量上的变化，也发生了特征上的变化。

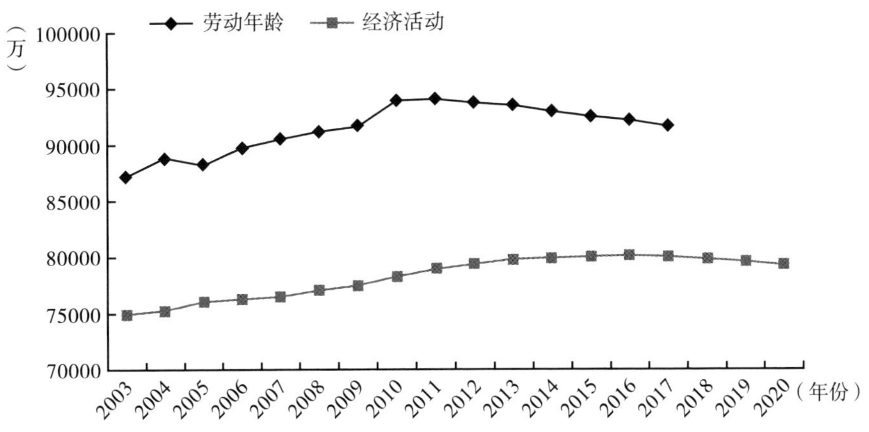

图3　劳动年龄人口和经济活动人口趋势

资料来源：根据人口普查和抽样调查数据估算。

直接观察和计量估算都表明，至少在2008年之前，4%左右的城镇登记失业率总体上处在自然失业率水平上，因而，较高的调查失业率与相当于登记失业率水平的自然失业率之间的差，便是对宏观经济更为敏感的周期性失业率。并且，由于农民工不能享受城市的失业保险，一方面无力承受在城镇处于失业状态，另一方面却可以依托承包地（农业）这个剩余劳动力蓄水池，避免在城市处于失业且没有社会保险的境地，事实上，他们一旦离开工作岗位通常会返乡务农，所以他们的劳动力市场状况既不影响自然失业率（他们通常以接受较低保留工资的方式避免失业），也不影响周期性失业率（对城市劳动力市场而言，他们的周期性返乡行为相当于退出劳动力供给）。而当时城镇户籍人口的就业常常受到政策保护，积极就业政策也取得了较好效果，并且被失业保险制度兜底，所以，除了就业冲击最严重的2000年前后，周期性失业率并不显著，并呈下降趋势，直至达到近乎为零的水平。

然而，如今情况发生了变化，给城镇劳动力市场带来新的特点。首先，由于农业中迄今已经多年遭遇劳动力短缺，作为对此做出的理性反应，农业机械化进程加速，节约劳动的特征也越来越明显，因而替代劳动力的进程非常快，农业已经不再能够执行剩余劳动力蓄水池的功能。其次，新一代农民工大多没有务农的经历和经验，也没有务农的预期和意愿，同时，现在农村家庭的收入状况也使他们能够承受短期不就业，因此，即便遭遇城镇就业困难，他们中很多人也不会返乡。最后，持续处于劳动力短缺状态，就业市场上对劳动力需求仍然强劲，农民工平均工资多年持续快速增长，导致他们愿意接受的保留工资也相应提高，这也倾向于提高城镇的自然失业率。这样，农民工的劳动力市场状况已经开始影响自然失业率以及周期性失业率。此外，更多的城镇户籍人口进入各种新型业态工作，相当于处于灵活就业状态，遭遇自然失业和周期性失业的概率都增大了。

由于2008年以来调查失业率即保持在5%左右，使其成为一个稳定的失业率水平，按照自然失业率的定义（即不直接受宏观经济周期性影响而相对稳定的失业率），如今我们可以把5%的失业率水平看作是由劳动力市场摩擦因素和结构性因素造成的，即处在自然失业率水平。在此失业率水平上（以及与之具有一致性的其他劳动力市场指标下），目前的经济增长速度可以满足充分就业的要求，因而仍然处于合理区间，无须急于出台强刺激性的宏观经济政策措施。

这与我们对潜在增长率的估计及其与实际增长率的比较结果相一致。[①] 我们把统计发布的实际增长率与模型估算的潜在增长率相减，可以得到各年份的增长率缺口，实际增长率超过潜在增长率的情形表现为正缺口，实际增长率低于潜在增长率的情形表现为负缺口。如果我们把潜在增长率看作是在既定经济发展阶段上，生产要素禀赋和全要素生产率提高潜力可以支撑的经济增长稳态，负增长率缺口通常意味着需求侧出现周期性扰动，从而使得实际增长率不能达到潜在增长率，生产要素未能得到充分利用，这时往往出现产能利用不充分，譬如周期性失业现象。与此同理却表现相反的情况则是，实际增长率超过潜在增长率造成的正增长率缺口，对应的则是经济过热的情形，通常表现为出现通货膨胀或经济泡沫。

表 1 列出了我们在以前的研究中对潜在增长率的估计，以及据此估算的增长缺口。可以看到，出现较大的负增长率缺口的年份，恰好对应着我们曾经关注并应对过的宏观经济低谷时期。2012 年以后，在潜在增长率变化的情况下，实际增长率总体上与潜在增长率保持一致，没有形成显著的增长缺口。一般来说，潜在增长率就是充分就业的增长率，实际失业率等于自然失业率的情形，也表示经济增长处于充分就业状态。可见，劳动力市场指标与经济增长趋势是相符的，因而，我们这里所做的对经济形势的判断，也是可以从各种统计信息进行相互印证的。

经济增长周期或不时出现增长率缺口，并不是中国经济面对的特有现象，而是宏观经济学所研究的对象，以及反周期政策所要应对的局面。在发达的市场经济国家，由于经济增长在正常情况下处于新古典类型的

① Cai Fang and Lu Yang, "The End of China's Demographic Dividend: The Perspective of Potential GDP Growth", in Garnaut, Ross, Cai Fang and Ligang Song (eds.), *China: A New Model for Growth and Development*, Australian National University E Press, Canberra, 2013, pp. 55 – 74.

稳态，把长期增长趋势看作是潜在增长率也不无不可，围绕之发生的或快或慢的实际增长率就导致相应的增长率缺口，表现为经济周期。可见，在人们的经验中，最常见的经济增长速度波动通常是一个周期现象，当出现负增长率缺口时，自然要到需求侧去寻找原因和出路。

表1　各时期的增长缺口估计

单位：%，个百分点

年份	潜在增长率	实际增长率	增长缺口	年份	潜在增长率	实际增长率	增长缺口
1979	8.7	7.6	-1.1	2000	8.5	8.4	-0.1
1980	7.8	7.8	0.0	2001	9.2	8.3	-0.9
1981	7.6	5.2	-2.3	2002	9.1	9.1	0.0
1982	9.2	9.1	-0.1	2003	10.2	10.0	-0.2
1983	10.6	10.9	0.3	2004	11.6	10.1	-1.5
1984	11.2	15.2	3.9	2005	11.3	11.3	0.0
1985	12.5	13.5	1.0	2006	12.3	12.7	0.4
1986	11.5	8.8	-2.6	2007	11.8	14.2	2.4
1987	10.0	11.6	1.6	2008	10.9	9.6	-1.2
1988	9.2	11.3	2.1	2009	10.6	9.2	-1.4
1989	6.8	4.1	-2.7	2010	9.4	10.4	1.0
1990	6.9	3.8	-3.0	2011	8.4	9.3	0.9
1991	8.1	9.2	1.1	2012	7.9	7.7	-0.2
1992	10.4	14.2	3.8	2013	7.5	7.7	0.2
1993	12.1	14.0	1.9	2014	7.1	7.3	0.2
1994	12.1	13.1	1.0	2015	6.9	6.9	0.0
1995	11.6	10.9	-0.7	2016	6.6	6.7	0.1
1996	11.1	10.0	-1.1	2017	6.4	6.9	0.5
1997	10.2	9.3	-0.9	2018	6.2	6.5	0.3
1998	9.2	7.8	-1.4	2019	6.0	6.2	0.2
1999	9.4	7.6	-1.8	2020	5.8	6.2	0.4

资料来源：Cai Fang and Lu Yang, "The End of China's Demographic Dividend: The Perspective of Potential GDP Growth", in Garnaut, Ross, Cai Fang and Ligang Song (eds.), *China: A New Model for Growth and Development*, Australian National University E Press, Canberra, 2013, pp. 55 - 74。

然而，正如前面所阐述的，在2010年经历了人口转变阶段变化之后，2012年以来中国经济的减速是由于潜在增长率的下降，是经济发展阶段变化的结果，并没有产生负增长率缺口，也未造成周期性失业现象。这种态势一直延续至今，即使在遭遇中美贸易摩擦升级的情况下仍然如此。因此，宏观经济学家认识中国经济减速，应该偏离习以为常的周期性角度，而从更长期的增长角度去观察。而在这个角度里，人口因素既是重要的决定因素，也是最靠得住的预测变量。

我们还可以通过人力资源和社会保障部门采集的部分城市公共就业服务机构市场供求状况分析，对此进行进一步的交叉印证。该统计发布“求人倍率”（岗位需求数与求职人数之比）这个指标，该指标显示，直到2018年第四季度，劳动力市场上的岗位需求数仍然明显大于求职人数，即数值显著高于1，并呈继续走高的趋势，也印证了当前就业比较充分这个结论（见图4）。因此，政策决策者应该以当前大约5%的自然失业率为基准进行紧密跟踪监测，如果超出该水平，就意味着经济增长速度低于潜在增长率，城镇调查失业率就会显

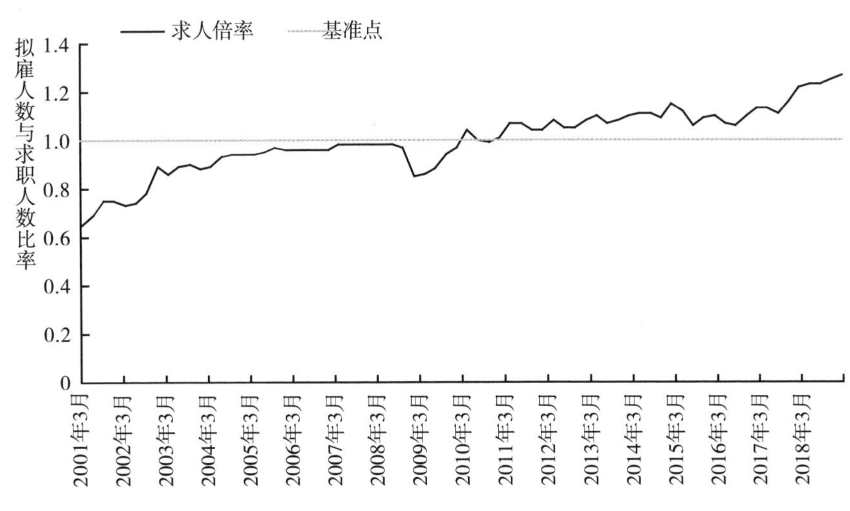

图4　城市公共就业服务机构供求状况

资料来源：CEIC数据库（https：//www. ceicdata. com），2019年2月12日。

著高于5%，则意味着发生了周期性失业现象。到那时，便是使出刺激性宏观经济政策相应工具的恰当时机了。

三　合理调整宏观经济政策工具箱

2018年12月19~21日召开的中央经济工作会议要求，全面正确把握宏观政策、结构性政策、社会政策取向，确保经济运行在合理区间。把经济增长速度保持在合理区间，需要恰当运用相关的政策工具。运用何种宏观经济政策工具，需要根据拟达到的目标，考虑到各种政策结果之间的关系进行权衡取舍，在工具箱中选择。对于中央政府决策者来说，运用这个政策工具箱的意图，应该主要不是指储存备用的投资项目或者预留的财政收入蓄水池，而应该主要指调控宏观经济的政策工具。而且，这个政策工具箱不应该是一成不变的，既可以进行数量的充实，即把以前不在工具箱的政策措施与时俱进地补充进去，也可以对政策工具进行结构性调整，把政策工具的存量进行重新归类，放在不同的格子里以便酌情选取，才符合精准施策的原则。

在以往实施的宏观经济政策过程中，曾经有过几次追加宏观经济政策工具的做法。例如，把拧紧土地供给龙头与拧紧信贷龙头结合起来，旨在遏止经济过热和泡沫生长的状况。又如，赋予产业政策以宏观调控职能，以实现以“出手要狠”的果敢稳定增长速度不致过度下滑。虽然时过境迁，以往扩大政策工具的做法也都付出了代价，但也都表明政策工具箱中的储备和应用，本不必限于货币政策和财政政策这两种传统宏观经济政策手段。

首先，目标明确的改革措施应该进入政策工具箱。把经济体制改革纳入宏观经济政策工具箱，是由中国经济面临的特殊问题决定的。在其他国家特别是在成熟的市场经济国家的一般情况下，宏观经济政策目标是使经济增长稳定在潜在增长率上，即达到所有生产要素充分得到利用且不会出现通货膨胀的增长率。在经济发展阶段未发生变化的情况下，潜在增长率通常是一个不变的水平，也就是说，大多数发达国家的潜在增长率是长期稳定的，因而往往也被称作趋势增长率。因此，在这些国家的经济增长遭遇需求侧冲击的情况下，无论是需求过剩导致经济过热还是需求不足导致经济减速，通常可行的政策工具都只是货币政策和财政政策这种传统宏观经济政策手段。政策目标是通过抑制或者刺激需求，使增长速度分别从“高于”或者“低于”潜在增长率的状态回归长期的潜在增长水平，以保障生产要素的充分利用或者通货稳定。

而中国经济当前面临的情形，既不同于自身以往的情形，也不同于大多数其他国家的情况。随着 2010 年以后人口红利迅速消失，生产要素供给和重新配置的空间都显著缩小，导致经济发展阶段发生根本性变化，也决定了潜在增长率趋于长期下降。因此，宏观经济政策的调控目标必须相应改变，要避免刺激过度从而使实际增长速度超过潜在增长率。此外，现行的经济运行中仍然存在的各种体制和机制弊端，妨碍着生产要素充分供给和有效配置，因而仍有提高潜在增长率的余地，意味着凡是可以改善生产要素供给和配置的改革，例如通过户籍制度改革增加非农产业劳动力供给以及在产业之间重新配置劳动力，均可以且应该进入宏观经济政策的工具箱。但是，需要了解的是，政策工具运用中这个特殊部分，目的不在于刺激需求侧因素，而是从供给侧提高潜在增长率。

其次，政策工具箱应包括与民生相关的社会政策。在经济运行的外部环境复杂严峻从而不确定性增多、经济增长面临下行压力的情况下，实施社会政策托底，既是面对外部冲击时确保民生稳定的必需之举，也是在供给侧结构性改革中必须履行的安全网职能，应该与宏观经济政策配套实施。此外，通过政策调整和体制改革实现收入分配格局的改善，不仅是解决变化了的社会主要矛盾的必要之举，还可以稳定和平衡经济增长的需求因素，抵销净出口需求的冲击和投资需求的疲软。这项政策的实施也可以直接产生宏观经济调控的效应。例如，在遭遇经济周期性冲击的情况下，失业保险、最低生活保障等社会保险项目的充分覆盖以及保障足额发放，有助于保障普通劳动者群体和低收入家庭的收入和生计，因而也就有利于稳定居民消费从而稳定总体有效需求。

自世界金融危机爆发以来，中国经济增长的需求拉动因素构成发生了很大的变化。例如，2008～2017 年支出法国内生产总值构成中，货物和服务净出口比重显著降低，从 7.6% 降到 1.7%，预期短期内不会有很大的提高潜力；资本形成比重比较稳定，从 43.2% 提高到 44.6%，从增长的平衡性和可持续性要求来看，这个部分未来至少不应该有进一步的提高；最终消费需求占比从 49.2% 提高到 53.6%，其中政府消费占比从 13.2% 提高到 14.6%，城镇居民消费占比从 27.0% 提高到 30.6%，农村居民消费占比从 9.0% 下降到 8.6%。

根据国际经验，中国最终消费拉动 GDP 的贡献比重仍有很大的提升空间。除了社会政策兜底可以以政府消费的形式较快转化为适度的需求扩张、具有立竿见影的宏观经济刺激效果外，社会政策完善、收入分配制度改革以及基本公共服务均等化导致的居民消费扩大，更是拉动经济增长“三驾马车”中最持久可靠的需求因素，应该作为重要的调控目标，给予最高的政策优先序。说到当前在中国提高居民消费需求，有三个特别的人口群体值得给予关注，且具有最大的扩大潜力。

一是应该特别关注挖掘农民工群体的消费潜力。2017 年全国有 2.87 亿农民工，其中 1.72 亿为离开了本乡镇的外出农民工，另一部分即 1.15 亿为在本乡镇从事非农产业的农民工。[①] 从离开务农活动成为工资收入者的角度，他们的收入有了大幅度的提高；从离开农村

① 《2017 年农民工监测调查报告》，国家统计局官方网站，2018 年 6 月 4 日。

到城镇居住生活的角度，他们的生活方式也应该更加城市化进而社会化。这都意味着农民工及其家庭的消费模式、消费需求和消费能力应该有显著的提升。

然而，由于户籍制度的存在，户籍身份妨碍他们获得均等的基本公共服务以及城市落户的预期，产生了两个不利于提高他们消费水平的因素。其一，他们的潜在消费倾向和实际消费水平都受到抑制。对城镇的农民工入户调查分析表明，一旦通过户籍制度改革获得城市户籍身份，即便其他条件不变，农民工的消费支出提高幅度也可高达27%。此外，户籍身份乃至基本公共服务差别，也使农民工的收入及至农户消费在经济增长出现周期性波动时更显脆弱。例如，2017年农户可支配收入中工资性收入占40.6%，一旦农民工的就业遭到冲击，将会显著影响农民收入及消费水平的提高。其二，随着人口年龄结构的变化，农村新成长劳动力数量减少，外出务工人员增速减慢甚至呈现倒流的趋势，可能中断农户工资性收入的增长势头。例如，全国流动人口调查数据显示，2014～2017年，流动人口总量已经减少了约800万。[①]

二是需要努力开发老龄人口的消费潜力。2017年中国60岁及以上人口有2.4亿，占全部人口的17.3%。中国“未富先老”特征的一个表现就是老年人的收入水平和消费水平都偏低，人口的平均收入水平随年龄增长呈现出一个倒“U”形曲线。以平均劳动收入为例，一般来说劳动收入从接近20岁才开始产生，随后迅速提高并于25～45岁期间达到最高水平并稳定在这一水平上，以后收入的水平逐渐下降，到60岁以后便基本消失。相应地，消费水平也在30～40岁期间形成峰值，随后便缓慢降低。[②] 此外，年轻一代消费的后顾之忧也

① 国家卫生健康委员会编《中国流动人口发展报告2018》，中国人口出版社，2018，第4页。
② 蔡昉：《开发老龄人口红利大有可为》，《经济日报》2018年10月18日。

反映在老年人消费行为上，因为父辈们往往会为下一代甚至隔代家庭成员购房和教育等支出而进行储蓄。所以，释放老年人的消费能量，关键在于稳定他们的劳动收入，增加他们的财产性收入，提高全社会的社会保障水平以及基本公共服务均等化水平。

三是农村贫困人口实现扶贫脱贫可释放巨大的消费潜力。经济理论和实际经验都表明，越是处于较低收入水平的人口群体，越是具有较高的消费倾向。因此，实施减贫战略并不断取得脱贫效果，具有扩大居民消费需求的显著效果。虽然到 2017 年底，按现行扶贫标准统计的农村贫困人口仅剩下 3046 万人，并且按照党的十九大的部署，2020 年所有贫困人口将全部脱贫，但是仍然有理由认为，无论当前还是未来，实施减贫战略都可以具有提高消费需求的宏观经济意义，较小的贫困人口规模可以具有放大性的政策效应。

从两个角度我们可以认识到，解决了以现行扶贫标准定义的绝对贫困问题之后，中国将长期面临新的减贫任务。其一，2017 年最低 20% 收入组农户的人均可支配收入为 3302 元，仅略高于当年扶贫标准（3242 元）。而这部分人口将来也存在落入新的贫困状况的可能性。其二，未来中国将以更高的扶贫标准继续实施减贫战略。世界银行从 2017 年 10 月开始，为低收入国家、中等偏下收入国家、中等偏上收入国家和高收入国家，按 2011 年不变价确立了不同的购买力平价收入标准，作为绝对贫困线，分别为每天 1.9 美元、3.2 美元、5.5 美元和 21.7 美元。[①] 中国已经处于中等偏上收入国家中较高收入的位置，2020 年之后必然会以更高的扶贫标准实施减贫战略。

最后，减税降费应作为供给侧结构性改革措施。减税降费是一个重要且有效的政策工具。但是，针对中国当前面临的问题，应该将其

---

① Francisco Ferreira and Carolina Sanchez, A Richer Array of International Poverty Lines, *Let's Talk Development*, October 13, 2017, http://blogs.worldbank.org/developmenttalk, 2018 年 8 月 29 日。

作为供给侧结构性改革措施予以推动，而不是当作宏观经济刺激政策来实施。如果一个经济体处于这样的状态，即总体税负与公共财政支出的要求大体适应，政府公共品供给与社会需求总体均衡，则旨在鼓励企业投资和居民消费的减税措施，更接近于是一种在需求遭到冲击情况下的刺激政策。很显然，有些经济学家建议的临时性减税，或者有人建议在实施减税措施时不必拘泥于财政赤字率的束缚，隐含的理念就是把减税作为宏观经济的刺激手段使用。而如果由于体制原因本来就存在税负过重问题，减税就应该作为结构性改革任务来实施。这样，通常并不需要增加政府负债水平来取得收支平衡，而需要对政府职能进行重新定位。

虽然都是进行减税，将其置于政策工具箱的不同位置，实施的目的因而是不一样的，实施的效果也不尽相同，因此，减税政策正确定位有利于明晰实施目标，提高实施效果。其一，必须靠扩大政府赤字实施的减税，其实就是为了刺激宏观经济而采取的扩张性财政政策。例如，美国特朗普政府减税政策在 2018 年的表现就是政府税收收入显著减少，致使联邦赤字扩大了 17%。其二，作为供给侧结构性改革的减税，一方面旨在转变政府职能，减少政府对微观经济活动和投资的直接介入，另一方面旨在减轻偏重的企业负担。世界银行和普华永道的国际案例比较研究表明，2017 年，就中等规模制造业企业而言，中国的总税费率（各类税收和规定缴费占税前利润的比重）为 64.9%，比全球 190 个经济体的平均水平（40.4%）高 60.6%。[①] 可见，减税作为供给侧结构性改革措施，具有减轻企业负担从而提高潜在增长率的潜力和效果。作为改革措施的减税，在政府收入和支出上具有自我平衡的特点，即通过所谓“拉弗曲线”效应，在降低税负

① PwC and the World Bank Group, *Paying Taxes 2019: In-depth Analysis on Tax Systems in 190 Economies*, https://www.pwccn.com/en/services/tax/publications/paying-taxes-2019.html, 2019 年 1 月 5 日。

的同时因改善增长表现而扩大税收总规模。其三，作为改革措施的减税，具有累进式的再分配政策效果。不同于美国特朗普政府对于低收入和中等收入群体、中小企业和创业者无动于衷，而减税收益集中到最富的人群的情形，中国经济社会政策的出发点是以人民为中心的，稳就业、稳金融、稳外贸、稳外资、稳投资、稳预期的要求是一个整体，因此，实施减税政策应着眼于创造更加公平的竞争环境，建立优胜劣汰或创造性破坏的机制。

四　就业优先的政策协调

虽然自 2012 年以来中国经济增长一直处于下行趋势，但是，迄今为止 GDP 增长率与潜在增长能力是相适应的，因而没有形成增长缺口。对劳动力市场状况的观察，也显示中国经济处在充分就业的增长区间。这意味着，目前不宜对宏观经济采取大水漫灌式的强刺激措施。与此同时，中国经济也面临着国际国内复杂局面造成的不确定性，以及从高速增长向高质量发展转变的严峻挑战，一方面，全球化逆潮以及中美贸易摩擦，都可能使中国经济面临一定的外部需求侧冲击，另一方面，供给侧结构性改革也会产生一定的经济下行压力。与此同时，从供给侧看，生产要素供给和配置仍有巨大的改善潜力，可以提高中国经济的潜在增长率。因此，充实和调整宏观经济政策工具箱，在当前是一项需要置于重要优先地位的任务，唯此才能未雨绸缪，做好充分的政策储备和应对准备。充实和调整政策工具箱，本身也是一项艰巨的改革任务，应该立足于达到以下目标，予以积极推进。

首先，围绕能够改善生产要素供给和配置从而提高潜在增长率的方面，继续深化经济体制改革，特别是推进供给侧结构性改革。至于诸多在供给侧和需求侧都具有促进和稳定经济增长效果的改革领域，因其能够创造真金白银和立竿见影的改革红利，应该在改革时间表上得到优先安排，以紧迫的节奏加快推进。例如，以农民工市民化为核心的户籍制度改革，既有助于稳定劳动力供给和提高资源配置效率，又能够扩大消费需求和平衡需求结构。又如，围绕减税降费进行改革，既减轻企业负担，又有助于改善经营环境、提振投资者和经营者信心。从这个出发点看，提高纳税的便利性也应该是减税降费改革的重要内容，符合推动简政放权和“放管服”改革方向，可以取得改善营商环境的效果。

在改革有利于提高经济增长潜力的认识上，经济学家是有共识的。他们分别就户籍制度、金融体制、土地制度、国有企业、人口政策、教育和培训体制等领域改革所具有的潜在效果进行了定性和定量分析，揭示出改革红利的显著性。例如，我们对改革效果的计量模拟表明，如果通过推进相关领域的改革，为目前的潜在增长率追加新的增长动力，譬如把总和生育率从目前的1.4提高到1.6，使非农产业的劳动参与率每年增加1个百分点，全要素生产率的增长率提高0.5个百分点，并以一定速度扩大教育和职工培训的话，中国经济在近期和未来获得的额外GDP潜在增长率，可以达到1~2个百分点。①

其次，坚持民生导向，推进收入分配制度改革，织紧社会保障网，实现社会政策托底，既是为推进供给侧结构性改革保驾护航，也是应对经济下行压力和可能出现的劳动力市场的未雨绸缪之举。党的十八大以来，中国在民生领域取得了新的更大的进展，人民群众的获得感、幸福感、安全感显著增强，为防范化解重大风险、社会政策托底奠定了扎实的基础。同时也要看到，这个领域仍然存在诸多“短板”需要加快补齐，最紧迫的莫过于加大政策实施力度和改革力度，缩小城乡之间、地区之间、户籍身份之间和就业性质之间的基本公共

① Cai Fang and Lu Yang, “Take-off, Persistence, and Sustainability: Demographic Factor of the Chinese Growth”, *Asia & the Pacific Policy Studies*, Vol. 3, No. 2, 2016, pp. 203 – 225.

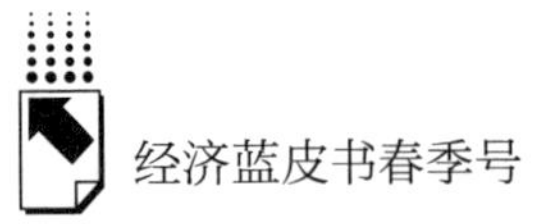

服务差异。在资源有限的条件下，以基本公共服务均等化为突破口提高社会政策托底水平，可以取得纲举目张的效果。

在中国当前提高消费需求，有两个特别的人口群体最值得关注，具有最大的潜力。一是农民工群体。2017 年全国有 2.87 亿农民工，其中 1.72 亿为离开了本乡镇的外出农民工，另一部分即 1.15 亿为在本乡镇从事非农产业的农民工。无论他们是离开了农村还是离开了农业，都意味着成为工资收入者，消费需求和消费能力显著提高。然而，户籍身份妨碍他们获得均等的基本公共服务以及城市落户的预期，抑制了他们的实际消费。研究表明，一旦通过户籍制度改革获得城市户籍身份，即便其他条件不变，农民工的消费支出也可以提高 27%。另一个群体是老龄人口。释放老年人的消费能量，突破口在于稳定他们的劳动收入，增加他们的财产性收入，以及提高社会保障水平。

最后，实施升级版的积极就业政策，进一步完善劳动力市场指标的统计、采集和分析，为宏观经济政策底线及取向提供更加可靠的依据。目前中国各项劳动力市场信息统计已经比较完善，需要将其与宏观经济分析进行一致性考察，正确理解和把握这些信息的政策含义。在一定程度上，把积极就业政策纳入宏观经济政策工具箱，核心在于对劳动力市场指标及其变化的正确解读。一方面，把失业率稳定在自然失业水平上，就能守住充分就业这条经济增长速度底线。另一方面，政策工具箱中社会政策托底措施充实有效，也是守住民生底线的关键。同时，实施积极就业政策 3.0，还有比托底更加积极进取的改善民生任务。把实际失业率稳定在自然失业水平上，固然满足了充分就业的目标，但是，自然失业率也不是一成不变的。通过改善技能培训和职介服务效率、扩大公共就业服务覆盖面，可以显著提高劳动力市场的匹配水平，从而可以降低自然失业率。

站立于经济高质量发展阶段的宏观调控定力*

高培勇**

2018 年下半年以来，短期与长期、外部与内部、周期性与结构性问题和矛盾的相互交织，在将我国经济置于一系列新问题、新挑战之中的同时，亦考验着尚在初步确立中的适应高质量发展要求的新时代中国经济政策框架。

外部环境的深刻变化，显然会加大国内的经济下行压力。这种变化以及经济下行压力的加大，是否会牵动此前我们围绕高质量发展阶段形成的一系列相关判断？经济运行中的主要矛盾和矛盾的主要方面是否会因此而改变？

对于外部需求遭遇的冲击，为保持经济运行在合理区间，当然要通过逆周期调节的扩大内需行动予以对冲。立足于需求侧、以扩大内需为导向的一系列行动的实施或加码，是否意味着宏观经济政策主线要因此而改变？

面对中美经贸摩擦这一关系我国发展的最大的不确定因素，自然要根据形势变化及时调整政策，做好相机调控。政策层面的调整，特别是对于积极财政政策和稳健货币政策布局的调整，是否意味着经济工作的着力点和着重点要随之而改变？

---

* 本文的主要内容曾发表在《求是》2019 年第 2 期，原文标题《经济运行稳中有变条件下保持宏观调控定力》。

** 高培勇，中国社会科学院副院长，中国社会科学院经济研究所所长。

2018 年末举行的中央经济工作会议，以习近平新时代中国特色社会主义经济思想为指导，在深化新形势下经济工作规律性认识并部署 2019 年经济工作的基础上，对上述的这些以及其他类似的问题给出了清晰而明确的回答。

一　我国经济运行主要矛盾仍然是供给侧结构性的

对于经济形势该怎么看，在一个很长的时期内，根据传统宏观经济学的原理，我们的分析视角主要是两个：周期性因素和总量性因素。按照前一视角，经济总要在周期性波动中前行，或是周期性下行，或是周期性过热。因而，经济下行的矛盾也好，经济过热的问题也罢，均属于“周期性”而非趋势性的。或者，均被认定为短期性而非长期性的。按照后一视角，经济下行和过热的病因，皆因需求和供给总量之间的失衡所致。经济下行系总需求小于总供给所致，经济过热则系总需求大于总供给的结果。因而，无论是总需求小于总供给，还是总需求大于总供给，主要矛盾在于供求总量，矛盾的主要方面在于需求侧。

但是，随着我国经济由高速增长阶段转向高质量发展阶段，经济运行的基本态势及其主要矛盾和矛盾的主要方面都在发生变化：经济形势的变化，越来越呈现为周期性变化和趋势性变化相叠加、短期性变化与长期性变化相交织；经济运行面临的突出矛盾和问题，虽然有周期性、总量性因素，但根源是重大结构性失衡；[①] 供求总量不是或不再是主要矛盾，需求侧不是或不再是矛盾的主要方面；“结构性问

① 中共中央文献研究室编《习近平关于社会主义经济建设论述摘编》，中央文献出版社，2017，第 113 页。

题最突出，矛盾的主要方面在供给侧”。[1]

这表明，对于经济形势的传统分析方法已同我国经济运行的实际情形相脱节，越来越凸显局限性，其视角的相应拓展势在必行：不仅要关注短期性经济波动，而且要引入长期性结构因素，将“熨平”需求侧的短期波动与解决供给侧的长期结构性问题巧妙结合。不仅要关注供求总量平衡，而且要追求供给结构的优化，将诊断和医治表现在总量性失衡上的“急性病”与以产业结构失衡、区域发展失衡等一系列重大结构性失衡为代表的“慢性病”紧密对接。

以如此的视角审视当下我国经济面临的新问题、新挑战，可以发现，这些新问题和新挑战，说到底，是在由高速增长阶段转向高质量发展阶段的进程中出现的，是经济结构调整阵痛的表现，是多年积累的深层次矛盾的反映，终归是前进中的问题和挑战，具有一定的必然性。面对复杂严峻的外部环境以及经济下行压力，当然有针对总需求和需求侧进行相应调整的必要，也有采取相应措施稳定总需求的必要，但矛盾终归有主次之别。相对于结构问题和供给侧问题，总量问题和需求侧问题终归属于次要矛盾和次要方面。针对总需求和需求侧的相应调整，终归属于预调和微调。外部环境的深刻变化以及外部需求可能遭遇的冲击，不会改变我国高质量发展阶段经济运行的基本态势，也不应因此改变我们对经济运行面临的主要矛盾和矛盾的主要方面的基本判断。

这意味着，从根本上来说，当前我国经济运行中的主要矛盾，仍然是结构问题而非总量问题。矛盾的主要方面，仍然在供给侧而非需求侧。于是，基于“必须从长期大势认识当前形势、认清我国经济

---

① 中共中央文献研究室编《习近平关于社会主义经济建设论述摘编》，中央文献出版社，2017，第105页。

长期向好发展前景”这样一种规律性认识，中央经济工作会议做出了“我国经济运行主要矛盾仍然是供给侧结构性的”的重要判断。

这启示我们，抓住高质量发展阶段的主要矛盾和矛盾的主要方面，有针对性地解决和应对供给体系不适应需求结构变化、经济难以实现良性循环的问题和挑战，系保持我国经济持续健康发展和社会大局稳定的根本之道。

二　坚持以供给侧结构性改革为主线不动摇

从总体上说，以往我国宏观经济政策的主线是需求管理，基本特征是：立足于需求侧并紧盯需求总量，随着经济的周期性波动，针对社会总需求实施立足于短期稳定的“对冲性”逆向调节。每当经济下行、社会总需求不足时，便实施扩张社会总需求的操作。每当经济过热、总需求过旺时，便实施紧缩社会总需求的操作。这种针对社会总需求而实施的收放型管理方式方法，在处于高速增长阶段的我国，如同吃家常便饭，可谓屡试不爽。

但是，随着供给侧结构性改革这一全新概念的创造性提出并取代需求管理而成为宏观经济政策的主线，我国宏观经济政策的格局已经发生深刻变化：供给侧结构性改革的立足点在供给侧而非需求侧，其作用力对象虽不排除需求，但主要战场已经让位于供给；供给侧结构性改革的聚焦点是解决结构性而非总量性问题，其操作方法虽不排除需求总量收放，但主攻方向已经让位于结构性调整；供给侧结构性改革的核心目标在于提高供给质量和优化供给结构，短期的“对冲性”逆向操作虽仍不可或缺，但已不再是其主要选项。

这表明，供给侧结构性改革实质是对需求管理的颠覆性变革。以往那一套烂熟于心且运用多年的以收放需求总量为特征的方式方法，已不再是缓解或解决问题和矛盾的根本之策，取而代之的是以优化供给结构、提高供给质量为核心目标的供给侧结构性改革。在继续运用需求管理思想的合理成分适度收放总需求的同时，把推进供给侧结构性改革作为当前和今后一个时期宏观经济政策的主线，[①] 已成为不可逆转的我国宏观调控新路子。

以如此的宏观经济政策格局审视当下我国经济面临的新问题、新挑战，可以发现，这些新问题和新挑战，主要是结构性问题、来自供给侧的挑战。面对复杂严峻的外部环境以及经济下行压力，当然有针对外需波动启用扩大内需操作的必要，也当然有针对短期冲击强化逆周期调节的必要，但政策线索终归有主次之分。相对于优化供给结构、提高供给质量而言，扩大内需并非平行目标，逆周期调节操作也要精准恰当，把握好力度和节奏。

这意味着，当下我国宏观经济政策的主线，仍然是供给侧结构性改革而非需求管理。强化逆周期调节、稳定总需求的核心目的是为供给侧结构性改革创造条件而非重回需求管理老路。既要看到基于经济新的下行压力而强化逆周期调节、加强需求刺激的必要性，也要看到基于长期大势而深化供给侧结构性改革、持续聚焦供给体系不适应需求结构变化的规律性。既要讲强化逆周期调节势在必行，也要谈供给侧结构性改革才是长远大计、治本之策。正是基于这样一种规律性认识，中央经济工作会议不仅宣示了“必须坚持以供给侧结构性改革为主线不动摇”的决心和信念，而且围绕进一步深化供给侧结构性改革，提出了“巩固、增强、提升、畅通”的八字方针。

这启示我们，只有继续循着供给侧结构性改革的道路走下去，在“巩固”“三去一降一补”成果的基础上，“增强”微观主体活力，“提升”产业链水平，“畅通”国民经济循环，并将其作为当前和今

① 中共中央文献研究室编《习近平关于社会主义经济建设论述摘编》，中央文献出版社，2017，第107～108页。

后一个时期深化供给侧结构改革、推动经济高质量发展的要求，才有可能从根本上面对与解决我国经济面临的问题和挑战。

三 更多采取改革的办法，更多运用市场化、法治化手段

以往我国宏观调控的实施，主要依托于或体现为政策层面的操作——通过各种政策性变量和政策性安排，实现宏观调控的目标。每年一度的中央经济工作会议的议题之一，就是谋划、布局来年的宏观经济政策。之所以如此，显然与主要基于周期性因素和总量性因素的经济形势分析相适应，追求的是一种短期稳定，主要方法是通过各种短期的逆向操作“对冲”周期性波动和供求总量失衡。如此的操作，一般无须牵动体制机制，往往在政策层面即可完成。

但是，随着经济形势发生深刻变化，特别是在供给侧结构性改革成为宏观经济政策的主线之后，宏观调控的实施，必须跳出政策性操作的局限而伸展至体制机制层面——主要依托于改革性行动：“供给侧结构性矛盾的原因是要素配置扭曲，是体制机制障碍。”① 针对体制机制性障碍，政策层面的操作已经力不从心，只能实行体制机制变革；供给侧结构性改革的核心和关键，是在识别供给侧结构及其失衡的基础上，通过改革来改善总供给结构、提高总供给的能力和质量；供给侧结构性改革的“根本途径是深化改革”②。以改革的办法突破体制机制性障碍，以推进各种基础性改革为供给侧结构性改革创造条件。

这表明，作为匹配高质量发展阶段的宏观经济政策主线，供给侧

① 中共中央文献研究室编《习近平关于社会主义经济建设论述摘编》，中央文献出版社，2017，第106页。

② 中共中央文献研究室编《习近平关于社会主义经济建设论述摘编》，中央文献出版社，2017，第115页。

结构性改革虽仍属政策范畴，但不局限于政策性操作。除此之外，还必须包括制度变革，甚至主要依靠改革推动。换言之，须将政策调整与改革行动巧妙结合，将改革的中长期效应与宏观经济政策的短期效应紧密配合，以此获取稳定、可持续的经济增长动力。

以如此的宏观调控实施机制审视当下我国经济面临的新问题、新挑战，可以发现，这些新问题和新挑战，集中表现为深层次结构性矛盾和问题在外部冲击下趋于显性化。面对复杂严峻的外部环境以及经济下行压力，当然要进行政策层面的调整，也当然要关注短期的供求平衡，强化逆周期调节，但相对于经济下行和需求不足之类的“急性病”，当下我们所需重点医治的仍是以结构失衡为代表的“慢性病”。只有在启用各种政策性操作的同时，将视野伸展至体制机制层面，加大重点领域改革力度，抓紧推出一批管用见效的重大改革举措，持续增强改革的牵引作用，才能将宏观调控意图真正落实到位。

这意味着，当下我国所实施的宏观调控，既要依托于政策安排，更要靠改革行动，而且根本途径仍在于深化改革。于是，基于“必须坚持党中央集中统一领导，发挥掌舵领航作用；必须充分调动各方面积极性，形成全局工作强大合力”等一系列规律性认识，中央经济工作会议做出了宏观调控要“更多采取改革的办法，更多运用市场化、法治化手段”的战略部署。

这启示我们，只有在党中央的集中统一领导下，深化“四梁八柱”性质的改革，以增强微观主体活力为重点，推动相关改革走深走实，坚持向改革要动力，才能最终打赢供给侧结构性改革这场硬仗。

四　保持宏观调控定力，以稳定的宏观环境来稳预期

认识到我国经济运行面临的主要矛盾和矛盾的主要方面没有变，

以供给侧结构性改革为主线的宏观经济政策格局没有变，以深化改革为根本途径的宏观调控实施机制没有变，特别是认识到我国经济已由高速增长阶段转向高质量发展阶段，基于中央经济工作会议关于“必须及时回应社会关切，有针对性主动引导市场预期”这一规律性认识，可以得到的一个异常重要的结论就是：面对经济运行稳中有变、变中有忧，我们必须保持宏观调控定力，以稳定的宏观经济环境来稳定预期、稳住预期。

这里所说的宏观调控定力，至少包括如下互为关联的三个层面的意义。

其一，在指导思想上，要全面贯彻习近平新时代中国特色社会主义经济思想。党的十八大以来，围绕我国经济发展呈现的转折性变化，以习近平同志为核心的党中央提出并形成了一系列经济工作新理念、新思想和新战略，我国宏观调控理论和实践发生了一系列深刻变化。这些新理念、新思想和新战略，是针对我国当前发展阶段特征而提出并形成的，系当前和今后一个时期确定发展思路、制定经济政策、实施宏观调控的根本要求，需要久久为功。不能“叶公好龙”，一遇到困难就惊慌失措，就想退回老路。不能因为暂时为之付出一点代价就手忙脚乱起来，就将宏观调控理论和实践已经发生的变化抛在脑后而滑入“惯性思维”轨道。

其二，在总体布局上，要保持宏观经济政策的连续性和稳定性。既不能因为外部冲击而动摇我们关于经济发展阶段和经济形势的基本判断，也不能因外部冲击而动摇我们进一步深化供给侧结构性改革的决心。不能一遇经济下行压力，就以速度目标替代质量追求，就从供给侧跳回需求侧，丢下结构问题而专注总量问题。也不能一遇经济下行压力，就希望改弦易辙，搞财政刺激，让央行放水，将监管放松。

其三，在操作层面上，针对新问题、新挑战及时调整政策，做好相机调控，做出一些预调和微调，既是健全和完善宏观调控的本来要求和看家本领，也是保持经济运行在合理区间的必要条件。但这种调整不宜过大，反应迟缓固然不好，反应过度、搞运动式调控也是有害的。既不能对既有的经济政策框架和宏观调控体系造成颠覆性影响，更不能是“大水漫灌”的翻版，重走10年前应对国际金融危机操作的老路，而须将其纳入供给侧结构性改革主线，同结构调整巧妙对接。

保持宏观调控定力的一个重要目的，就是通过保持宏观经济环境的稳定而稳定预期、稳住预期，防止政策频繁调整且幅度过大引发心理恐慌，对经济运行产生负面影响。必须认识到，供给侧结构性改革、发展方式转变、经济结构调整这些重大战略决策的实施，是要付出代价的，不可能轻轻松松完成。只要方向正确，就要有定力，有韧劲，扭住不放，不能因局部的、眼前的问题而半途而废。

事实上，围绕应对中美经贸摩擦及其不断升级所带来的经济下行压力，从2018年下半年到中央经济工作会议，我国已经有针对性地推出了一系列新举措、新对策。对于这些新举措、新对策，应在仔细辨识其深刻变化的前提下，恰当地加以把握，准确地予以实施。

比如，虽然积极财政政策的称谓未变，继续实施的积极财政政策也要加力提效，但“积极”二字已不再简单等同于“扩张”，而是在原有“扩大内需”意义的基础上，赋予了其“结构调整”的新内涵，从而让积极财政政策“在扩大内需和结构调整上发挥更大作用”。

再如，虽然减税降费的提法未变，还要实施更大规模的减税降费，但减税降费的主要目标已不仅是“扩需求”，而是在原有“扩需求”的基础上，添加了“降成本”，且以后者为主。减税降费也不再以增列赤字、增发国债为依托，而是与节用裕民结合在一起，将减税降费与削减政府支出通盘考虑。

又如，虽然同样要启用扩大投资规模举措，但扩大投资操作已不再单纯瞄准于“量”，而是注重拉动有效投资，同供给侧结构性改革

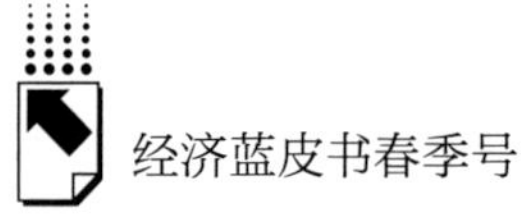

联系起来，与打好防范化解金融风险攻坚战相衔接，从而将扩大投资的对象锁定于“加快补上经济社会发展重要领域短板”方向，落实于“结构调整”项目。

还如，虽然同样牵涉增列赤字，但增列赤字的考量已被置于充分评估当下我国面临的金融风险和欧美债务危机发生、演化及其后果的基础之上，从而始终对财政赤字和金融风险保持高度敬畏，确保打好防范化解重大风险攻坚战。

诸如此类的例子，还有不少。可以看出，不变之中有变，在保持宏观经济政策总体连续和稳定的前提下相机预调和微调，循着自己的目标取向，跟着自己的发展节奏，着力于办好自己的事情，“变压力为加快推动经济高质量发展的动力”，这是中央经济工作会议发出的强烈信号，也是我们在中美经贸摩擦以及经济运行稳中有变、变中有忧等一系列新问题、新挑战面前，理应做出的战略抉择。

当然，对于站立于高质量发展阶段的我们，这更是必须保持的战略定力，必须拥有的战略自信。

B.1 中国经济形势分析与预测

——2019年春季报告

"中国经济形势分析与预测"课题组*

要点提示

2019年，在世界经济复苏乏力、"逆全球化"思潮和经贸摩擦持续、发达经济体政策外溢效应变数和不确定性因素增加的国际背景下，虽然面临国内产能过剩、企业利润率下滑、内需动力不足、金融风险不断积聚等诸多困难，但我国经济总体保持平稳较快增长，经济结构继续优化，就业基本保持稳定。

预计2019年中国经济增长6.4%左右，增速比上年略微回落0.2个百分点，实现年初预期6.0%~6.5%的经济增长目标，继续保持在经济增长的合理区间，主要考虑是：供给侧的主要因素持续减弱，潜在GDP增速下滑；需求侧的全球贸易保护主义抬头，外需疲软，结构分化；地方专项债发行进度加快，债券利息有所降低，债券期限有所延长，诸多基础设施建设项目得到密集批复，财政政策积极稳健，货币政策适度宽松，固定资产投资成为拉动经济增长的有效手段；投资收益率持续下降，企业利润率大幅下滑，投资对经济增长的拉动效应不断减弱；消费增速总体保持平稳小幅下滑趋势，过高的房地产价格对整体消费产生中长期不利影响。

预计2019年第三产业增加值占比继续提高，固定资产投资增速小幅回落，但投资结构有所改变，消费增速总体平稳，进出口增速下降，

---

* 课题总负责人：李扬；执行负责人：李平、李雪松；执笔人：李平、娄峰、樊明太、万相昱、张涛、李文军、张延群、胡洁；参加起草讨论的还有蒋金荷、冯烽、程远、左鹏飞等。

贸易顺差基本稳定，CPI 与 PPI 背离的“剪刀差”进一步缩小，居民收入稳定增长。预计 2019 年居民消费价格上涨 1.9%，工业品出厂价格上涨 0.1%。

总而言之，2019 年，我国经济增长将在新常态下运行在合理区间，结构调整取得积极进展，就业、物价保持基本稳定，中国经济不会发生硬着陆。

2019 年，从政策上要加快消费升级，助推经济高质量发展；优化财政政策，促进企业效益提升和激发市场潜在活力；发挥稳健货币政策和宏观审慎政策的逆周期作用；坚持疏堵并举，有效防控地方政府隐性债务风险。

一　当前国际经济环境分析

2018 年，全球经济延续了温和复苏态势，以美国为代表的发达经济体保持了相对良好的经济增长态势，就业率的稳步回升刺激了居民消费需求的内生动力，同时，国际大宗商品价格企稳，通货膨胀水平可控，国际投资环境有所改善，信心进一步增强；而部分处于困境的发展中国家也有望摆脱经济衰退的困境，各国政府及央行积极主动的经济刺激政策保障了宽松的货币环境、良好的金融条件和稳定的扶植政策，有助于各国经济信心的进一步增强和复苏态势的进一步巩固。

尽管如此，经济增长动能不足、发展严重失衡和治理不协调，仍然是全球面临的突出矛盾。由于经济结构性问题、政策有效性问题、地缘政治性问题等因素，全球经济衍生危机和次生风险不断加剧，持续强化的刺激手段如泥牛入海，各种资源错配得不到根本性解决，而原有的世界格局和规则体系被广泛质疑。更令人担忧的是，当前潜在增速下行、通胀低迷、需求不足、投资乏力的经济局面正在被广泛适应，全球经济可能陷入低效率路径。

2019 年全球经济面临诸多“抉择”，如何抉择是摆在全球决策者面前的主要问题，将直接影响未来全球经济的走向。首先是全球经济复苏方式的抉择。尽管经历了一轮轮的增长引擎易主，全球经济也没有彻底走出困境，各自为战的经济体没有形成相互促进，反而陷入相互拖累的困局，必须尽快对全球经济合作方式、发展路径、国际分工、债务水平和技术进步等问题做出选择。其次是货币政策方向的抉择。当前货币政策的不协调甚至相互掣肘和钳制，是全球治理的头号困局，前期大量注入的流动性宽松的负面效应正在过度积聚并伺机反扑，有必要确保各经济体之间货币和汇率政策的协调机制，确保未来货币常态化进程的平稳有序，特别要避免货币政策“急刹车”和“猛转向”带来的外部性风险，尤其是美国，除此之外，货币政策还要兼顾全球通胀目标。再次是全球贸易体系的抉择。2016 年以来贸易逆全球化趋势逐渐加强，贸易保护主义、单边主义盛行，所谓高标准规则重构的政治举动和竞争性货币贬值的暗流此起彼伏，迫切需要对全球贸易一体化格局和全球贸易治理问题进行厘清。最后是当前政治治理的抉择。失衡的发展格局、扩大化的收入差距，以及文化、宗教和地缘政治因素的相互叠加，显著加剧了社会矛盾并大幅提升了冲突的概率，民族主义复苏、民粹主义盛行和极右翼势力抬头，都可能成为困扰世界各国的重要社会问题，也是当前全球必须协调应对的治理难题。

综合当前的国际政治经济环境及上述各类抉择所面临的诸多问题，我们倾向于谨慎乐观的判断，预计未来两年全球经济将保持 3.5% 以上增长水平的稳定复苏态势，但主要受政治因素影响，全球贸易增速可能继续趋缓，预计 2019 ~ 2020 年全球贸易总量增长率将维持与经济增速相当或更低的水平。

从区域看，2018 年美国经济增长保持了良好的势头，制造业继续回暖，就业数据稳定，国内需求提升。尽管如此，美国当前经济表现已超出其潜在增速，各主要机构均下调美国未来经济增长预期，考虑到美国经济刺激政策的边际效果正在加速下降，政治和外交层面矛盾加剧，而国内经济增长点并未真正形成，未来就业和需求增速可能显著放缓，一些学者甚至认为美国可能走向衰退。财政整顿、货币政策和贸易策略，是当前围绕美国的热点议题。目前特朗普政府仍保持共和党传统执政原则，抓紧一切机遇为新经济业态的形成与发展创造条件，因此结构性减税、宽松积极的财政政策、扶植境内（非本土）制造业、提高政府债务上限、重构国际经贸环境甚至强硬的移民政策都成为未来美国政府的常规化政策手段。而美联储也必须为之创造实质性的宽松货币条件，未来美国货币政策转向具有现实经济基础。综合预计，美国2019年和2020年的经济增速分别为2.4%和2.3%。

欧洲经济仍在回暖进程中，经济复苏信心有所增强，然而，目前欧元区主要经济体内需趋弱，“脱欧事件及其后续风险加剧”“实体经济空心化”“民粹主义和极右翼势力抬头”“难民危机和宗教问题”“货币政策常态化进程受阻”，都可能严重拖累欧洲经济复苏的进程，甚至重挫欧洲经济一体化格局，未来欧洲地区“黑天鹅”事件还将反复出现。预计欧元区国家2019年和2020年经济增速分别为1.8%和1.7%。受无协议脱欧预期的影响，英国经济出现具体的不确定性（欧洲经济问题未根本性解决），2019年增速可能在1.3%的基础上进一步下滑。

日本经济在宽松货币政策和积极财政政策的交互发力下，保持了相对平稳的态势，通缩压力有所缓解，出口水平有所提升，制造业回暖，国民经济扭转了负增长的局面。而目前，日本结构性改革的进展仍然滞后，计划于2019年10月提升的消费税，将对日本经济的平稳形成冲击，届时日本也必然调整财政政策对冲风险，而2019年全球经济潜在的各种变局将可能进一步冲击日本的政策目标，预计日本经济未来两年增速有所放缓，将维持在1%以下的水平。

预计新兴市场国家和发展中经济体整体保持平稳增长，但内部分化严重，且过度依赖发达国家的经济需求、货币政策和贸易格局，因此要重点审慎变革期的金融风险，预计未来两年将在4.0%～4.5%的水平寻求再平衡。其中，印度经济增势良好，然而货币改革冲击及其后续影响，给金融市场和居民消费造成负面影响，基础设施建设滞后、政治格局风险和债务水平过高都可能阻滞国际资本的投资欲望，预计未来两年印度经济将维持7.0%以上的高速增长态势。巴西经济整体表现为弱势反弹，高杠杆率形成的债务风险、国际大宗商品的持续低迷，都可能进一步拖累巴西经济，预计未来两年经济增速保持在1%以上。在经历了较长时间的低迷和衰退后，俄罗斯经济受石油价格回升的影响暂时摆脱了困境，但如何完成自身经济结构调整和应对外部经济制裁，仍是俄罗斯面临的难题，预计未来经济增速在1.5%左右。南非经济形势依然严峻，"金砖"风采难现，未来经济仍难以摆脱停滞状态，应努力寻求国内外环境的变局。作为"21世纪海上丝绸之路"沿线的重要经济节点，东盟五国仍将保持相对较快的增长速度，未来应进一步改善国际投资环境，努力提高区域性经贸合作的质量。

二　2019年中国经济预测

2019年是建党70周年，也是决胜全面建成小康社会、实施"十三五"规划承上启下的关键一年。一方面表现为中国经济增速显著放缓、通胀率预期和就业状况稳定，国际收支基本平衡，中国经济增速显示了较强的韧性，但经济下行压力也显著加大；另一方面表现为中国金融运行的顺周期性，反映流动性的货币供给、信贷和社会融资余额的增速顺周期性特征显著。特别地，我国经济和金融运行出现新的下行压力，需要应对中美贸易摩擦和国际贸易再平衡冲击，在稳增长中进一步深化改革、推动制度型开放。

根据中国宏观经济季度模型预测，2019 年第一季度至第四季度，我国 GDP 增长率分别为 6.4%、6.3%、6.4%、6.5%，呈现先降后升的发展趋势，2019 年全年 GDP 增长 6.4%，比上年略微下降 0.2 个百分点，仍然保持在平稳较快的合理增长区间。从定性因素来分析，这种微幅波动下降背后的主要原因有：①当前我国经济已经进入高质量发展阶段，同时也进入了微幅波动阶段，随着我国经济规模和 GDP 基数大幅提高，数据对外部冲击的敏感性有所减弱；我国政府对经济调控手段逐渐成熟，宏观把控能力日臻完善，因此 2019 年 GDP 增速仍将保持微幅波动状态。②经测算，2019 年中国潜在经济增长率继续小幅下滑，因此，若国家不出台强有力的刺激政策，那么我国经济实际增速将在其潜在增长轨迹上运行。③美国作为全球经济第一大国和我国最大的贸易伙伴，其经济政策的变动直接影响我国的经济发展。中美贸易摩擦可能会给我国的出口带来一定下行压力，但中美贸易互补性高，一损俱损，因此，双方很可能达成互赢的贸易协定，从而有效缓解中美贸易摩擦所导致的负面影响。④从经济先行指数角度来看，通过经济先行指数来判断经济运行趋势，是国际学术界进行经济预测的方法之一，根据中国社会科学院数量经济与技术经济研究所的中国经济先行指数（该指数由 12 个子指标构成），我国 GDP 增速将在第二季度或第三季度见底，然后开始小幅回升，全年呈现先降后升的发展趋势。

2018 年下半年以来，地方专项债发行进度加快，债券利息有所降低，债券期限有所延长，国家发改委密集批复了多个基础设施建设项目，铁路运输、生态保护和环境治理等基础设施领域的投资增速都出现了大幅回升，国家通过加大基础设施投入力度促进经济增长的政策信号清晰可见，同时，在积极的财政政策和适度宽松的货币政策配合下，2019 年基础设施投资将成为带动我国固定资产投资增长的主要动力之一。随着地方政府对房地产政策的适度调整，以及房地产销售的逐步回暖，2019 年房地产投资也将继续保持快速增长，同时也会对家电、家具、建材等行业产生拉动作用。对于制造业投资而言，有利因素是 2019 年政府推出减税、清费、降低社保缴费率，以国资充实社保，降低宏观税负的政策，从方向上看，这些政策将有效提高企业利润，激发企业投资热情；不利因素是，工业产能利用率呈现不断下滑的趋势，企业利润增速也大幅下降，从而会对制造业固定资产投资产生一定遏制作用，使得 2019 年制造业固定资产投资增速有所回落。整体而言，2019 年固定资产投资仍将保持平稳快速发展态势，依然成为有效支撑经济增长的重要手段。2019 年第一季度至第四季度，预计固定资产投资名义增速分别为 6.3%、5.5%、6.0% 和 6.2%，2019 年固定资产投资将达到 64.2 万亿元，名义增长 6.0%。从投资结构上看，2019 年，制造业固定资产投资、基础设施固定资产投资、房地产固定资产投资名义增长率分别为 3.2%、4.8%、10.1%，其中，制造业固定资产投资增速比上年减少 6.3 个百分点，而基础设施固定资产投资和房地产固定资产投资分别比上年增加 3.0 个和 0.6 个百分点。这说明 2019 年固定资产投资结构发生了显著的变化，房地产固定资产投资仍将成为 2019 年我国经济增长的主要动力之一。另外，2019 年，民间固定资产投资增速为 5.8%，比上年小幅回升 1.3 个百分点，说明民间投资信心得到一定恢复，国家一系列减税降费、调整社保等政策对提振民营资本发展信心、激发实体经济投资热情起到积极作用。

2019 年我国消费升级的趋势将继续强化，主要体现在两方面：一是居民消费仍将保持平稳增长。我国社会消费品零售总额快速增长，年均增速达到 15%。在当前虽然我国消费增速持续下滑，但在各项消费政策“组合拳”的刺激下，预计 2019 年中国消费将保持平稳增长。二是消费对经济增长的驱动作用继续强化。在中国经济下行压力加大的情况下，政府更加重视发挥消费对经济增长的拉动作用。消费升级过程推动各种资源要素汇聚融入实体经济，促进存量资源进一步优化配置、优质增量资源进一步扩充，可以靶向破解实体经济发展难题，熨平经济结构调整升级带来的负面冲击。2019 年第一季度至第四季度，预计社会消费品零售总额名义增速分别为 8.3%、8.2%、8.3% 和 8.0%，呈现平稳的发展趋势；2019 年社会消费品零售总额将达到 41.5 万亿元，名义增长 8.2%，实际增长 6.7%，增速分别比上年小幅回落 0.8 个和 0.2 个百分点，下降幅度进一步收窄。

物价的推动因素通常可归结为需求拉动、成本推动、货币超发和外部输入等。需求拉动，是指总需求超过总供给，或者说出现正的产出缺口，通常由工业企业设备利用率、产能利用率，以及实际经济增长率与潜在增长率之差来判断。从物价主要因素来看：①2018 年全国工业产能利用率为 76.5%，总体水平仍然较低，存在负的产出缺口，表明我国工业整体仍然处于去产能、去库存的调整阶段，负产出缺口对 CPI 增长有向下的推动力。②2019 年 M1 和 M2 增速依然维持低位，持续低于 GDP 名义增长率，因此不存在超额货币供给对 CPI 上涨的推动力。③根据世界银行和国际货币基金组织的预测，2019 年油价将与上年持平或略有下降，因此，未来如果大宗商品进口价格不出现大幅上涨，PPI 上涨以及向 CPI 传导的可能性和幅度都会很小。④2019 年生猪上市量偏少，猪价上涨的可能性较大，但是幅度不会太大，对食品价格和 CPI 的通胀或有微小的向上推动作用。⑤从 2014 年起，服务价格上涨幅度一直高于商品价格上涨幅度，是推动整体 CPI 上涨的主要因素，由于服务消费大多是非贸易品，供给缺口难以通过贸易方式迅速填补，劳动力成本增加对服务业价格上升的影响也较大，在服务业转型升级的过程中，对优质服务需求的增加以及短期内供给量的相对不足将会继续推动服务价格的较快上升。⑥2019

年政府推出减税、清费、降低社保缴费率，以国资充实社保，降低宏观税负的政策，从方向上看，一方面，政策可以有效降低企业成本，抑制产品价格上升；另一方面，政策将提高居民可支配收入和企业利润，拉动居民消费和企业投资，对物价产生向上的推动力，由于减税效应的复杂性，政策效果以及对 CPI 的影响强度还需要进一步观察。综合以上影响物价变动的各个因素，2019 年我国物价水平将处于政策调控目标范围之内，物价上涨不会对经济增长产生负面的影响。2019 年第一季度至第四季度，预计 CPI 增长率分别为 1.8%、2.0%、1.9% 和 1.8%，呈现升降波动的发展态势，2019 年全年 CPI 增长率为 1.9%，比上年略微减少 0.2 个百分点，依然处于温和上涨阶段。

预计 2019 年农村居民人均纯收入实际增速和城镇居民人均可支配收入实际增速分别为 6.4% 和 5.6%，农村居民人均纯收入实际增速连续九年高于城镇居民人均可支配收入实际增速；财政收入 19.2 万亿元，同比增长 4.8%，财政支出 24 万亿元，同比增长 8.6%。

总之，2019 年中国经济增速将在新常态下运行在合理区间，就业、物价保持基本稳定，产业结构继续优化，增长质量继续提高。表 1列出了 2019 年国民经济主要指标的预测结果。

三　经济增长问题和风险分析

（一）抑制我国内需快速增长的主要问题

2019 年，消费将成为推动中国经济增长的第一驱动力，并日益成为增强中国经济发展韧性的重要力量。然而，我国在消费升级过程中也遇到一些阻碍因素，除居民可支配收入增速有所放缓外，主要体现在三个方面：一是关键核心技术瓶颈。近几年，我国在自主创新道路上稳步前进，但不少短板弱项仍旧存在，在全球分工体系中技术含

表 1　2019 年中国经济主要指标预测表

指标名称	2018 年统计值（全年）	2019 年统计值（第一季度）	2019 年预测值（第二季度）	2019 年预测值（第三季度）	2019 年预测值（第四季度）	2019 年预测值（全年）
1. 总量						
GDP 增长率（%）	6.6	6.4	6.3	6.4	6.5	6.4
2. 产业						
第一产业增加值增长率（%）	3.4	2.7	3.3	3.8	3.9	3.4
第二产业增加值增长率（%）	5.9	6.1	6.2	6.0	6.1	6.1
第三产业增加值增长率（%）	7.6	7.0	6.8	7.1	7.2	7.0
第一产业对 GDP 增长的拉动（百分点）	0.2	0.1	0.2	0.2	0.2	0.2
第二产业对 GDP 增长的拉动（百分点）	2.8	2.4	2.5	2.3	2.4	2.4
第三产业对 GDP 增长的拉动（百分点）	3.6	3.9	3.6	3.8	3.9	3.7
第一产业贡献率（%）	3.3	1.8	2.8	3.4	3.5	3.1
第二产业贡献率（%）	41.8	36.9	39.8	35.7	36.7	37.2
第三产业贡献率（%）	54.9	61.3	56.6	59.5	59.8	58.5
3. 投资						
固定资产投资（十亿元）	63564	10187	19783	18770	15494	64234
名义增长率（%）	5.9	6.3	5.5	6.0	6.2	6.0
房地产固定资产投资（十亿元）	12026	2380	3815	3644	3400	13240
房地产固定资产投资名义增长率（%）	9.5	11.8	11.4	10.0	7.6	10.1
基础设施固定资产投资（十亿元）	17618	2677	5433	5063	5288	18462
基础设施固定资产投资名义增长率（%）	1.8	4.0	6.0	6.1	2.7	4.8

续表

指标名称	2018 年统计值（全年）	2019 年统计值（第一季度）	2019 年预测值（第二季度）	2019 年预测值（第三季度）	2019 年预测值（第四季度）	2019 年预测值（全年）
制造业固定资产投资（十亿元）	21201	3184	6414	6158	6118	21874
制造业固定资产投资名义增长率（%）	9.5	4.6	3.0	2.0	3.8	3.2
民间固定资产投资（十亿元）	38151	6149	11686	11020	10619	39474
民间固定资产投资名义增长率（%）	4.5	6.4	6.6	5.3	4.8	5.8
4. 消费						
社会消费品零售总额名义增长率（%）	9.0	8.3	8.2	8.3	8.0	8.2
社会消费品零售总额实际增长率（%）	6.9	6.9	6.6	6.7	6.5	6.7
5. 外贸						
进口总额（十亿美元）	2136	475	563	611	566	2216
进口增长率（%）	15.8	-4.8	5.2	6.6	7.2	3.7
出口总额（十亿美元）	2487	552	642	675	683	2552
出口增长率（%）	9.9	1.4	2.5	2.8	3.5	2.6
货物贸易顺差（十亿美元）	352	76	78	65	117	336
6. 用电量与运输						
全社会用电量（亿千瓦时）	68449	16877	17319	19606	18469	72271
工业用电量（亿千瓦时）	46456	10762	11969	12432	12719	47882
铁路货运量（亿吨）	40.3	10.1	10.1	10.5	10.9	41.6
7. 价格						
工业品出厂价格指数上涨率（%）	3.3	0.2	0.1	0.1	0	0.1
居民消费价格指数上涨率（%）	2.1	1.8	2	1.9	1.8	1.9

续表

指标名称	2018年统计值（全年）	2019年统计值（第一季度）	2019年预测值（第二季度）	2019年预测值（第三季度）	2019年预测值（第四季度）	2019年预测值（全年）
核心 CPI 上涨率（%）	2.2	1.8	2.1	2.0	1.9	2.0
投资品价格指数上涨率（%）	5.4	3.3	2.6	1.8	1.4	2.3
GDP 平减指数（%）	2.9	1.4	1.3	1.1	1.4	1.3
8. 居民收入						
城镇居民人均可支配收入实际增长率（%）	5.8	5.9	5.6	5.5	5.4	5.6
农村居民人均纯收入实际增长率（%）	6.7	6.9	6.3	6.3	6.2	6.4
9. 财政收支						
财政收入（十亿元）	18335	5366	5642	4316	3895	19218
财政收入增长率（%）	6.3	6.2	4.9	4.0	3.8	4.8
财政支出（十亿元）	22090	5863	6654	5479	6003	23999
财政支出增长率（%）	8.6	15.0	9.8	6.0	4.2	8.6
财政赤字（十亿元）	-3755	-497	-1012	-1163	-2108	-4781
10. 货币金融						
新增贷款（十亿元）	16165	5809	4611	4260	3152	17832
居民储蓄存款余额（十亿元）	71604	77665	76889	77491	78614	78614
居民储蓄存款余额增长率（%）	11.2	13.1	12.0	10.6	9.8	9.8
M2（十亿元）	182674	188941	191887	195481	198389	198389
M2 增长率（%）	8.1	8.6	8.4	8.5	8.6	8.6
各项贷款余额（十亿元）	136297	142106	146716	150977	154129	154129
各项贷款余额增长率（%）	13.0	13.7	13.6	13.3	13.1	13.1
社会融资总额（十亿元）	19258	8198	4985	6006	4491	23680

量和附加值较低的“高端薄弱，低端禁锢”的境地未得到根本性改变，对部分国外高端装备、核心技术、核心元器件的严重依赖还没有得到有效改善，这直接拔高了居民的消费成本。二是农村消费需求瓶颈。市场挖掘不充分直接导致我国农村消费市场发展受阻，一方面由于地理交通、消费观念、消费场景等因素的制约，农村实物消费市场长期得不到有效的满足，最近十年我国农村居民人均消费支出实际增长率一直高于城镇居民。另一方面，我国农民市民化引致消费未被充分挖掘。据估算，一个农民转化为市民，每年消费需求将新增1万多元，我国目前常住人口城镇化率只有58.5%，而发达国家普遍在80%左右，农民市民化存在巨大的发展空间。三是基本公共服务瓶颈。近几年，我国在基本公共服务方面实现了较大发展，但在总量匹配、质量提升、布局完善等方面仍存在不少短板，托幼、养老、医疗、教育等公共服务领域仍有很大缺口，如超过15%的幼儿没有幼儿园可上、合格养老护理人员仅为市场需求的10%，基本公共服务能力滞后在一定程度上影响了居民的消费信心，阻碍了消费潜力的释放。

（二）当前债务违约风险表现及其影响

随着中国经济下行压力加大，全面的金融整顿和去杠杆带来的全面信用紧缩，叠加中美贸易摩擦引发的不确定性，实体经济出现系统性的收缩态势，高杠杆所伴随的风险不断发酵，违约风险事件频发，主要表现在以下几个方面。

1. 地方政府隐性债务风险不容忽视

我国地方政府债务规模快速增长，尤其是近年来地方融资平台的城投债发行量呈现爆发式增长，成为地方隐性债务募集的重要渠道之一。随着地方政府债务融资的规模不断扩大，无论从总量规模和流量增长还是从微观传导和宏观传导来看，都已经成为制约我国经济和金融稳定的重要因素。从微观来看，我国地方政府债务融资总体债务成本高、期限短、非标比例大，涉及金融机构众多，而且主要投资于回报率过低的财政投资性项目，导致投资项目收益率低于融资成本、债务效率低下、债务期限错配问题非常严重，结果可能是债务违约、不良债务积聚和债务风险敞口提升，并直接传导至金融机构，最终使经济风险向金融系统转移；而一旦发生债务实质性违约，将使投资者对于该地区的风险偏好下降，其结果是该地区债券融资成本上升且发行难度加大，人为造成了“融资难、融资贵”的问题。从宏观来看，大量的金融资源投入低效的投资项目，不仅加剧了财政风险，而且使得金融资源得不到有效配置，大量挤占了实体经济的金融资源，扭曲了利率的风险定价，推高了其他部门的融资成本，对实体经济造成负面影响，进而影响我国中长期经济稳定增长；还会造成资金“脱实向虚”和资产价格泡沫，使得货币政策逐渐失效，从而影响中国金融体系的稳定性，对于降低全社会杠杆率水平也造成压力。

2. 企业债务违约风险不断爆发

2019 年以来债券市场违约事件频发，引发了市场对信用风险的高度关注。违约信用风险事件密集发生，市场机构对发债主体整体持谨慎态度，导致债券发行困难。自 2018 年以来，信用债市场净融资大幅萎缩，尤其是中低等级信用债接近冻结，债券市场流动性不足、融资功能下降，表明货币政策传递通道不畅，中低等级信用债发行主体即民营及中小企业难以从债券市场获取资金，由此加大了民营及中小企业的信用风险。

3. P2P 平台频频爆雷，因此可能引发行业流动性危机

虽然互联网金融降低了金融服务门槛，为产业链上下游数千万的中小企业打开了一道通往现代金融服务的大门，促进服务业的快速健康发展，但前期监管的不明朗，一些金融乱象的整治目标还未完全实现，一些违法金融活动并未绝迹，同时在整个社会宏观经济承压、市

场资金流动性紧张以及金融去杠杆导致企业债务违约率上升的经济环境下，互联网金融领域特别是网贷行业“爆雷”频发，加剧了全行业流动性风险，融资功能大幅下降。目前由于平台问题不断爆出，波及面广、社会影响大，不仅对个人生活造成了极大影响，而且扰乱了金融市场秩序，进一步对社会稳定产生影响。特别是一些知名度较高的平台出现问题，投资人信心大幅下降，造成资金出逃，平台流入资金大幅度减少，导致资金链断裂，同时有部分借款人试图利用平台爆雷、清盘后的混乱恶意逃废债，从而进一步恶化了 P2P 网贷行业经营环境。债务违约事件的频发、信用风险的增加，严重打击了投资者信心，加重了市场的悲观情绪，进而将导致整个金融市场流动性严重紧缩。对信用风险的担忧，大幅降低了金融机构风险偏好，加剧了整个金融同业市场的“惜贷”情绪，加之货币政策传导机制不畅，导致信用扩张力度减小，由此进一步强化了流动性风险。总体来看，金融去杠杆带来的信用偏紧已经从实体经济传染到资本市场，而资本市场的动荡下行又加剧了高杠杆企业的信用风险和流动性危机，因此，实体经济与资本市场之间的流动性风险循环强化，加剧了系统性风险的形成。

四　政策建议

（一）深化改革，积极培育壮大经济增长新动能

坚持需求侧管理和供给侧改革并重、以供给侧结构性改革为主线的原则推动动能转换。凯恩斯主义单纯强调刺激需求，而不触动生产关系，容易导致大水漫灌。供给学派过度强调改善供给，而忽视培育需求，容易导致供求失衡，加剧波动。因此，在搞好供给侧结构性改革的同时，也要搞好需求管理。随着供给侧结构性改革的深化，需求潜力正在源源不断地释放出来，这是一个在动态中不断达成新平衡的

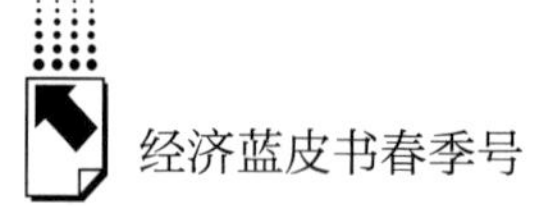

良性发展过程。但是，当前我国经济运行主要矛盾仍然是结构性的，矛盾的主要方面在供给侧，必须坚持以供给侧结构性改革为主线不动摇。

进一步深化改革，开启新一轮改革开放新周期。深化户籍制度改革，加快推进市民化进程，缩小常住人口与户籍人口城镇化率差距；通过开放实现国企、民企、外企等市场主体的公平竞争和优胜劣汰；推进市场化进程，确立市场机制的决定性作用，促进人口、土地、技术等要素自由充分流动；以中美贸易谈判为契机，降低关税、放开行业投资限制、加强知识产权保护，大规模减税降费，从碎片化、特惠式减税转向“一揽子”、普惠式减税，进一步提高企业和居民的获得感。

加快推进“放管服”改革，更好地发挥政府服务作用，营造国际一流营商环境。世界银行营商环境报告显示，2018 年我国在 190 个经济体中排第 46 名，比上年大幅提升 32 个位次，但营商环境有待进一步改进。需要不断减轻企业税费负担，解决民营企业融资难、融资贵问题，打破各种“卷帘门”“玻璃门”“旋转门”；在市场准入、审批许可、经营运行等方面，为民营企业打造对标国际最高标准、顺应企业群众期待的公平竞争的国际一流营商环境。

（二）努力促进形成强大国内市场，加快消费升级，助推经济高质量发展

把握消费升级大趋势，克服一系列制约消费升级的瓶颈，促进形成强大国内市场。第一，要加快制定鼓励性、引导性消费政策，支持居民合理消费、绿色消费、升级消费，促进在我国社会消费品零售总额中占比较高的汽车、家电等热点产品的消费，进一步激发居民消费潜力，保持消费市场持续性活跃。第二，要继续以“提低、扩中、调高”为主线加快我国收入分配改革，做好有利于释放居民消费潜力的顶层设计，全力补齐基本公共服务短板，加快基本公共服务均等

化步伐，加快农村居民消费梯次升级，有序推进农民市民化进程。第三，要进一步放宽服务消费领域市场准入，大力培育和发展住房租赁市场，推动家政服务供给能力提升，鼓励推广多元托幼服务模式，加大养老服务业支持力度，依托5G商用进一步带动信息消费，加快传统商贸流通创新转型。

以消费结构变革为契机，推动产业结构转型升级，以满足人民群众美好生活需要为出发点，全面提升产品和服务质量。第一，要聚焦对中高端收入人群的高质量供给，加快在食品、家电、母婴、住房、旅游、健康等领域开展高端品质认证和品牌建设，着力培育中高端消费市场，推动低端消费品比重的有序下降，全面提升产品和服务供给质量。第二，要创新发展满足人民群众生活的各类消费需求，重点关注新生代消费者消费习惯，推动完善“互联网+”消费生态体系，加速发展线上线下融合的新零售模式，加大优质新型产品和生活服务供给力度，引导和满足不断出现的消费新方式、新场景、新体验。第三，要抓住老年消费者刚需，加快培育和打造一批资本雄厚、专业化程度高的服务性和生产性老龄服务龙头企业，推动老年金融、老年用品、老年服务和老年宜居等养老产业协同发展，丰富养老服务和产品供给，有效满足我国老年消费升级需求。

加快构建现代产业体系，推动供给侧改革与消费升级良性互动，形成可持续市场动能。为推动供给侧改革与消费升级良性互动，第一，要从政策层面到实践层面加快适应居民消费从“有”向“好”的转变，加快完善促进消费升级的体制机制，构建良好的生产与消费互动机制，推动供给与需求结构的双向调整，积极培育重点领域消费细分市场，更深层次激发居民消费潜力，使消费升级成为推动我国现代产业体系建设的重要驱动。第二，要以新一轮消费升级换挡为契机，打造以需求为导向、以企业为主体的产学研一体化新生态，以大型科技企业为龙头推动形成开放、协同、高效的共性技术合作研发平台，加快完善支持企业创新的普惠性政策体系，为我国企业创新发展和专业升级提供良好的外部环境。第三，要发挥好消费升级对科技创新的倒逼作用，聚焦战略性、引领性、重大基础共性需求，着力提高国家创新体系效率，推动基础科学与技术创新协同进步，加快国产关键技术产品攻坚步伐，建设一批世界级制造业创新中心。

（三）优化财政政策，促进企业效益提升和激发市场潜在活力

面对2019年经济增速放缓的压力，采取积极有效的财政政策来稳定宏观经济形势已成为各界共识。在财政收入方面，需要落实减税降费政策，提高企业效益和市场活力；在财政支出方面，需要优化财政支出结构，提高财政资金使用效益；对于地方财政，需要规范地方政府融资，加强地方政府制度建设，促进经济健康和金融稳定。

1. 落实减税降费政策，提高企业效益和市场活力

在经济增速放缓的背景下，减税降费是逆周期调节财政政策的重要方面。在当前社会平均利润率不断下降的情形下，企业的利润空间逐渐收窄，尤其是中小微企业利润率甚至低于贷款利率，严重影响了企业的存续和发展。通过降低税费，一方面可以降低企业综合负担水平，提高企业效益；另一方面可以减轻消费者负担从而增加消费需求，提高总产出。因此，宏观税负下降将有助于激发微观主体经济活力，减小负面的经济冲击的影响，并且从长期来看可以起到扩大税基的作用。

近年来，政府不断采取减税措施，我国减税力度相比其他发达国家要大得多。但是市场主体仍然一直呼吁减税，其中一个主要原因在于企业社会保障缴费率较高，推高了企业综合负担率，因此仍需通过落实减税降费来降低市场主体的综合负担水平。需要注意的是，尽管目前降低社保费率已成为共识，但是应当在综合考虑企业负担和财政

压力等各种因素的情况下制定最优的降费方案，避免当前将社保费率降得过低，而在社保基金缺口扩大时提高费率，应当将企业社保费率长期保持在一个较为合理的水平。进一步地，我国前几年推进的“营改增”等减税政策大多属于普惠式减税，所有行业不同规模的企业都得到了减税红利，新一轮的减税降费需要有针对性地调节企业和个人的经济行为，一方面把普惠式减税和结构性减税有机结合起来，加大经济结构的调整力度；另一方面需要从过去侧重企业层面扩大到减轻个人税收负担。此外，影视业曝光的明星逃税现象说明目前我国无论是对于某些行业的税收制度，还是对于个人尤其是一些高收入群体的税收征管工作都还存在很大问题。为了减少税收流失，消除税负不均现象，缩小贫富差距，需要进一步完善税收制度和征管工作。

因此在当前经济形势下，提高企业效益和市场活力需要实施大规模的减税降费，具体措施包括：推动增值税税率调整，将增值税税率由三档归为两档，并基于就低不就高的原则选择并下调企业税率；从供给侧改革的角度推行结构性减税措施，推出更多针对小微企业、科技型初创企业和先进制造业、现代服务业等行业的税收优惠政策；配合相关部门积极研究制订降低社会保险费率综合方案，进一步减轻企业的社会保险缴费负担；全面实施修改后的个人所得税法及其实施条例，完善并落实好专项附加扣除政策，并以广税基、低税率为方向继续推进个税改革，切实减轻居民税负；加大税收征管力度，完善对高收入者的征税办法。

2. 优化财政支出结构，提高财政资金使用效益

在目前的经济形势下，要化解财政收入放缓与刚性支出之间的矛盾，提高积极财政政策的效能，扩张财政支出不能单纯提高赤字，而是要将增加规模和调整结构相结合，通过加大支出结构调整力度增强支出的逆周期调节效应。也就是说，提高财政支出政策的有效性，不仅需要增加支出规模，更需要在防范和化解重大风险的前提下有针对

性地扩张支出，通过优化支出结构来提高财政资金的使用效益。

优化支出结构要更加聚焦当前的重点领域和薄弱环节，一方面，要增加对脱贫攻坚、“三农”、结构调整、科技创新、生态环保、民生等领域的投入；另一方面，要大力压减一般性支出，取消低效无效支出。这种将民生、国有经济资源等一并纳入财政政策范畴的调控方式有别于基于凯恩斯经济理论建立起来的传统财政调控政策，不是只考虑总量意义上的财政收支及赤字的规模，而是在实施逆周期调节时，着力解决制约经济发展的深层矛盾，一方面从供给侧通过交通运输、公共设施、环保工程等支出的扩张推动生产能力的增长，另一方面以扶贫、社保、医疗卫生等投入的增长来增加全社会的消费需求，两相对接起来形成结构性逆周期调节效应。

具体而言，优化财政支出结构需要继续加大扶贫、社保、教育、环保、医疗卫生等投入来力保提升民生保障水平，减轻居民生活压力；继续通过增加中央对地方转移支付来促进区域财力均衡，加快推进基本公共服务均等化；不断增加科技创新投入，加快铁路、公路与水运、机场、水利等基础设施建设来助力结构调整；主动调减一般性支出来压低公共产品供给成本，严控“三公”经费预算。此外，还需要加强财政资金管理和使用方面的制度建设。加强绩效管理，加快建立全方位、全过程、全覆盖的预算绩效管理体系，实现“花钱必问效、无效必问责”；加快扶贫资金动态监控机制建设，提高扶贫资金使用效益；探索建立支出政策评估体系，综合评价支出效应；建立专项资金退出机制，打破支出固化格局等。

3. 规范地方政府融资，加强地方政府制度建设，促进经济健康和金融稳定

当前我国地方债总体规模较大，增长速度较快，隐性债务占比高，地方政府负债比例普遍偏高，成为经济中的不稳定因素。地方政府债务的快速增长主要原因如下：第一，主观方面，地方政府出于政

绩目标，或者对建设项目缺乏统筹规划和长远考虑，只管举债建设却不考虑如何还债。第二，客观限制条件上，地方政府财权和事权不匹配。分税制改革之后，财权上移，事权下移，地方政府承担的职能较多，支出急剧增长，地方政府财政收支缺口巨大。尤其对于市县级以下的基层政府，往往在被动接受上级任务时缺乏财力支持。在经济下行、结构调整和人口增长率下降的背景下，地方政府实施救市政策、整顿高污染企业、保障就业民生，以及弥补养老金缺口等均增加了自身的财政压力。第三，资金供给方面，金融机构认为政府会对债务兜底，倾向于向有政府背景的项目提供融资。

针对以上情况，解决地方政府债务问题需要加强地方政府制度建设，规范地方政府融资，具体而言包括以下几个方面：理顺中央地方财政关系，明确各级政府事权，彻底将政企分离；减少政府责任，发挥市场的基础性作用，减少政府过多的产业政策干预经济活动对市场公平竞争的妨碍；适当增加地方政府财权和财力，健全地方税收体系，增加中央向地方转移支付规模；建立完备的债务问责机制，将地方债务风险业绩与政绩考核、新增债券分配相联系；建立对债务风险的终身问责制，以及对违法违规融资的金融机构一并问责的制度；完善中央和地方金融机构的监管职责分工，从而避免基层监管受到地方不当干预；合理确定地方政府债务限额，推进专项债券管理改革，规范地方政府债券市场发展；深化投融资体制改革，规范推进政府与社会资本合作（PPP）、政府投资基金等新型投融资模式；加强金融机构信贷风险管理，严格按商业化原则提供融资，不得向没有稳定经营性现金流或合法合规抵质押物的项目提供融资；稳妥化解存量隐性债务，通过安排财政资金、出让政府股权以及经营性国有资产权益、由企事业单位利用项目结转资金和经营收入等方式偿还债务，或者通过将具有稳定现金流的债务合规转化为企业经营性债务等方式转化为显性债务，或者对债务单位进行债务重组。

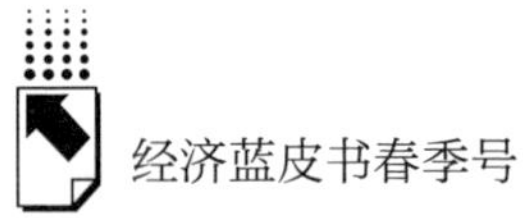

（四）发挥稳健货币政策和宏观审慎政策的逆周期作用

2019 年，在继续实施积极的财政政策、就业优先政策的同时，继续实施稳健的货币政策和宏观审慎政策，发挥金融宏观调控政策的逆周期作用，应对新挑战，促进新旧动能转换。具体来讲，要综合运用货币信贷和宏观审慎政策工具组合，保持流动性合理充裕，使反映流动性的广义货币 M2 和社会融资规模的增速与名义 GDP 增速合理匹配；要适当运用结构性货币信贷和宏观审慎政策工具发挥定向结构性功能，更好地服务于经济结构性调整，加大金融机构对中小企业资金支持和就业激励力度；要深化利率市场化改革、继续完善汇率形成机制，有效降低实际利率水平，使人民币汇率在合理的均衡水平上保持稳定；推动金融供给侧结构性改革，防范金融系统性风险。

1. 保持流动性合理充裕，加大金融对实体经济的支持力度

2018 年，反映流动性的（新口径）货币供给 M2 与 GDP 之比较上年下降 5 个百分点，而（新口径）社会融资存量与 GDP 之比与上年持平。反映流动性的货币供给 M2 与 GDP 之比呈下降态势，一方面可能反映广义货币信贷政策流动性管理日常化、便利化，货币流通速度加快、经济增长对货币供给和信贷的依赖程度降低；另一方面则可能反映金融监管和金融去杠杆的总量性过调（overshooting）。

分析反映流动性的社会融资规模与 GDP 之比，可以发现：虽然（新口径）社会融资存量与 GDP 之比较上年持平，但（老口径）社会融资存量与 GDP 之比则较上年下降。这是因为，社会融资中的委托贷款、信托贷款和未贴现的银行承兑汇票等表外融资增速显著放缓，而新口径增加的地方政府专项债券、存款类金融机构资产支持证券融资增速显著。

在影子银行、互联网金融、资管、区块链和人工智能等金融创新

背景下，商业银行传统的流动性渠道受到冲击，也对货币信贷政策工具创新提出了要求。

保持流动性合理充裕，使反映流动性的广义货币 M2 和社会融资规模的增速与名义 GDP 增速合理匹配，要求综合运用货币信贷和宏观审慎政策工具组合，通过公开市场操作、借贷便利操作、降低存款准备金率、调整宏观审慎评估参数等，扩大货币供给和社会融资规模增长空间，支持符合条件的表外资产回表，引导金融机构加大对实体经济的支持力度。

2. 引导金融资源定向结构性精准配置，服务实体经济和就业

近年来，伴随着影子银行、互联网金融、资管、理财等金融创新和金融市场深化，我国金融体系的资产负债结构和盈利模式发生许多重大变化，社会融资和投资结构受到金融资源配置结构的制约。一般而言，金融配置在经济波动的收缩阶段倾向于支持低风险实体经济和高收益金融。

货币信贷政策和宏观审慎政策的结构性功能依赖其结构性工具，如定向再贷款和再贴现以及基于宏观审慎评估的差异性准备金率、差别化存贷比、差别化监管费等。这些结构性工具将宏观审慎政策引入货币政策框架，着力健全货币政策与宏观审慎政策的内在协调框架，是近年来发达经济体为保持物价稳定和金融稳定平衡而探索的理论和政策前沿。发挥货币信贷政策和宏观审慎政策的结构性功能，需要加快完善金融市场结构和政策工具基础。

综合运用货币信贷政策和宏观审慎政策的结构性工具，引导优化金融配置、服务实体经济，通过对不同金融机构实施差别化政策鼓励其加大对实体经济尤其是中小企业的金融和就业支持力度，激励金融机构适应经济结构性调整需求，参与政府融资担保基金、战略性新兴产业和创新产业基金，定向支持中小微企业、民营企业，加大对三大攻坚战的金融配置力度。

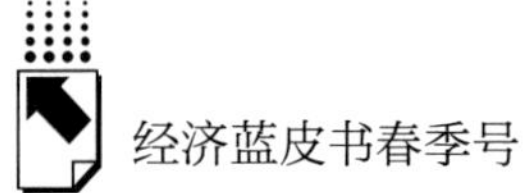

3. 降低实际利率水平，稳定汇率合理均衡，提高金融资源配置效率

金融市场有效引导资源配置的基础是金融价格合理反映风险溢价和在均衡水平附近波动，利率水平应符合保持经济围绕潜在产出水平的要求，而汇率应在合理均衡水平上保持基本稳定。

我国目前的实际利率水平偏高，这是由其包含的风险溢价决定的，需要深化利率市场化改革。我国目前的货币政策利率在机制上存在“双轨制”，即货币市场利率完全由市场决定，而存贷款利率则受到基准利率的约束。虽然央行于 2015 年宣布取消金融机构存款利率上浮幅度限制，但存款利率实际上仍然存在窗口指导和市场利率定价自律机制的软性管制。我国利率市场化改革扩大了金融机构贷款利率自主权，但存款利率与贷款利率的市场均衡机制并未得到完善，期限利差、信用利差、内外币利差大，实际利率水平高，从而社会融资成本持续高企。因此，必须深化利率市场化改革，放开商业银行存款利率自律上限，逐步扩大金融机构负债产品市场化定价范围，从而降低定向贷款利率的风险溢价，从根本上降低实际利率水平。

在我国目前经济增速面临下行压力、通胀率预期稳定条件下，我国实际利率也存在降低空间。一是小微企业和民营企业的融资贵问题一直是困扰其发展的一个重要因素，在经济波动的收缩和调整阶段，社会融资条件一般会更加恶化，小微企业和民营企业会面临相对较高的融资成本。有效激发小微企业和民营企业活力、实施就业优先政策，要求降低实际利率和社会融资成本，在通胀率稳定预期下降低实际利率水平意味着需要降低政策利率。二是美联储近期会维持美国联邦基金利率不变，减轻了我国自主降低政策利率的压力。

汇率作为人民币的外部价格，影响着国内均衡和国外均衡的平衡及金融配置效率。目前我国人民币汇率在相对均衡水平双向浮动、汇率弹性明显；但在我国经济下行压力进一步显现、国际贸易摩擦和再平衡冲击条件下，人民币汇率存在一定的贬值压力。继续完善人民币汇率形成机制，要着力于完善人民币汇率中间价报价“逆周期因子”，培育外汇市场自律机制，保持人民币汇率在合理均衡水平上的基本稳定；要着力于协调本外币政策，保持内部均衡和外部均衡之间的合理平衡；在推动金融市场开放的过程中，要着力加强跨境资本流动的有效监控和风险管理。

4. 推动金融供给侧结构性改革，防范金融系统性风险

随着金融科技的发展和金融与实体经济的融合，金融供给侧结构发生着深刻变化，基于大数据、云计算、区块链、第三方支付等平台的新金融供给在提供金融服务便利性、降低金融交易成本、提高金融配置效率的同时，也隐含了金融系统性风险的触发机制。隐形影子银行、P2P 类借贷平台、加密资产等新型金融资产管理、交易和结算平台的发展，对传统金融监管提出了挑战。因此，要加强对互联网支持的金融机构和金融市场的穿透性监管，防范金融系统性风险。

（五）坚持疏堵并举，有效防控地方政府隐性债务风险

首先，应疏堵并举，开前门、紧侧门、堵后门，扩大正规融资渠道和规模。在 2018 年的基础上，加大地方政府专项债券发行力度，支持基建投资，2019 年适度增加地方政府专项债发行规模，并视经济增长情况进行适度的预调微调。坚决遏制隐性债务增量，加强风险监测分析，对于违法违规举债融资行为，发现一起、问责一起、通报一起，终身问责、倒查责任。

其次，稳妥处理地方政府债务风险。实施合理范围内的债务置换或信用展期，降低债务融资成本，解决债务期限错配问题，度过偿债高峰，控制短期金融风险，避免出现地方政府债务在一定范围内的违约情况；鼓励金融机构与融资平台公司协商采取市场化方式，通过合适期限的金融工具应对到期存量隐性债务风险，避免项目资金链断

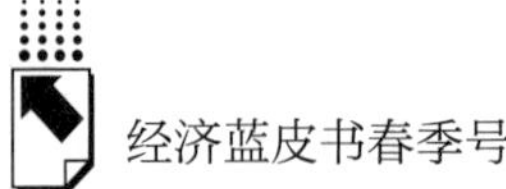

裂；督促高风险市县尽快压减隐性债务规模，降低债务风险水平。

最后，协调财政与金融的关系，加强财政部门和金融部门的互相配合，强化财政政策和货币政策的协同发力。通过财政税收体制改革与金融政策的协调，财税政策的重点在于实施全面的减税，通过减税降费降低企业成本，提高非金融企业部门的盈利能力；货币政策应充分考虑经济金融形势和外部环境的新变化，做好预调微调，保证流动性合理充裕。推进财税体制改革，强化中央和地方财权和事权的协调统一，让中央政府在全局性和大型经济建设项目上，更多地承担起财政支出的责任。健全地方税体系，规范地方政府举债融资机制。

B.2

2019年经济景气形势分析与预测*

陈 磊 孟勇刚 王琳琳**

摘 要： 2017年4月以来的本轮经济景气收缩将在2019年上半年结束，下降幅度相对较小。2019年经济景气在“偏冷”区间可能呈现先降后稳、稳中有升的走势，预测2019年GDP增长6.3%～6.4%，CPI上涨2%左右。经济和物价周期波动将继续呈现新常态下的“微波化”特征。

关键词： 经济周期 景气分析 监测预警

2018年，我国经济运行继续呈现结构优化、新动能发展迅速等向好态势，但经济发展长期积累的深层次结构性矛盾尚未根本性缓解，增长的内生动力尚待增强。尤其是面临美国挑起的贸易摩擦等多年少有的国内外复杂严峻形势，经济出现新的下行压力。2018年4个季度的经济增长速度从6.8%下滑到6.4%，季度增速降到有记录以来的最低水平。

2019年的中国经济景气和物价走势如何？全年经济增长速度和

* 本项研究得到国家社科基金重大项目（15ZDA011）的资助。感谢张同斌副教授提供的有关资料。

** 陈磊，东北财经大学经济学院教授，经济学院副院长；孟勇刚，东北财经大学经济学院博士研究生；王琳琳，东北财经大学经济学院博士研究生。

物价上涨率能否达到预期目标？经济运行能否止降回稳，继续保持稳中向好的态势？政府的宏观调控政策应如何调整？为了对这些人们关注的热点问题做出比较科学和准确的回答，本文基于改进后的“经济景气分析系统”和“宏观经济监测预警信号系统”，对当前的经济周期态势和经济景气状况进行分析和判断，采用先行指标方法和多种经济计量模型对经济增长、物价等主要经济指标的走势进行分析和预测，在此基础上，对政府下一步的宏观调控提出政策建议。

一　利用景气分析法对经济周期态势的分析和预测

我们在仔细考察景气指标的基础上，继续沿用近两年使用的一致指标和滞后指标，其中，一致指标由工业增加值、累计固定资产投资（不含农户）、社会消费品零售额、财政收入、进口商品总值和国房景气指数6个指标组成；滞后指标包括CPI、PPI、出口商品价格指数、工业企业产成品和货运量合计5个变量。在先行指标方面，由于统计部门从2018年开始停止公布与固定资产投资相关的一些统计指标，固定资产投资新开工项目数、固定资产投资本年施工项目计划总投资额两个先行指标无法继续使用。调整后的先行指标包括人民币贷款总额、人民币各项存款余额、广义货币M2、房地产开发企业商品房销售额（累计）和水泥产量5个指标。此外，将制造业采购经理人指数（PMI）和OECD中国先行景气指数作为短先行指标单独进行考察。

各景气指标均为同期比增长率序列，[①] 大多数指标经季节调整并剔除不规则因素。利用美国全国经济研究所（NBER）方法，分别建

① 资料来源：中国经济信息网宏观月度库和国家统计局网站，数据截至2019年2月。

立了一致、先行和滞后合成指数（各指数均以2000年平均值为100）与扩散指数。基于各指标的重要性及统计和周期特征，在构造先行、一致、滞后合成指数时，分别对相关指标赋予了不同的权重。

（一）基于景气合成指数对经济周期态势的分析

根据一致合成指数所反映的宏观经济总体走势和对经济短周期转折点①的测定结果（见图1，其中阴影部分为短周期的收缩阶段，以下同），按谷—谷的周期测算方法，始于2015年12月的本轮经济短周期，在低位经过15个月的波浪形小幅回升，于2017年3～4月到达波峰，形成了本轮短周期的扩张期，经济运行呈现稳中向好态势。此后，投资、消费和工业生产增速再次出现下滑，受此影响，经济景气出现波浪形回落态势，进入本轮短周期的收缩期。经过2017年10月至2018年2月的短暂小幅反弹，2018年二季度以来的景气下滑速度有所加快，并创造了1997年以来的最低景气水平。截至2019年2月，本轮景气收缩已经持续23个月，但下降幅度与以往相比较小。初步判断，本轮短周期呈现出与以往不同的低位小幅波动的“新常态”。

本轮景气收缩是在供给侧结构性改革的背景下展开的，内部原因在于“转方式、调结构、防风险”，是解决深层次结构性问题必然经历的阶段，进而获得将来更高质量和更可持续性的发展；外部原因是2018年全球贸易形势的恶化，特别是中美贸易摩擦的升级。

主要反映物价和库存变动的滞后合成指数②（见图1虚线）经过2016年3月至2017年4月的本轮短周期明显上升阶段后，开始呈现类似的波浪形回落态势，两个波峰较一致合成指数分别滞后1个月和

① 我们曾从实证测量角度对经济波动、经济短周期和中周期的划分提出了相应的判别准则，参见陈磊、孔宪丽（2007）。

② 部分滞后指标2019年前两个月的数据公布较晚，故滞后合成指数截至2018年12月。

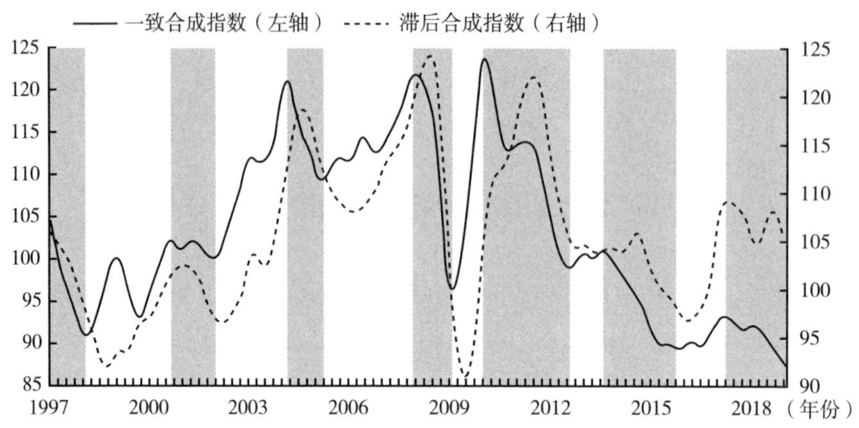

图1　一致合成指数和滞后合成指数

7 个月，从而可以确认本轮经济景气的波峰已经在 2017 年 3 月出现。

滞后景气指标中，工业企业库存增速（剔除季节和不规则因素）从 2016 年 8 月至 2017 年 4 月出现中等幅度的反弹，2017 年二季度至 2018 年三季度，该指标保持大体平稳的小幅波动走势，反映“去库存”“去产能”结构调整任务取得阶段性成效后，工业企业进入短期补库存阶段。2018 年 9 月以来，企业库存增速出现减速态势。结合 PPI 等相关指标的快速回落初步判断，企业可能从“稳库存”转入“去库存”，库存周期开始进入下降阶段，初步确定本轮库存周期的波峰时间出现在 2018 年 8 月。

（二）利用先行合成指数和其他先行指标对经济运行走势的预测

由 5 个先行指标构成的先行合成指数变动如图 2 中的虚线所示。该指数 2000 年以来具有比较稳定的先行变动特征，经过测算，平均领先一致合成指数 7 个月。该指数最近一轮短周期的起始波谷（2015 年 3 月）和波峰（2016 年 4 月）时点分别较一致合成指数提前 8 个月和11个月出现。2016年5月以来，该指数进入小幅下滑的周期收缩阶段，并于2017年10月形成了局部极小值点。2017年11月至2018年8月，该指数在低位呈10个月的止降回稳走势，其间，在2018年4月形成与此前水平接近的另一个局部极小值点。2018年9月以来，该指数再次出现小幅下滑，并创造了1997年以来的最低水平。

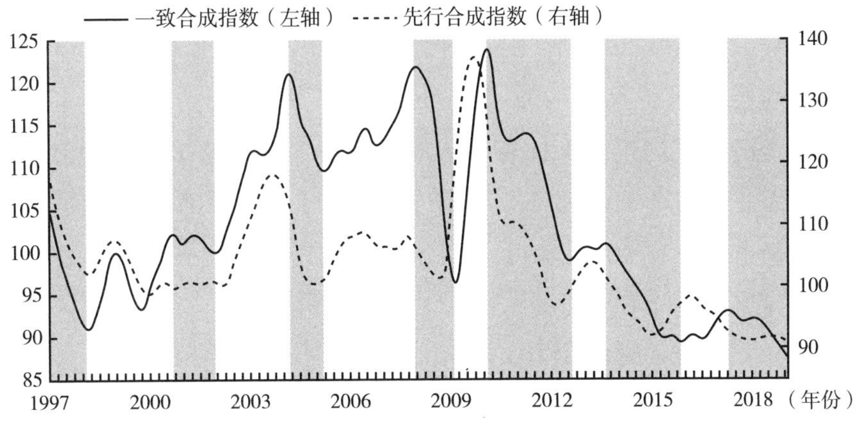

图2　一致合成指数和先行合成指数

根据该先行指数的走势和最近一轮周期转折点的先行期推测，始于2017年4月的本轮经济景气收缩有望在2019年一季度结束，不大可能出现较大幅度下滑。2019年经济景气很可能触底后回稳，最早从二季度开始出现温和回升，但全年景气水平以及所反映的经济增长速度将低于上年。

从各先行指标的变化趋势（剔除季节和不规则变动）来看，人民币贷款余额增速2018年7月以来在低位呈现缓慢回升态势；货币供应量M2和人民币存款余额增速经过接近三年的持续下滑后，2018年四季度以来出现止跌企稳迹象；水泥产量和商品房销售额增速2018年经过小幅回升或大体平稳运行后，从9月左右开始转入下降局面，导致先行合成指数 2018 年前 3 个季度企稳后再次出现回落。后者 2019 年前 2 个月的增速只有 2.8%，较上年末回落 9.4 个百分点，需引起注意。

经过对公布以来全部数据的测算，单独监测的制造业 PMI 和非制造业 PMI 商务活动指数平均超前景气一致合成指数均为 3 个月，但 2013 年以来两者都基本失去超前性。制造业 PMI 经过 2017 年和 2018 年上半年在 50% 以上大体平稳的走势后，2018 年 6 月以来出现回落态势，并且从 2018 年 12 月开始跌破 50%。2018 年 12 月至 2019 年 2 月的指数分别为 49.4%、49.5% 和 49.2%，创造近 3 年来的新低，与经济景气的走势大体相同。该指数近 3 个月初步显现触底企稳迹象。而非制造业 PMI 商务活动指数 2018 年以来基本呈小幅波动的大体平稳走势，在 2018 年 11 月触底后已出现缓慢回升态势，预示经济运行或将止跌企稳。

此外，经过考察，OECD 发布的中国综合领先指标相对一致合成指数也具有一定先行性，平均超前 3 个月左右。该指标在 2017 年 1 月形成本轮短周期的波峰后开始进入收缩期，在 2018 年 8 月到达近期极小值点，9～12 月出现缓慢回升，已经初步呈现触底企稳态势，从而同样预示经济景气或在 2019 年一季度止降企稳。

（三）利用扩散指数对经济运行走势的预测

反映景气指标组中上升指标占比的扩散指数可以从另一个侧面反映景气的扩散和变动过程。由 6 个一致指标构成的移动平均后的一致扩散指数如图 3 所示。2017 年 5 月以后，该指数除 2017 年 12 月至 2018 年 4 月的 5 个月外，多数时间处于 50% 荣枯分界线下方，同样显示此期间经济景气总体呈回落态势。与前两轮的走势不同，一致扩散指数此轮在 50% 以下的回落幅度并不大，且中间出现反弹，显示景气下降的力量相对较小，回落相对比较温和。需要注意的是，2019

年1～2月，该指数略有回升，出现触底回稳苗头，若触底成功，根据以往规律，则该指数在二季度回到50%以上（即经济景气触底）的概率较大。

由5个先行指标构成的先行扩散指数（移动平均后见图3虚线）在2016年3月至2018年5月处于50%以下的收缩区，显示先行景气在此期间一直呈下降局面，下降的波谷时间为2018年4月，与先行合成指数在2018年3月的局部极小值点时间基本对应。此后，该指数在2018年5～10月回到50%以上，但上升幅度不大，显示先行景气在此期间有所回暖，但回升力量较弱。2018年11月以来，该指数再次小幅下滑到50%以下，显示先行景气有所降温。但2019年2月的指数值略高于1月，出现止跌迹象。实际上，先行景气从2018年二季度起基本围绕50%小幅震荡波动，显示先行景气的上升力量和下降力量大体相当，处于基本平稳的均衡状态，这与先行合成指数在该期间的大体平稳走势相对应。根据先行扩散指数的先行期和一致扩散指数的变动特征推断，经济景气在2019年一季度或二季度触底企稳的概率较大。

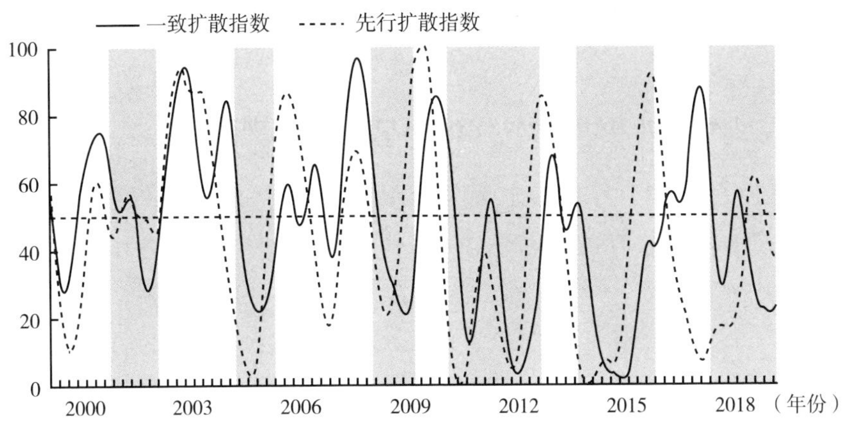

图3　移动平均后的一致扩散指数和先行扩散指数

综合以上合成指数和扩散指数的分析预测结果，本轮月度景气短周期的峰顶转折点已经在2017年3~4月出现。2017年4月以来的经济景气下滑态势可能会持续到2019年一季度或二季度，但下降幅度相对较小。2019年经济运行可能呈现先降后稳或小幅回升的走势，在略低于上年的景气水平上保持大体平稳的运行态势，新常态下经济周期的“微波化”特征将继续保持。

二　基于监测预警信号系统对经济景气状况的监测和分析

下面根据由10个预警指标[①]（见图4）构成的“宏观经济监测预警信号系统”对各预警指标的警情与目前的总体经济景气状况和变动趋势做进一步的考察和判断。考虑到我国经济进入“新常态”后主要经济增长指标已经出现与以往不同的结构性变化，结合对预警指标变化情况的统计分析和发展趋势判断，我们再次对工业增加值、投资、消费、财政、M2等部分预警指标在不同景气区间的预警界限进行了适当调整，以便更准确地反映“新常态”下经济景气的变动情况。

对预警指标近一年的监测结果（见图4）显示，2018年以来，工业生产增速、外贸进出口增速等部分指标的景气度先升后降，特别是进出口增速从11月开始出现高台跳水式的快速回落；工业主营业务收入和消费的景气度呈现下降态势；M2和投资增速降中趋稳；房地产和物价景气虽然也出现一定回落，但仍然处于正常范围。截至2019年2月，CPI和M2同比增速两个指标处于“正常”区间；工业

① 预警指标中的工业企业主营业务收入累计增速、固定资产投资完成额累计增速和国房景气指数的不规则扰动很小，且近些年几乎不存在季节性波动，故直接采用公布数据，其余指标均经过季节调整剔除季节和不规则因素。

企业增加值增速、发电量增速、工业企业主营业务收入累计增速、固定资产投资完成额累计增速、社会消费品零售总额增速、国房景气指数等指标发出“趋冷”信号；而全国财政收入增速和进出口总额增速则发出“过冷”信号。

指标名称	2018										2019	
	3	4	5	6	7	8	9	10	11	12	1	2
1.工业企业增加值增速	○	○	○	○	○	○	○	◎	◎	◎	◎	◎
2.发电量增速	○	○	○	○	○	○	○	○	○	○	◎	◎
3.工业企业主营业务收入累计增速	○	○	○	○	○	○	○	○	○	○	◎	◎
4.固定资产投资完成额累计增速	○	◎	◎	◎	⊗	⊗	⊗	◎	◎	◎	◎	◎
5.社会消费品零售总额增速	○	○	○	○	◎	◎	◎	◎	◎	◎	◎	◎
6.进出口总额增速	◉	◉	◉	◉	◉	◉	○	○	○	◎	⊗	⊗
7.全国财政收入增速	○	○	○	○	◎	⊗	⊗	⊗	⊗	⊗	⊗	⊗
8.货币和准货币（M2）同比增速	◎	◎	◎	◎	◎	◎	◎	◎	⊗	⊗	⊗	○
9.居民消费价格指数（CPI）	○	○	○	○	○	○	○	○	○	○	○	○
10.国房景气指数	○	○	○	○	○	○	○	○	○	○	○	◎
综合判断	○	○	○	○	○	○	◎	◎	◎	◎	◎	◎
	50	48	48	48	40	38	35	35	33	30	23	25

注：● <过热>　◉<趋热>　○<正常>　◎<趋冷>　⊗<过冷>

图4　月度监测预警信号

（一）工业生产增速降温至“趋冷”区

受国内需求减弱、工业企业利润增长高位下行和中美贸易摩擦等因素的影响，规模以上工业增加值增速经过2017年在6.5%附近的平稳运行后，2018年走势趋缓，10月以来再次降到景气“趋冷”区（5%～6%）。2018年全年工业增加值增长6.2%，增速比上年下降0.4个百分点。在一定程度上受春节因素影响，2019年前2个月的工业增速仅有5.3%，创造了2009年3月以来的最低增速，但走势缓中趋稳的概率较大。

作为工业运行重要关联指标的发电量增速与工业增加值增速的走势相似，从2018年二季度开始同样出现下滑走势，虽然2018年各月处于适中的“正常”区间，但2019年1～2月的增速只有2.9%，低于4%的正常区间下界，开始发出“趋冷”信号。

受工业价格大幅回落和库存增速趋缓等因素影响，从2018年5月开始，规模以上工业企业主营业务收入累计增速呈现回落态势。2018年全年累计增长8.5%，增速较上年下降2.6个百分点，但总体处于正常增长区间。根据已经公布的其他工业指标推断，2019年1～2月，该指标很可能降到6%以下，落入“趋冷”区间。

（二）固定资产投资增速企稳回升，脱离“过冷”区间

受高耗能投资和基建投资减速、社会融资持续低迷、地方债监管较严、积极政策效应滞后等因素制约，2018年固定资产投资（不含农户）累计增速基本延续了近年来的持续下滑趋势，4月降到7%以下的“趋冷”区间，7～9月进一步降到5.5%以下的“过冷”区间，显示投资景气低迷。8月的累计增速只有5.3%，创造了2001年以来的最低水平。此后，在政府“稳投资”政策的作用下，投资景气有所回暖，全年投资增长回升至5.9%，较上年下降1.3个百分点，创造了1992年以来的年度最低增速。2019年1～2月的投资增速为6.1%，处于“趋冷”区间的中部。

我们此前多次强调，投资增速持续下降是导致近年来内需收缩和经济景气度不断回落的主要原因。需要指出的是，与2017年相比，2018年制造业和民间投资增长明显加快，内生增长动力增强。2018年全年制造业投资和民间投资分别增长9.5%和8.7%，较上年分别提高4.7个和2.7个百分点。制造业投资特别是高技术制造业投资的较快增长成为拉动2018年投资增长的重要动力。

（三）消费增长出现下滑趋势，发出“趋冷”信号，实际消费低位触底回升

剔除季节和不规则因素后，2018 年的社会消费品零售额名义增速延续了 2017 年 5 月以来的下滑趋势，从 7 月开始该指标进入“趋冷”区间（8% ~9%）。2018 年 11 月至 2019 年 2 月，该指标稳定在 8.2% 左右，能否就此企稳还有待进一步观察。消费增速下降既受到居民收入增速放缓、居民杠杆率上升等因素的制约，也与 2018 年汽车、居住消费放缓有关。此外，电商促销也在一定程度上影响了消费者的预期。

剔除物价因素后，消费品零售额实际增速自 2017 年 7 月以来出现了更为明显的较快下滑，2018 年 10 月的消费实际增长只有 5.7%，较 2017 年 6 月的 10% 下降了 4.3 个百分点，创造了 2004 年以来的月度增速最低值。此后，随着商品零售价格的回落，消费实际增速有所回升，2019 年 1 ~2 月增长 7.2%，初步呈现低位触底回升态势。

消费增速趋缓已经引起政府部门的关注并出台相关文件，但政策效果还有待进一步观察。

（四）外贸景气快速降温，2019年发出“过冷”信号，形势比较严峻

受全球经济增速放缓、贸易保护主义抬头，特别是中美贸易摩擦冲击的影响，2018 年以来我国外贸景气出现“前暖后冷”的较大变化。2018 年全年进出口总额 46210 亿美元，增长 12.5%，比上年增加 1.1 个百分点，接近“正常”增长区间的上界（13%），说明外贸全年总体景气状况良好。2018 年前 10 个月外贸进出口总额增长大体保持平稳，但从 11 月开始出现大幅下滑。按美元计价，增速从 2018 年 7 月的 18.3% 快速降到 12 月的 -5.9%，经过两年的较快增长后，再次出现负增长局面。2019 年前 2 个月的累计增速只有 -3.9%，较

上年同期和全年分别下降 26.9 个和 16.5 个百分点。进出口景气从 2018 年前 8 个月的“趋热”迅速降温，12 月开始发出“趋冷”信号，进入 2019 年甚至发出“过冷”信号（小于 -3%），显示外贸形势比较严峻。

剔除季节和不规则因素后，2018 年以来出口和进口月度增速的走势出现一定分化。出口增速呈前高后低走势，2018 年各季度的累计增长速度逐渐回落，特别是四季度的下滑速度更加明显，但全年增长 9.9%，仍超过上年 7.9% 的增速。2019 年前 2 个月的累计增速只有 -4.6%，较上年同期和全年分别下降 28.5 个和 14.5 个百分点。2 月 PMI 新出口订单由 46.9 下降到 45.2，短期内出口增速可能继续下降。

进口增长速度在 2018 年前 3 个季度呈现温和上升态势，且各季度累计增速均明显高于上年的 15.9%，处于 2012 年以来的相对高位。但四季度增速同样出现快速下滑，12 月当月的增速为 -7.6%，时隔两年多后再次出现负增长，并导致全年进口增速降到 15.8%，比上年略低 0.1 个百分点。2019 年前 2 个月的累计增速为 -3.1%，较上年同期和全年分别下降 25.3 个和 19 个百分点，但已经出现止跌企稳迹象。

（五）财政收入景气明显降温，回到“过冷”区间

在经济运行稳中趋缓、政府减税降费政策不断推出等因素的影响下，财政收入增长代表的财政景气在 2018 年呈现前高后低走势，一季度、上半年和全年的累计增长分别为 13.6%、10.6% 和 6.2%，增速回落明显。特别是，从 8 月开始由上半年的“正常”区间落入“过冷”区间（4% 以下），2018 年 10 月和 11 月当月甚至出现负增长，显示财政景气度过低。2019 年 1～2 月，财政收入增长 7%，较上年四季度增速有所提高。剔除季节和不规则因素后，该指标在 1% 附近的低位初步显现企稳迹象。

（六）货币供应增速在“趋冷”区下界附近缓中趋稳

受加强房地产市场调控、“防风险”政策效果逐步显现和经济增长趋缓等因素影响，狭义货币 M1 增速延续了 2016 年 8 月以来的大幅回落态势，继续处于周期下降阶段。2019 年 1 月的增速只有 0.4%，创造了 1996 年以来的历史最低水平。

剔除季节和不规则因素后，2018 年上半年，M2 增速一度出现短暂的缓慢回升，但此后延续了 2016 年初以来的持续回落走势。2018 年 11 月至 2019 年 1 月，M2 增速处于“过冷”区间上界（8%）附近的历史低位，显示货币供应仍然偏紧，但已出现缓中趋稳迹象。

此外，金融机构人民币贷款增速从 2018 年 7 月开始在 13% 左右的低位呈现触底后缓慢回升态势，反映信贷景气有所回暖。

（七）CPI 在“正常”区间小幅波动，PPI 快速回落

根据物价周期转折点判别准则和测量方法[①]，按照“谷—谷”的周期计算，1997 年以来我国物价周期第 7 轮短周期始于 2017 年 5 月。CPI 在经历了 17 个月的小幅上涨后于 2018 年 9 月形成波峰。此后，受成品油等能源价格下降拖累转入周期下行通道，到 2019 年 2 月为止尚未结束。由于该轮短周期继续延续了 2013 年以来物价波动的“微波化”特征，且波动的振幅和变化速度进一步趋缓，此轮物价周期形态尚有待进一步确定。

2018 年居民消费价格指数（CPI）全年上涨 2.1%，总体涨幅适中，低于 3% 的政策目标。剔除季节和不规则因素后，2018 年 CPI 经历了先升后降的走势。具体来看，受食品类与大宗商品价格上涨等因

① 参见陈磊、孙晨童、王琳《2017～2018 年经济景气形势分析与预测》，载《经济蓝皮书：2018 年中国经济形势分析与预测》，社会科学文献出版社，2018。

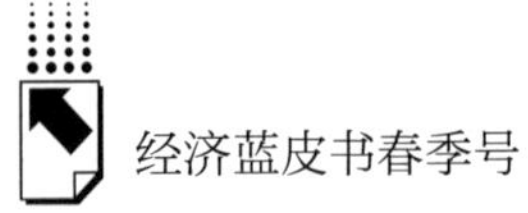

素影响，前10个月的CPI呈小幅回升态势；此后，受能源价格下降影响，CPI有所回落。2019年2月CPI同比上涨1.5%，较上年10月下降了1个百分点。从CPI分项来看，食品价格与非食品价格也有相似的变动特征。非食品价格的回落在一定程度上反映了当前我国消费需求较弱，经济下行压力依然存在。

2018年工业生产者出厂价格指数（PPI）呈先涨后降走势，全年上涨3.5%，涨幅比上年减少2.8个百分点。受国际油价上涨、国内环保限产等因素的影响，2018年上半年PPI出现小幅反弹，但力度有限；之后，受国内需求走弱、国际大宗商品价格不振、国内环保政策和去产能力度有所减弱等因素的综合影响，PPI延续了2017年3月以来的周期性回落态势，且2018年11月以来的下降速度明显加快。2019年1~2月，PPI同比上涨仅为0.1%，为2016年10月以来的最低水平。

近一年来，PPI与CPI的走势出现明显分化的特征，PPI与CPI“剪刀差”进一步收窄，并从2018年12月开始由正转负。历史数据表明，PPI与CPI“剪刀差”和工业企业利润周期基本同步。PPI与CPI“剪刀差”的收窄折射出我国工业企业利润依然呈下行态势。PPI低于CPI的负“剪刀差”，预示企业利润增长可能进一步下降，从而增加经济下行压力。

（八）对总体经济景气状况的监测和预警

由10个预警指标构成的景气动向综合指数（见图5）与景气一致合成指数的走势比较接近。图5显示，2018年以来，受工业生产、投资、消费、外贸、财政收入等景气指标回落的影响，反映总体景气状况的景气动向综合指数出现前高后低的降温走势。2018年7月以后，景气下降速度有所加快。从9月开始，该指数发出景气“趋冷”的预警信号并继续下滑。2019年1月的指数为22.5，创造了1999年以来的最低水平。随着M2增速触底回稳脱离“过冷”区间，2月综

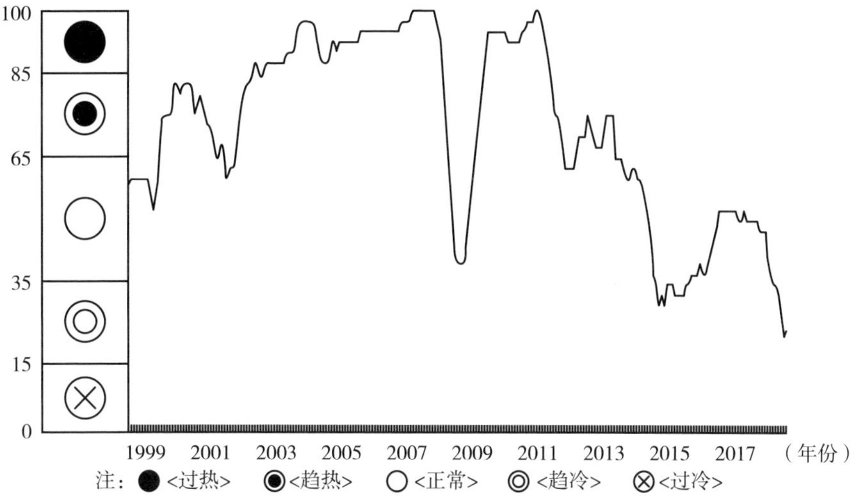

图5　景气动向综合指数

合指数回升到25，位于“趋冷”区间的中部。

通过对10个预警指标走势的分析并结合目前的政策取向，预计2019年3～12月的景气动向综合指数在22.5～32.5的“趋冷”区间内保持大体平稳或小幅回升走势的概率较大。

三　2019年主要宏观经济指标预测

基于以上对经济周期态势的预判，下面结合多种经济计量模型对主要宏观经济指标的变动趋势进行预测，以便进一步把握经济增长的未来走势，为政府的宏观调控提供参考信息。各指标的具体预测结果见表1。

（一）2019年的经济增长速度将达到6.3%～6.4%

受经济惯性下滑和全球经济增速趋缓、中美贸易摩擦不确定性等因素的影响，结合前面的监测和分析，预计2019年经济增速将出现小幅回落，全年 GDP 增长率为6.3% ~6.4%，比上年下降0.2 ~0.3个百分点，可以实现政府工作报告提出的预期目标。2019 年各季度经济增速有望在6.2% ~6.5%区间大体保持平稳运行，下半年或略有回升，经济增长周期继续呈现“微波化”的新常态。

我们赞同一些专家对2019 年有利于中国经济企稳回升积极因素的分析，[①] 主要包括：①宏观政策发出明确的逆周期调节信号，将对经济增长产生支撑和托底作用。更大力度的减税政策即将推出，央行将通过疏通货币政策传导渠道和利率市场化改革，引导企业融资利率下行，企业盈利状况将逐渐改善。预计稳增长政策的效果可能在2019 年下半年显现，2019 年经济增长或将呈现前低后稳、稳中有升的走势。②中美贸易谈判可能取得一定成果，双边紧张局势或将有所改善，外部压力可能减小。③产业出清带来高质量发展动力，前几年“三去一降一补”五大任务取得显著成效，部分行业开始出现供给提升的积极信号，高技术制造业、高端装备制造业、新能源新材料制造业投资增长加快，产出能力增强。④从中长期看，技术创新驱动新兴产业崛起，京津冀、粤港澳、长三角等区域协调发展将带来产业联动效应，全面深化改革将释放新的经济增长动能，这些因素将有助于经济实现高质量发展和可持续发展，保持经济稳中向好的态势不变。

（二）CPI 走势大体平稳，预计全年上涨2%左右，PPI 涨幅明显回落

从国际环境看，受全球经济增速下滑以及美国页岩油增产等因素影响，原油等大宗商品价格缺乏大幅反弹动力，不足以形成较大的输入型通胀压力。从国内环境看，虽然非洲猪瘟在一定程度上强化了猪

① 连平：《2019 年宏观基本面良好，六大因素推动经济企稳反弹》，http：//finance.jrj.com.cn/jrjhkt301/，2019。

肉供给紧缩幅度，但考虑到近几年猪周期的波幅明显收敛，肉类价格预期上行但涨幅可控；2019 年稳健货币政策不会大量释放流动性，目前 M1 和 M2 同比增速仍在历史低位徘徊，对 CPI 抬升作用有限；增值税结构性减税或将导致 CPI 中的工业制成品相关价格明显回落。综合以上分析并结合模型外推结果，预计 2019 年 CPI 上涨 2% 左右，涨幅较上年回落 0.1 个百分点；受翘尾因素的影响，预计 2019 年 4 个季度 CPI 可能会呈“W”形走势。总体来看，全年物价会继续在“正常”区间小幅波动，走势大体平稳，通胀压力不大。

受上年高基数和需求下降的影响，预计 2019 年 PPI 涨幅将明显回落，二、三季度可能出现负增长，全年上涨 0.2% 左右，涨幅比上年下降 3.3 个百分点。考虑到本轮全球经济共振回落幅度较以往有所减弱，加之国内逆周期调控政策相继落地，年内 PPI 走势将触底回稳。

（三）年内工业生产增速或呈小幅回升走势，下半年有望回到“正常”区间

短期内影响工业生产增长的不利因素包括：工业领域相对过剩的局面尚未完全改变，投资需求不旺，工业主营业务收入增速回落，工业进入去库存阶段，去产能、去杠杆和环保限产政策等会持续推进，中美贸易摩擦将影响出口增长。但与此同时，影响工业生产的积极因素也在改善：一是宏观政策有所放松，减税降费、“降准”等财政金融政策将协同发力，加大对实体经济支持力度，改善企业营商环境；二是基建投资企稳回升，内需或有所改善；三是产业结构持续优化，高技术行业、战略性新兴产业仍将保持较快增长。综合这些因素的影响，预计规模以上工业增加值增速将在一季度低位触底，然后转入小幅回升，四季度有望回到 6% 以上的“正常”区间。预测 2019 年全年增长 5.8% 左右，增速较上年下降 0.4 个百分点，总体处于“趋冷”状态。

（四）固定资产投资增速可能在“趋冷”区间趋稳，涨幅有所提升

从2018年四季度开始，随着政府一系列稳定投资政策措施的作用效果逐渐显现，基础设施投资增长经过超预期大幅回落后在低位止跌企稳，2019年前2个月的增速继续回升，带动总体投资增长在历史低位止跌回升。同时，前2个月房地产开发投资也保持了两位数的较快增长，但受企业利润下滑等因素影响，制造业投资增速有所下降。根据统计部门公布的部分投资先行指标看，1～2月新开工项目计划总投资同比增长4.9%，而2018年全年下降17.7%，涨幅大幅提高。考虑到财政政策加力提效，基建补短板力度加强，专项债额提升并提前发行等政策效果逐步体现，预计基础设施投资增速将保持回升势头。受制造业大幅减税政策的推动，制造业投资增速也将很快企稳。综合有关因素，预计2019年各季度投资增速将保持平稳，全年固定资产投资（不含农户）增长6.2%左右，比上年小幅提高0.3个百分点，仍处于7%以下的“趋冷”区间，但投资结构和投资效率将继续改善。

（五）消费增长有望在“趋冷”区间止降回稳

随着政府一系列促消费政策逐渐落地，2018年11月以来，社会消费品零售额增长的下滑态势得到一定抑制。未来消费增速受居民收入增速减缓、居民杠杆率高的影响恐难以大幅提高。但个税改革方案的实施将有效提高部分居民的收入增长，对消费形成一定支撑。减税效应的显现以及“稳定汽车消费”等政策的实施有利于消费保持平稳增长。预计2019年社会消费品零售总额各季度增速将止降回稳，下半年有望小幅回升。全年名义消费品零售额增长8.4%左右，比上年下降0.6个百分点，位于“趋冷”区（8%～9%）内

中部。剔除物价因素后的实际消费增长6.7%左右，比上年低0.3个百分点。

（六）进出口景气总体“趋冷”，但有望逐渐回暖，外贸顺差或继续缩减

2019年，全球经济和贸易仍将周期性趋缓，中美贸易摩擦和地缘政治的不确定性依然较大。受到这些因素的影响，外贸出口增长的速度将明显回落，但年内各季度增速有望呈现前低后高的小幅回升态势。预测2019年全年出口总值约25450亿美元，增长2.3%，增速较上年下降7.6个百分点。

受国内经济景气度下滑影响，进口景气将继续回落，但年内各季度增速有望呈现前低后高的小幅回升态势，下半年增速有望恢复至正增长。预计2019年全年进口总值约21950亿美元，与上年增长2.9%，增速较上年大幅下降12.9个百分点。

按此预测，2019年全年进出口总额约为47400亿美元，比上年增长2.6%，外贸景气总体处于“趋冷”区间，但各季度的景气度有望逐渐回升，四季度的增速将回到景气“正常”区间。全年贸易顺差3500亿美元，略低于2018年，增长-0.9%，对全年经济增长的负向影响将有所减少。

（七）货币供应量增速在“趋冷”区下界附近趋稳，贷款增长稳中略升

2017年以来的金融去杠杆政策使M2增速出现持续下滑。2018年秋我们曾建议，为了保持经济平稳运行，作为重要的信用创造观察指标，央行应做好政策预案，防止M2增速进一步下滑。2018年11月以来M2增速出现触底企稳态势。随着政府“六稳”政策的落地和显效，信贷传导机制将进一步理顺，金融结构有望出现更积极的变

化。预计 M2 仍将在“趋冷”区的下界 8% 附近大体保持平稳增长。预测 2019 年末 M2 增长 8.5% 左右，比上年小幅增加 0.4 个百分点。

在稳健偏宽松货币政策的基调下，预计信贷增长仍将保持平稳或稳中略升态势，2019 年末增长 13.5% 左右，增速与上年相同，全年新增贷款约 18.4 万亿元。

表 1　主要宏观经济指标预测结果

单位：%

指标名称	2019 年二季度	2019 年三季度	2019 年四季度	2019 年全年
GDP 增长率(可比价)	6.3	6.4	6.5	6.4
规模以上工业增加值增长率(可比价)	5.6	5.9	6.2	5.8
固定资产投资(不含农户)累计增长率	6.2	6.2	6.2	6.2
社会消费品零售额增长率	8.2	8.4	8.6	8.4
出口总额增长率(美元计价)	0.8	2.0	5.9	2.3
进口总额增长率(美元计价)	-1	0.5	13.6	2.9
广义货币供应量(M2)增长率	8.3	8.4	8.5	8.5
金融机构人民币贷款总额增长率	13.4	13.5	13.5	13.5
居民消费价格指数 CPI 上涨率	2.1	1.9	2.2	2.0
工业生产者价格指数 PPI 上涨率	0.5	-0.1	0.3	0.2

注：数据均为同比增长率，预测的样本数据截至 2019 年 2 月。

四　政策建议

综合以上分析和预测结果，2017 年 4 月以来的本轮经济景气收缩将在 2019 年上半年结束，下降幅度相对较小。2019 年经济景气在“趋冷”区间可能呈现先降后稳、稳中有升的走势。预测 2019 年 GDP 增速为 6.3% ~6.4%，达到政府的预期目标；CPI 增速上涨 2% 左右，通货膨胀压力不大。经济和物价周期波动将继续呈现新常态下的“微波化”特征。

在经济下行压力较大的情况下，2019 年的宏观经济调控应该继续坚持“稳中求进”的主基调，及时落实各项调控措施，以“稳就业、稳投资、稳消费”为主要发力点实施精准调控，注意协调积极财政政策和适度宽松的货币政策，根据经济运行情况及时把握好调控力度和节奏。同时继续深化改革，防范风险，努力保持经济稳定且高质量的增长。

（一）积极财政政策应与适度宽松货币政策协同发力，激发微观经济主体活力

我们在 2018 年秋季曾建议，货币政策应稳健偏宽松，继续实施积极财政政策，以避免投资和消费增速下滑过快。鉴于政府已经采取了一系列调控措施并即将出台更大力度的减税降费政策，2019 年经济可能触底企稳，应注意根据经济运行情况及时把握好调控力度和节奏，既要防止经济继续快速下行，又要尽量避免矫枉过正。积极财政政策除按时落实大规模的普惠式减税降费和适度提高赤字率外，需继续加大对“调结构、补短板、惠民生”项目的投资力度，重点加大对 5G、人工智能、工业互联网、物联网等“新基建”的投资力度，以便更好、更快推动中国经济转型。货币金融政策要适度宽松，逐渐从“宽货币”向结构性“宽信用”转变，支持实体经济发债、地方基建、刚需和改善型购房需求，适时降息或定向降准，通过精准滴灌重点解决小微企业和民企融资难、融资贵问题，降低企业融资成本，稳定投资。

（二）刺激消费政策需因地制宜，稳定居民杠杆率仍然不能松懈

2018 年初至今，社会消费品零售总额增速持续下降，加大了经济下行压力。考虑到区域消费增速呈现出的结构性差异化特征，建议

因地制宜制定区域性鼓励消费政策。东部地区的政策重点应立足于促进消费升级，如支持发展线上线下相结合的新零售业态，扶持新兴服务业，完善医疗保健体系以更好服务民生等；中西部地区应重点提升经济主体活力，如实现网络全覆盖、完善物流体系、增加便利店数量等。此外，虽然2018年以来房地产市场出现降温，但居民杠杆率依旧居高不下，对消费的挤出效应十分明显。应继续坚持房市调控政策不动摇，尽快推出有利于房地产健康发展的长效机制并“因城施策”，明确房产税征收时间及形式，相对弱化房屋交易环节的税费与流动性限定，构建合理、高效的房地产二手房交易市场，从住房供给侧着手，重点解决房地产有效供给不足的问题。

此外，增加消费需求应深化收入分配体制改革，不断提高居民占国民收入分配的比重，不断缩小贫富差距；同时，加强供给侧改革，鼓励增加高端优质供给。

（三）扩大对外开放，积极防范外部风险

近来，我国进出口增长快速下降，全球经济增长放缓，中美贸易摩擦的长期性与不确定性加大了中国经济面临的外部风险。建议在扩大内需、做好对冲的同时，尽快建立中美贸易和其他外贸的监测预警体系，以便及时采取应对措施。同时，以推进区域全面经济伙伴关系（RCEP）为抓手，强化与周边国家之间的自贸区建设，大力发展与欧盟、加拿大、墨西哥等国的多边贸易关系；加快国内产业结构转型升级，从而带动出口升级，并积极拓展新兴海外市场，促进中国出口的多元化发展，加快全球贸易链的适应性调整，以便灵活应对各种外部不确定性。

（四）深化供给侧改革，加快产业转型升级，重点关注人口危机

随着我国经济向高质量发展的转变，“三去一降一补”的供给侧

改革效果逐步显现，需要做出阶段性的评估和调整，下一步应着重增强经济主体的信心、创新力和活力。未来一段时间供给侧改革应重点放在降成本、补短板上，加快产业转型升级。各地区应因地制宜，尽快落实相关金融、财政、人才政策，在巩固传统产业支柱地位的同时，应结合新兴产业对传统产业进行创新升级，鼓励企业采用新技术、新设备、新材料、新模式，获得新动能。

考虑到我国人口结构呈现出老龄化趋势，而生育率却逐年下降，建议重点推动养老、育儿、医疗保健等产业的完善升级，增进民间资本对养老基金管理和经营的参与；促进提高生育率，如促进加大托育服务供给力度，进一步完善女性就业权益保障等；不断提高人口综合素质，尤其是培养更多创新型人才。为此，需继续加大教育投资力度，积极引进高科技人才。

参考文献

［1］陈磊、孔宪丽：《转折点判别与经济周期波动态势分析》，《数量经济技术经济研究》2007 年第 6 期。

［2］陈磊、孙晨童、王琳琳：《2018 ~ 2019 年经济景气形势分析与预测》，载《经济蓝皮书：2019 中国经济形势分析与预测》，社会科学文献出版社，2019。

［3］高铁梅、陈磊、王金明、张同斌：《经济周期波动分析与预测方法（第二版）》，清华大学出版社，2015。

［4］连平：《2019 年宏观基本面良好，六大因素推动经济企稳反弹》，http：//finance. jrj. com. cn/jrjhkt301/，2019。

［5］骆晓强、鲍勤、魏云捷、杨博宇：《基于多元传导模型的物价指数预测新方法》，《管理评论》2018 年第 30 期。

［6］任泽平：《展望 2019：经济年中触底　资本市场否极泰来》，新浪财经，2019 年 2 月 26 日。

［7］上海财经大学高等研究院：《中国宏观经济形势分析与预测年度报告（2018～2019）》，2019。

［8］张同斌、孟令蝶、陈磊：《2018 年固定资产投资态势分析与 2019 年走势展望》，《2019 年中国经济预测与展望》，科学出版社，2019。

B.3

变中求稳的中国工业经济

——2018年工业经济运行分析与2019年展望

黄群慧　张航燕*

摘　要：　2018年中国工业投资增速回升，高技术制造业加快增长，但国际环境不稳定、不确定因素更加明显。中国工业发展呈现结构优化、整体趋稳，但面临各方挑战，既包括工业企业经济效益回落，也包括工业企业营运能力下降、回款难度增大、汽车行业增长显著放缓等。中国工业经济发展应充分体现短期应对与中长期改革发展相结合思想，一方面扩需求，努力实现工业经济平稳增长，另一方面继续保持战略定力和战略耐心，深化供给侧结构性改革，全力推动工业经济高质量发展。

关键词：　工业经济运行　结构优化　供给侧结构性改革

2018年中国工业呈现降中趋稳、结构优化的总体特征。高技术制造业加快增长，工业投资回升。但也要看到，国际环境不稳定、不确定因素较为突出，国内经济正处在结构调整关键期，工业经济发展仍面临不少隐忧和挑战。近期工业企业经济效益回落，工业企业营运能力下降、回款难度增大，以及汽车行业增长显著放缓等问题值得关

* 黄群慧，中国社会科学院工业经济研究所所长，研究员，博士生导师；张航燕，中国社会科学院工业经济研究所助理研究员。

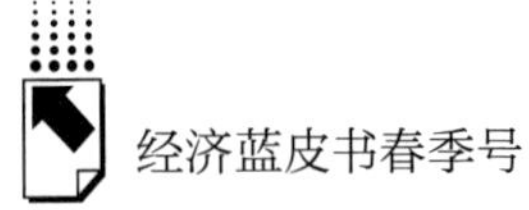

注。预计2019年规模以上工业增加值增速为5.9%～6.4%的概率较大。2019年，中国工业经济面临的最大的不确定因素仍是外部环境的变化，为此，中国工业经济发展应充分体现短期应对与中长期改革发展相结合的思想，一方面扩需求，努力实现工业经济平稳增长，另一方面继续保持战略定力和战略耐心，深化供给侧结构性改革，全力推动工业经济高质量发展。

一 2018年工业经济运行分析

2018年，我国工业经济呈现降中趋稳、结构优化的发展态势。高技术制造业加快增长，工业投资回升，工业出口回落，东部地区工业走低态势较为明显。

2018年，全国规模以上工业总体呈现降中趋稳态势（见图1）。规模以上工业增加值同比增长6.2%，增速较2017年减少0.4个百分点，较2016年和2015年则分别增加了0.1个和0.2个百分点。经济新动能快速成长，高技术制造业增长较快。2018年，高技术制造业增加值同比增长11.7%，增速较2017年减少1.7个百分点，但增速高于规模以上工业5.5个百分点，占规模以上工业增加值的比重为13.9%，比2017年提高了1.2个百分点。分月来看，2018年规模以上工业呈现前高后低发展态势（见图2）。其中1～2月、4月和5月的同比增速分别为7.2%、7.0%和6.8%，为年内的较高点，下半年以来工业增加值走低趋稳的态势较为明显，增速在5.8%上下浮动。

中美贸易摩擦对我国工业经济的影响有限。2018年，规模以上工业出口交货值同比增长8.5%，增速较2017年下降2.2个百分点。2018年中美贸易摩擦增大了我国外部环境的不确定性，对我国工业经济发展构成了较大威胁，但结合其他工业经济运行的数据分析，中美贸易摩擦对我国工业经济的影响有限。从年度数据来看，2018年

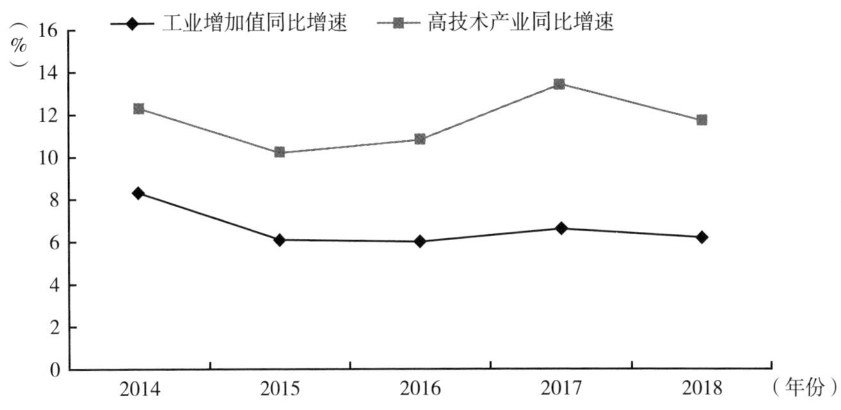

图 1　2014～2018 年规模以上工业增加值增速

资料来源：国家统计局网站。

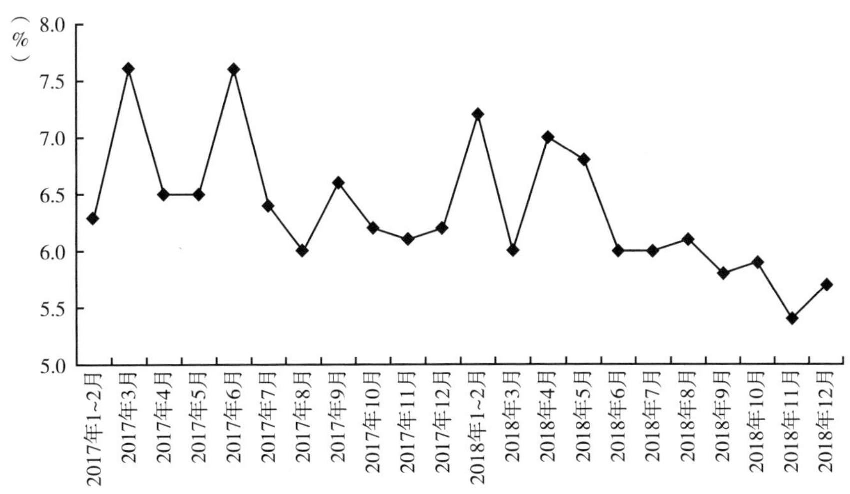

图 2　2017 年和 2018 年规模以上工业月度同比增速

资料来源：国家统计局网站。

规模以上工业增加值增长 6.2%，增速比 2017 年只减少 0.1 个百分点；从月度数据来看，2018 年工业增加值增速波动甚至小于 2017 年，特别是 2018 年下半年工业增加值趋稳态势更为明显，这也进一步说明中国工业比较优势依然较为突出，即使外部环境的不确定性增加，短期内难以对已经形成的全球产业分工格局和竞争优势造成颠覆性的变化，也表明中国有足够的市场空间、政策空间以及制度优势来应对世界经济不确定性的冲击。

工业劳动生产率显著提升。2017 年工业劳动生产率为 292292.9 元/人，较 2016 年增加了 26981.9 元/人，同比增长 10.2%（见图3）。由于劳动生产率是企业生产技术水平、经营管理水平、职工技术熟练程度和劳动积极性的综合表现，分析其变动相对复杂。仅从计算劳动生产率的两个指标来看，工业增加值增长相对稳定，2012～2017 年大致维持在 6%～8% 区间，而规模以上工业平均用工人数出现较大的波动。2011 年工业平均用工人数 9167.3 万人，同比减少 377.4 万人，主要是统计口径大幅提高引起的，而 2015～2017 年工业平均用工人数连续减少（分别减少 202.2 万、299.5 万和 517.7 万），则是多种因素共同作用的结果。首先，由于劳动力用工成本上升，很多企业选择机器替代人工。2011～2016 年工业人均占有固定资产[①]数额不断攀升，由 2011 年的 27.6 万元上升至 2016 年的 41.2 亿元。其次，随着钢铁煤炭等行业去产能的不断推进，行业平均用工人数大幅减少。2016 年和 2017 年钢铁、煤炭和水泥行业减少用工人数占整个工业减少人数的比重分别为 37.6% 和 30%。最后，经济放缓、部分企业开工不足等原因也会引起用工人数的减少。从工业增加值增速来看，2014 年以来规模以上工业增速放缓，由之前的 8% 以上减至 6% 的水平；从规模以上工业亏损企业数量来看，2011 年以来亏损企业数量逐年增加，由 2011 年的 30624 家增加至 2017 年的 45454 家。

工业投资回升，结构不断优化。2018 年工业固定资产投资同比增长 6.5%，增速比 2017 年提高 2.9 个百分点。其中，采矿业投资

① 这里的固定资产为净值。

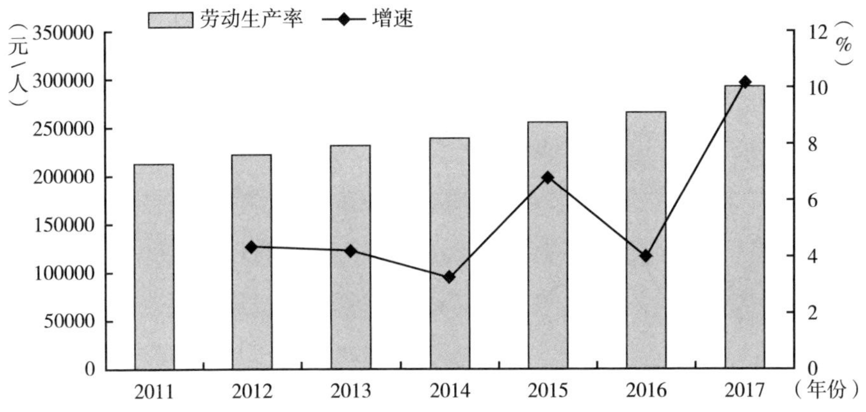

图3　2011～2017年工业劳动生产率及增速

注：劳动生产率＝工业增加值/工业平均用工人数，由于国家统计不再公布规模以上工业增加值，选用的是全部工业增加值，并且剔除了价格因素的影响（国家统计局从2011年起将规模以上工业企业起点标准由原来的年主营业务收入500万元提高到年主营业务收入2000万元，故以2011年为基期），工业平均用工人数是规模以上工业平均用工人数，事实上这样算出的劳动生产率偏高。

资料来源：依据相关数据计算。

增长4.1%，增速比2017年加快14.1个百分点；制造业投资增长9.5%，增速比2017年加快4.7个百分点；电力、热力、燃气及水的生产和供应业投资下降6.7%，降幅比2018年上半年收窄3.6个百分点（见图4）。中、高端制造业投资引领效应凸显。2018年，高技术制造业投资增长16.1%，增速比全部制造业投资高6.6个百分点；其中，医疗仪器设备及仪器仪表制造业投资增长20%，电子及通信设备制造业投资增长21.5%。受设备更新换代、环保标准提升等因素的影响，制造业中转型升级和装备制造投资呈较快增长态势。2018年，制造业技改投资增长14.9%，增速比全部制造业投资高5.4个百分点；装备制造业投资增长11.1%，增速比全部制造业投资高1.6个百分点。

东部地区工业走低的态势较为显著。2018年东部地区和西部地

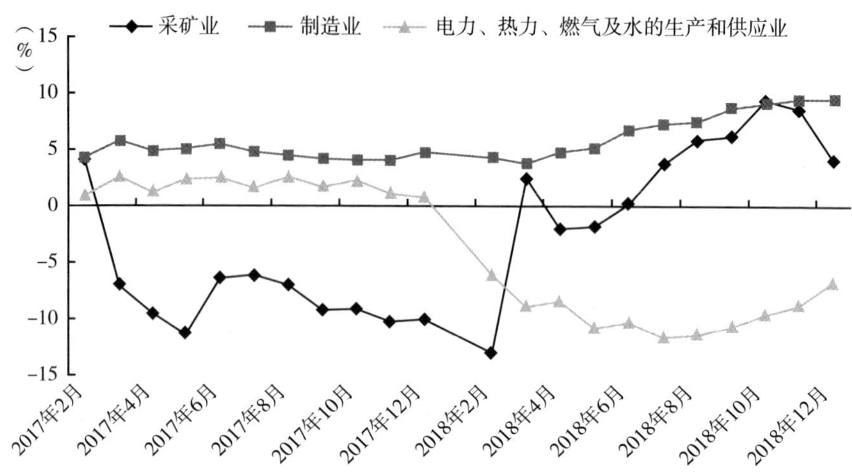

图4　2017 年以来三大门类固定资产投资累计增速

资料来源：国家统计局网站。

区工业呈现波动中走低态势（见图5），工业增加值由 1 ~2 月同比分别增长6.9%和8.4%减至12 月的5.0%和7.7%；中部地区和东北地区工业增加值则呈现出波动中走高态势，由 1 ~2 月同比分别增长

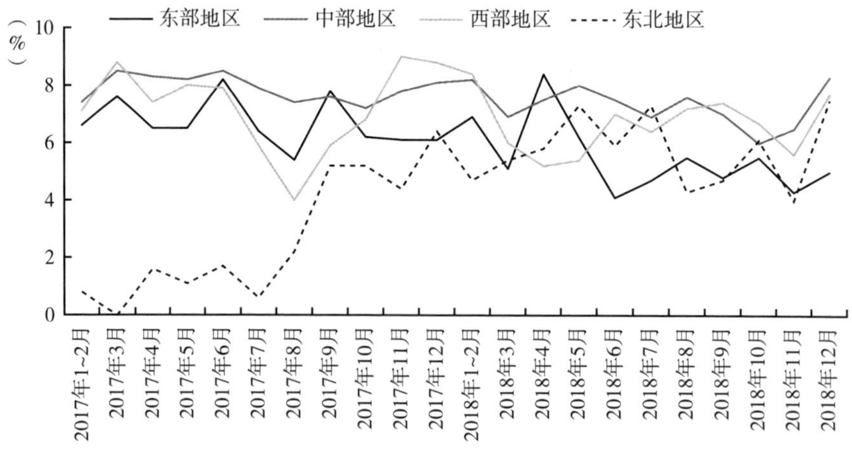

图5　2017 ~2018 年东部、中部、西部及东北地区工业增加值月度同比增速

资料来源：国家统计局网站。

8.2%和4.7%增加至12月的8.3%和7.5%。分省来看，2018年东部地区9个省（市）[①]中，有6个省（市）工业增加值同比下降（见图6），并且下降幅度超过1个百分点，其中，上海、江苏和山东分别减少4.8个、2.4个和1.7个百分点。上海、北京和天津工业个别月份甚至出现负增长。比如，2018年8月、9月、11月和12月，上海工业增加值分别同比下降4.6%、3.7%、3.9%和7.0%。

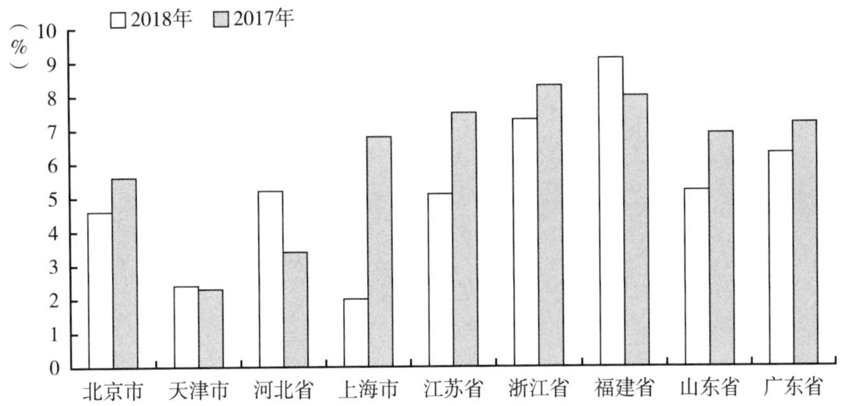

图6　2017年和2018年东部地区工业增加值增速

资料来源：国家统计局网站。

二　2018年工业经济运行中的突出问题

当前，中国工业经济总体呈现趋稳向好态势。但也要看到，国际环境不稳定、不确定因素较为突出，国内经济正处在结构调整关键期，工业经济发展仍面临不少隐忧和挑战。近期工业企业经济效益回落，工业企业营运能力下降、回款难度增大和汽车行业增长显著放缓等问题值得关注。

① 由于海南省的特殊性，此处不含海南省。

经济效益显著回落且行业分化。2018 年，全国规模以上工业企业利润总额比上年增长 10.3%，增速较 2017 年大幅减少 10.7 个百分点，仅为 2017 年的一半（见图 7）。并且利润结构分化严重，从大类上看，2018 年采矿业，制造业，电力、热力、燃气及水的生产和供应业利润同比分别增长 40.1%、8.7% 和 4.3%。采矿业利润增速分别是制造业，电力、热力、燃气及水的生产和供应业利润增速的 4.6 和 9.3 倍，采矿业利润显著高于制造业，电力、热力、燃气及水的生产和供应业。从具体行业来看，新增利润最多的行业主要包括：石油和天然气开采业，利润比上年增长 4.4 倍；非金属矿物制品业，增长 43%；黑色金属冶炼和压延加工业，增长 37.8%；化学原料和化学制品制造业，增长 15.9%；酒、饮料和精制茶制造业，增长 20.8%。依据国家统计局的计算，上述 5 个行业合计对规模以上工业企业利润增长的贡献率为 77.1%。

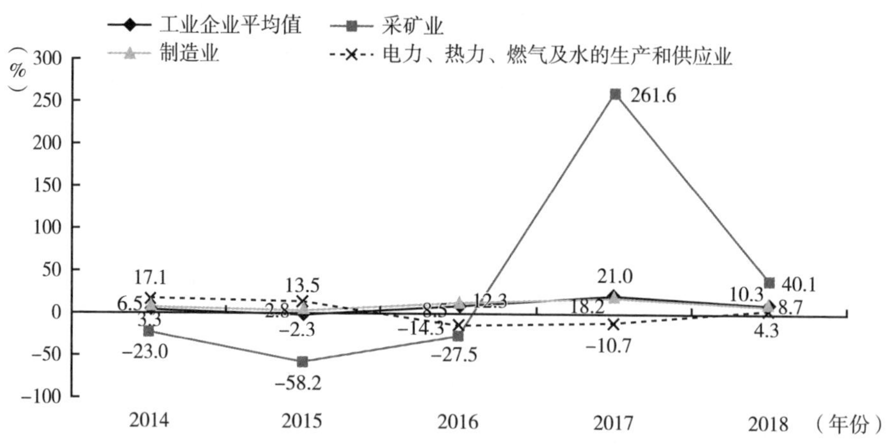

图 7　2014 ~ 2018 年工业企业利润总额增速

资料来源：国家统计局网站。

企业运营能力下降且行业与企业权属性质分化。如果说自 2015 年以来工业企业有着不错且稳定的盈利能力和偿债能力的话，工业企业营运能力[①]表现则不尽如意（见表1）。从产成品周转天数和应收账款平均回收期来看，产成品周转天数由2015年的14.2天上升至2018年的17.2天，而应收账款平均回收期由2015年的35天上升至2018年的47.4天，表明工业企业应收账款账期增加，回款难度增大。

表1　2015～2018年工业企业主要效益指标

单位：%，天

年份	资产负债率	主营业务成本率	主营业务收入利润率	产成品周转天数	应收账款平均回收期
2015	56.8	85.6	5.9	14.2	35.0
2016	56.2	85.7	5.8	13.8	36.5
2017	55.8	85.5	6.0	14.4	39.1
2018	55.5	84.9	6.5	17.2	47.4

资料来源：国家统计局网站。

进一步分析工业企业运营能力发现，工业企业运营能力呈现行业与企业权属性质分化特征（见表2和表3）。从行业性质来看，2015年以来制造业运营能力呈现下降的态势，制造业产成品周转天数已由2015年的15天增加至2018年的18.7天，增加了3.7天，采矿业仅增加了0.5天，电力、热力、燃气及水的生产和供应业连续4年持平；制造业应收账款平均回收期已由2015年的35.8天延长至2018年的49.4天，延长了13.6天，采矿业减少了2.3天，电力、热力、燃气及水的生产和供应业延长了8.8天。从企业属性来看，国有控股企业营运能力“一枝独秀”，集体企业、股份制企业、外商及港澳台商投资企业、私营企业营运能力均出现不同程度的下降。除国有控股企业产成品周转天数呈现下降态势外，其他四类企业则呈现不同程度

① 企业营运能力主要指企业营运资产的效率与效益。企业营运资产的效率主要指资产的周转率或周转速度。

表 2　2015～2018 年按行业和企业类型计算的产成品周转天数

单位：天

年份	工业企业平均值	采矿业	制造业	电力、热力、燃气及水的生产和供应业	国有控股企业	集体企业	股份制企业	外商及港澳台商投资企业	私营企业
2015	14.2	13.9	15.0	0.6	16.4	14.5	14.5	14.8	11.6
2016	13.8	13.6	14.6	0.6	16.4	17.1	14.1	14.3	11.3
2017	14.4	13.5	15.4	0.6	15.4	26.4	14.6	15.1	12.3
2018	17.2	14.4	18.7	0.6	15.1	44.4	17.7	17.7	16.5

资料来源：国家统计局网站。

表 3　2015～2018 年按行业和企业类型计算的工业企业应收账款平均回收期

单位：天

年份	工业企业平均值	采矿业	制造业	电力、热力、燃气及水的生产和供应业	国有控股企业	集体企业	股份制企业	外商及港澳台商投资企业	私营企业
2015	35.0	38.0	35.8	20.4	37.5	25.1	31.7	50.0	25.2
2016	36.5	38.7	37.2	22.8	40.7	24.4	33.2	52.4	25.8
2017	39.1	32.4	40.3	25.2	38.6	29.3	35.4	55.6	28.8
2018	47.4	35.7	49.4	29.2	38.0	60.5	44.2	63.1	41.0

资料来源：国家统计局网站。

的增加，集体企业、股份制企业、外商及港澳台商投资企业、私营企业分别增加了29.9天、3.2天、2.9天和4.9天；国有控股企业应收账款平均回收期仅延长了0.5天，而集体企业、股份制企业、外商及港澳台商投资企业、私营企业分别增加了35.4天、12.5天、13.1天和15.8天。工业企业营运能力下降值得关注。特别是应收账款平均回收期由2015年的35天上升至2018年的47.4天，表明工业企业应收账款账期增加，回款难度增大。

汽车制造业增速大幅回落。受购置税优惠幅度减小及新能源汽车政策调整、国六排放标准提前实施以及外部环境趋紧等多个因素的影响，2018年汽车制造业工业增速大幅回落。2018年，汽车制造业工业增加值同比增长4.9%，增速较2017年大幅减少7.3个百分点。2018年，汽车产销分别完成2780.9万辆和2808.1万辆，同比分别下降4.2%和2.8%，这也是自1990年以来汽车产量的首次负增长。伴随着汽车制造业生产放缓，汽车制造业效益也出现了回落。2018年，汽车制造业收入同比增长为2.9%，增速较2017年减少了7.9个百分点；利润出现负增长，同比下降4.7%。汽车制造业出口大幅回落。2018年，汽车制造业出口交货值同比增长8.5%，比2017年大幅减少了7.0个百分点。特别是进入9月，中美贸易摩擦以及我国汽车最大出口目的国伊朗受美制裁，使得汽车出口市场变数加剧，汽车整车出口量出现大幅回落。依据海关统计，2018年10月、11月和12月汽车整车出口量出现负增长，同比分别下降19.2%、12.5%和16.5%。

2018年中国工业经济运行过程中还出现产品数量减少的品类较上年大幅增加。2018年在统计的71种产品中有28种产品数量同比减少，比2017年（15种产品）多出13种产品。2018年产品产量降幅排名居前的5类产品分别是工业机器人、传真机、铁路机车、发动机、小型拖拉机，降幅分别为63.5%、53.4%、34.9%、21.7%、20.8%。工业机器人下降速度明显，究其原因除了2017年基数较高

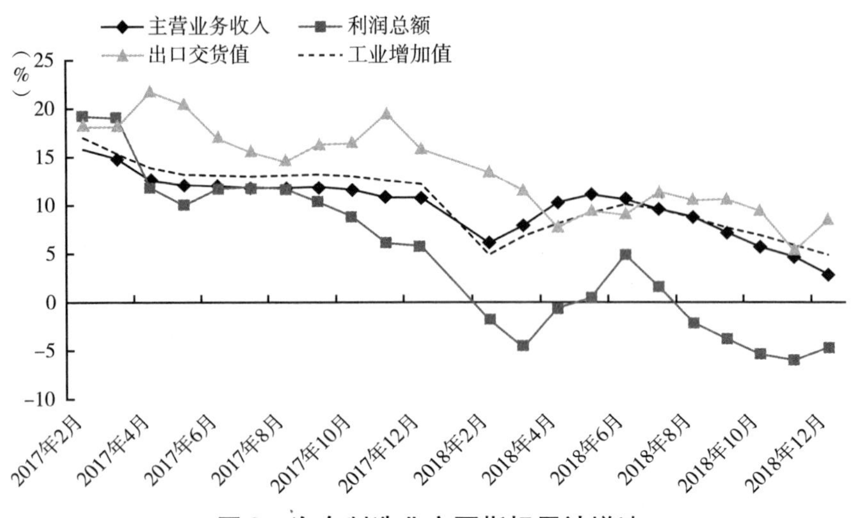

图8　汽车制造业主要指标累计增速

资料来源：国家统计局网站。

之外，2018 年下游需求减弱是最主要的影响因素。下游汽车和 3C 行业需求对工业机器人产销影响较大。2018 年汽车制造业固定资产投资累计同比增长 3.5%，较 2017 年减少 6.7 个百分点。2018 年汽车产量出现了自 1991 年以来的首次负增长。2018 年智能手机产量同比下降 0.6%，也是近年的首次负增长。

三　当前国内外经济环境及 2019年工业经济增速预测

从国内外经济环境看，全球经济增长乏力，贸易保护主义抬头，国内经济发展趋稳但一些深层次问题尚未得到根本解决。2019 年，我国工业经济形势依然较为复杂，面临着较大的下行压力。

（一）国际经济环境

2019 年全球经济增长乏力，贸易保护主义抬头，我国工业经济发展的外部环境仍然较为严峻。

首先，全球经济增长面临的下行风险上升，全球经济增速放缓。2019 年 1 月，世界银行发布报告，将 2018 年世界经济增速下调至 3%，较此前预测值减少 0.1 个百分点。2018 年全球制造业采购经理人指数平均达 52.9，较 2017 年减少 0.4 个点。分月来看，2018 年全球制造业采购经理人指数不断走低，由年初的 54.4 回落到年底的 51.4。从主要经济体来看，经济发展不平衡的态势依然存在。从 PMI 来看，2018 年美国 PMI 保持较高水平，平均达到了 58.8。韩国、南非 PMI 平均水平处于荣枯线下，巴西和俄罗斯 PMI 平均水平处于荣枯线附近。世界银行预计美国 2019 年的经济增速将从 2018 年的 2.9% 放缓至 2.5%，欧元区 2019 年的经济增长率将从 2018 年的 1.9% 降至 1.6%；同时下调 2019 年新兴市场经济增速预期至 4.2%。

表 4　2018 年主要经济体制造业 PMI

区　　域	1 月	6 月	10 月	11 月	12 月
美　　国	59.1	60.2	57.7	59.3	54.3
日　　本	54.8	53.0	52.9	52.2	52.6
欧 元 区	59.6	54.9	52.0	51.8	51.4
韩　　国	50.7	49.8	51.0	48.6	49.8
英　　国	55.3	54.4	51.1	53.6	54.2
澳大利亚	58.7	57.4	58.3	51.3	49.5
南　　非	45.1	44.8	45.2	55.0	49.3
巴　　西	51.2	49.8	51.1	52.7	52.6
俄 罗 斯	52.1	49.5	51.3	52.6	51.7
印　　度	52.4	53.1	53.1	54.0	53.2

资料来源：Wind。

其次，全球多边协调机制受到严重冲击。美国政府奉行单边主义和“零和博弈”思维，在全球范围内掀起频繁“退群”、加征关税、重谈双边协定等行动，引发国际关系失衡和贸易摩擦加剧，而国际合作平台无法对美国保护主义形成有效制约。全球外国直接投资流量连续三年下滑，其中，2018 年上半年同比减少 41%，降幅创金融危机以来最大。[①] 全球贸易增速明显下降，过去长期以来担当经济增长重要推动力的贸易恐将成为经济发展的拖累。同时，各国内外部政治力量冲突加剧，伊朗、俄罗斯、土耳其受到美国制裁，英国脱欧一波三折、意大利预算之争、法国“黄背心”运动、卡塔尔退出 OPEC 等事件增加了全球经济运行的不确定性。

最后，从国际金融市场来看，发达国家波动率虽有所上升但仍低于历史平均水平，总体表现较为稳定，而新兴经济体金融市场呈现较大波动。伴随着美国经济增长强劲，美联储进一步收紧货币政策，美元强劲飙升给新兴市场国家带来巨大的压力，阿根廷比索、俄罗斯卢布、土耳其里拉、菲律宾比索等货币相继大幅贬值，引发资本大量流出和金融市场震荡，产生新兴市场货币危机。

展望未来，全球经济可能在 2019 年小幅回落。世界银行下调全球经济增长预估，预计 2019 年全球经济增长由 2018 年的 3% 下调至 2.9%。

（二）国内经济环境

从国内经济环境看，当前国民经济运行保持在合理区间，总体平稳、稳中有进态势趋于明显。

1. 政策支撑，投资增长或将加快

2018 年 7 月 31 日，中央政治局会议将稳投资作为“六稳”之一，一系列稳投资政策相继出台，政策效应逐步释放。2018 年 10 月 31 日，国务院发布《关于保持基础设施领域补短板力度的指导意见》，基础设施等领域补短板力度将加大，预计基建投资将逐步回升。

① 《2018 年全球经济金融回顾与展望》，《金融时报》2018 年 12 月 27 日。

2018年11月1日，习近平总书记主持召开民营企业座谈会，提出了支持民企发展六项举措，预计民间投资将稳定增长甚至进一步加快。

2. 居民消费稳定增长，基础性作用显著增大

2018年，最终消费支出对经济增长的贡献率为76.2%，比上年提高18.6个百分点，内需成为稳定经济增长的压舱石。当前新一轮个税改革对中低收入群体的减税幅度更大，增收效果较为显著，将支撑消费增长。2018年9月，《中共中央 国务院关于完善促进消费体制机制 进一步激发居民消费潜力的若干意见》以及《完善促进消费体制机制实施方案（2018～2020年）》发布，消费体制机制和政策环境更趋完善，有利于激发居民消费潜力。

3. 多因素叠加，外贸增长动能减弱

2018年，货物和服务净出口对经济增长的贡献率为－8.6%，比上年回落17.2个百分点。虽然2019年有着许多不利因素影响我国外贸，但是依然有许多有利于外贸稳定发展的条件。一是稳外贸政策密集出台。稳外贸作为“六稳”之一，从中央到地方均出台了各种支持政策。比如，从2018年8月起实施海关进出口货物整合申报，提高通关效率；从2018年11月1日起，提高部分现行货物的出口退税率，加快出口退税办理周期。二是人民币汇率贬值增强出口竞争力。2018年人民币兑美元、欧元、日元、英镑汇率出现不同程度的贬值，如人民币兑美元汇率贬值近5.2%，有利于对冲贸易保护主义带来的负面影响，促进出口增长。2019年宏观政策将在扩内需、稳外需两方面同步发力，但经济转入持续中高速增长阶段的基础条件尚不稳固，仍面临长期积累的结构性矛盾突出等传统问题，2019年经济发展回调压力较大，经济增速可能略微放缓。

通过国内外经济环境分析，结合时间趋势模型和周期波动模型，加上长期跟踪工业经济运行分析，我们认为2019年规模以上工业增加值增速为5.6%～6.0%的概率较大。

四　推动工业经济高质量发展的政策建议

2019 年，中国工业经济面临的最大不确定性仍是外部环境的变化，为此，中国工业经济发展应该充分体现短期应对与中长期改革发展相结合思想，一方面扩需求，努力实现工业经济平稳较快发展，另一方面继续保持战略定力和战略耐心，深化供给侧结构性改革，全力推动工业经济高质量发展。

（一）扩需求稳增长

扩大需求特别是内需是应对当前我国工业经济运行中中美贸易摩擦带来的不利影响、实现 2019 年工业经济稳定增长的有效手段。一是加快培育多元化出口市场结构，努力开拓中东、拉美和非洲市场等新兴市场，逐步减少对美市场的依赖，进一步降低贸易风险。二是加快发展服务消费，支持社会力量提供教育、养老、医疗等服务，完善旅游设施和服务，大力发展乡村、休闲、全域旅游，更好满足人民群众多样化的消费需求。加强消费者权益保护，让群众花钱消费少烦心、多舒心。三是加快基础设施薄弱环节建设，完善铁路、公路、信息网络基础设施，补齐乡镇道路、城镇污水处理、给排水等领域短板，加大易地扶贫搬迁、棚户区改造等基本民生领域投入。四是依托“中国制造 2025”“互联网 +”，推动传统产业在与新动能融合中形成更加适应市场需求的新技术、新业态、新模式，提升产品和服务价值链，焕发新活力。以智慧制造为主攻方向，积极以先进技术、现代制度、文化创意改造提升传统产业，着力拉长产业链、补强创新链、提升价值链，推动传统产业高新化、智能化、标准化、绿色化、证券化、品牌化、国际化，再造传统产业新优势。

（二）强化质量提升

经过长期不懈努力，我国质量总体水平稳步提升，但实体经济结构性供需失衡矛盾和问题突出，特别是中高端产品和服务有效供给不足，迫切需要下最大气力抓全面提高质量。一是创建“质量标杆”。组织开展多种形式的“质量标杆”创建和典型经验移植推广交流活动，引导企业落实质量安全主体责任。二是实施品牌带动工程。推动“增品种、提品质、创品牌”专项行动，扩大内外销产品“同线同标同质”实施范围，增加高质量、高水平产品的有效供给。以创建工业企业品牌为抓手，探索建立品牌培育联盟机构，提高我国自主品牌影响力和知名度，发挥品牌引领作用。在全社会范围内普及、推广品牌理念、品牌文化及品牌管理知识，推进工业企业品牌创新发展。三是实施标准引领工程。实施标准化+先进制造行动，提高装备制造业和消费品业质量竞争力。加快技术标准研制，提升优势产能、优化产品结构、提供有效供给。围绕质量技术基础保障能力提升，搞好标准制修订工作，鼓励企业参与或主导国际、国内标准的制修订工作。

（三）实质性减税降费

一是贯彻国家关于企业所得税等税收优惠政策，落实好国家有关教育费附加、地方教育附加的减免政策，降低企业税收负担。二是合理降低用电用气等生产要素成本。深入开展电力市场化交易，支持符合条件的企业自建分布式能源，支持新能源发电与用能企业就近就地交易，深化售电侧改革，有效降低企业用电成本。完善天然气价格机制，强化管道运输价格和配气价格监管，鼓励工业大用户自主选择资源方，采取中间供气企业代输的直供模式，降低企业用气成本。创新工业用地供应方式，允许和鼓励各地推行长期租赁、先租后让、租让结合方式供应工业用地，有效降低企业用地成本。深化收费公路制度改革，降低过路过桥费用，稳步扩大高速公路分时段差异化收费试点，清理运输环节经营服务性收费，着力解决“乱收费、乱罚款”等问题，降低企业物流成本。三是持续降低企业融资成本。鼓励制造业企业充分用好国家政策性银行优惠政策，积极开拓境外资金渠道支持制造业发展。鼓励银行、商业保理公司、财务公司等机构为制造业核心企业产业链上下游中小微企业提供应收账款融资。建立健全中小微企业融资政策性担保和再担保机构。鼓励设立中小微企业设备融资租赁资金，通过贴息、风险补偿等方式给予中小微企业融资支持。四是合理降低企业社会保险。通过完善财政支付方式综合统筹平衡省级养老保险金，降低企业职工医疗保险、失业保险、工伤保险费率，阶段性降低企业住房公积金缴存，缓解公积金压力。

（四）创造良好的融资环境

一是深化金融体系改革，积极探索建立政银企对接机制，发挥政府牵线搭桥作用，建立多层次的直接融资渠道，以满足不同层次、规模企业的融资需求。根据中小企业的实际情况，适当降低准入门槛，使其能够直接筹得资金。二是建立健全社会信用体系法律法规，科学监控企业信用记录、调查、评级等过程，逐步形成“企业守信、社会重信、专业评信、政府征信、机构授信”的新格局。三是建立中小企业信用等级评价机制，针对中小企业贷款规模小、周期无法准确预判的特点，采用区别于大企业的标准，结合管理者素质、信用信息以及发展潜力等指标，由权威评估机构来客观评估融资风险，以此作为银行信贷决策的依据。同时，企业也应加强自身信用制度建设，大力引进优秀人才，提升自身竞争力，完善财务管理制度，强化信用观念，努力提升企业信用，成为银行的优质客户。

（五）提升技术创新制度环境

一是完善以企业为主体、市场为导向、政产学研用相结合的创新体系。发挥行业骨干企业的主导作用和高等院校、科研院所的基础作用，建立一批产业创新联盟，开展政产学研用协同创新，攻克一批对产业竞争力整体提升具有全局性影响、带动性强的关键共性技术，加快成果转化。二是提高创新设计能力。在传统制造业、战略性新兴产业、现代服务业等重点领域开展创新设计示范，全面推广应用以绿色、智能、协同为特征的先进设计技术。三是推进科技成果产业化。完善科技成果转化运行机制，建立完善科技成果信息发布和共享平台，健全以技术交易市场为核心的技术转移和产业化服务体系。完善科技成果转化激励机制，推动事业单位科技成果使用、处置和收益管理改革，健全科技成果科学评估和市场定价机制。完善科技成果转化协同推进机制，引导政产学研用按照市场规律和创新规律加强合作，鼓励企业和社会资本建立一批从事技术集成、熟化和工程化的中试基地。发挥知识产权保护制度对创新的支持作用。四是强化知识产权保护意识，充分发挥知识产权的保障作用，为推进国际合作构筑牢固基础。拓展知识产权法律体系的广度和深度，在强调知识产权创造和保护的同时，应更加注重知识产权的运用和管理。理顺知识产权管理体制，力争建立涵盖专利、商标、版权的统一行政管理机构，促进知识产权整体的创造、管理、保护、运用和服务。

（六）完善人才培养机制

一是加强制造业人才发展统筹规划和分类指导，实施制造业人才培养计划，加大经营管理人才、专业技术人才和高技能人才的培养力度，完善中国制造从研发、转化、生产到管理的人才培养体系。二是培养造就一支职业素养好、市场意识强、熟悉国内外经济运行规则的经营管理人才队伍，有效提高制造业企业和产品的国际竞争力，推进我国制造技术成果转化和品牌价值实现。三是培养造就一支掌握先进制造技术的国际型、复合型、高素质专业技术人才队伍，在制造业发展过程中起核心推动作用，促进科研转化、技术开发、业务指导、监督实施和技术改进等工作。四是培养一支门类齐全、技艺精湛、爱岗敬业的高技能人才队伍，满足高质量产品生产和服务要求，推动“中国制造”向“中国创造”的转变。同时，加强制造业人才需求预测、人才评价和激励，以及人才流动和引进等工作机制的建设。

参考文献

［1］黄群慧：《论新时期中国实体经济的发展》，《中国工业经济》2017 年第 9 期。

［2］中国社会科学院工业经济研究所工业经济形势分析课题组：《中国工业经济运行夏季报告（2018）》，中国社会科学出版社，2018。

［3］《2018 年全球经济金融回顾与展望》，《金融时报》2018 年 12 月 27 日。

B.4

当前的就业形势及劳动力市场表现

张车伟　赵　文*

摘　要： 我国当前劳动供给形势的根本变化主要体现为在劳动参与率下降的同时，劳动年龄人口和就业人员总量相继出现下降，这些变化意味着我国就业的主要矛盾已经从以就业岗位不足为特征的总量矛盾转变为以就业质量不高为特征的结构性矛盾，普通劳动者工资水平增加和就业质量提高就成为要解决的重要问题。对此，应该减轻企业负担，增强市场活力，借助新兴产业优化就业结构，让高质量经济孵化出更多高质量岗位，并做好重点群体就业工作。

关键词： 人口　就业　劳动参与率　劳动年龄人口

如何让经济增长更好地惠及国民，一直是我们前进路上的课题。十九大报告中提出就业是最大的民生，同时提出要实现更高质量和更充分就业。随着人口形势的转变，我国就业的主要矛盾已经从以就业岗位不足为特征的总量矛盾转变为以就业质量不高为特征的结构性矛盾，这一转变意味着就业要从重视数量转变为更加重视质量。因此，

* 张车伟，中国社会科学院人口与劳动经济研究所所长，研究员；赵文，中国社会科学院人口与劳动经济研究所副研究员。

提高就业质量已经成为新时期经济发展的内在要求。本文回顾和展望我国人口与劳动形势的变化，分析当前就业形势，为劳动力市场进一步改革提供参考。

一 劳动供给形势的新变化

（一）劳动年龄人口的变化趋势

我国人口总量继续增加，但增速放缓。根据最新的统计资料，2018 年末，我国总人口为 139538 万人，比 2017 年末净增 530 万人；全年出生人口 1523 万人，比 2017 年减少 200 万人；死亡人口 993 万人，比 2017 年微增 7 万人。人口出生率为 10.94‰，比 2017 年下降 1.49 个千分点；人口死亡率为 7.13‰，略升 0.02 个千分点；人口自然增长率为 3.81‰，下降 1.51 个千分点。[①] 根据预测，我国总人口将在 2030 年前后达到 14.18 亿，然后缓慢下降。[②] 2018 ~ 2030 年，我国人口年均增长率为 0.13%。需要注意的是，15 ~ 64 岁人口，即劳动年龄人口的数量，2013 年已经呈现下降的走势。

过去，我国依靠农村大量劳动力结合国内外资金来推动经济增长。根据《第一次全国农业普查》和国家统计局《2017 年农民工监测调查报告》，1996 年全国农民工总数为 1.38 亿人，2017 年提高到了 2.8 亿人。农民工按照城市生存工资取得报酬，由于城市生存工资远远低于劳动边际生产力，大量经济剩余转变为企业的超额利润和居民储蓄，进而转变为社会投资，经济快速增长，并吸引了外资进入我国。我国在 2001 ~2010 年的十年间，经济高速增长的基础就是普通

① 《2018 年国民经济和社会发展统计公报》，国家统计局网站，2019 年 2 月 28 日。

② 张车伟：《中国人口与劳动问题报告 No. 19》，社会科学文献出版社，2018。

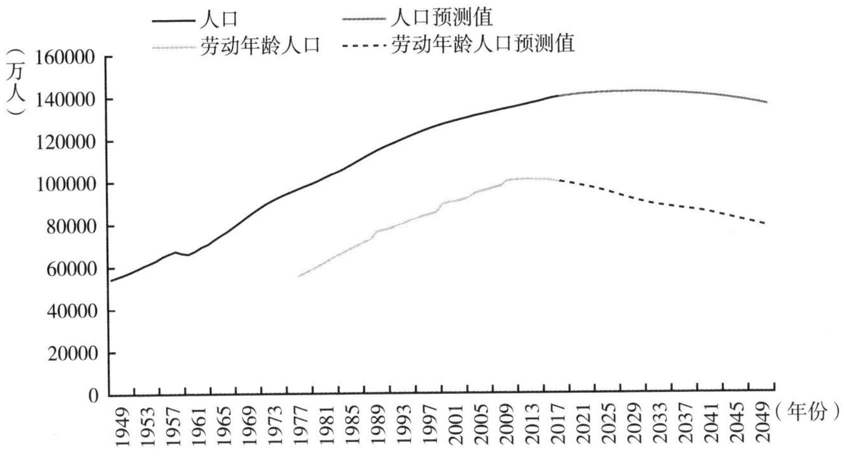

图1　中国人口变化趋势

资料来源：根据《中国统计年鉴》（历年）计算得到。

劳动者低工资所带来的投资高回报。我国劳动报酬份额从2003年的46%下降到2011年的38.6%，同期，雇员人数从2.8亿提高到4亿。大量农民工进城务工，使得我国的雇员化水平从1996年的43%提高到2017年的65%。

大量低成本劳动力涌入劳动力市场，甚至给人以“无限供给”的错觉。劳动力无限供给，是说不发达国家工业部门的劳动供给在某一个低水平工资上具有完全的弹性，可以得到其所需的任何数量的劳动力。这是刘易斯在1954年提出的，也就是二元经济模型。[①] 二元经济结构能够带来高储蓄率，[②] 即认为刘易斯二元经济结构下农民工群体的壮大推动了家户储蓄率和国民储蓄率的上升，[③] 劳动力在与资

① Lewis, W. A., “Economic Development with Unlimited Supply of Labor”, *The Manchester School*, 1954, 22 (2).

② 李扬、殷剑峰：《劳动力转移过程中的高储蓄、高投资和中国经济增长》，《经济研究》2005年第2期；樊纲、吕焱：《经济发展阶段与国民储蓄率提高：刘易斯模型的扩展与应用》，《经济研究》2013年第3期。

③ 张勋、刘晓、樊纲：《农业劳动力转移与家户储蓄率上升》，《经济研究》2014年第4期。

本的博弈中处于弱势地位，使得国民收入更大份额被企业占有，[①] 从而推动投资和经济增长。

我国 15 ~64 岁劳动年龄人口在 2013 年达到了 100582 万人之后开始逐年下降。2018 年下降到了 99352 万人，比 2013 年少了 1230 万人，平均每年少 246 万人。随着 1950 年代出生高峰队列陆续超过劳动年龄上限的 64 岁，劳动年龄人口还会加速减少。我们的预测表明，到 2030 年，我国劳动年龄人口将会下降到 90488 万人，比 2018 年少 8864 万人，平均每年减少 738. 6 万人。到 2050 年，劳动年龄人口将会下降到 78304 万人，比 2018 年少 21048 万人。未来，劳动年龄人口负增长对我国经济社会而言是一个重大的课题。它不仅给劳动力市场供求关系带来巨大的改变，也会促使各类相关制度变革。

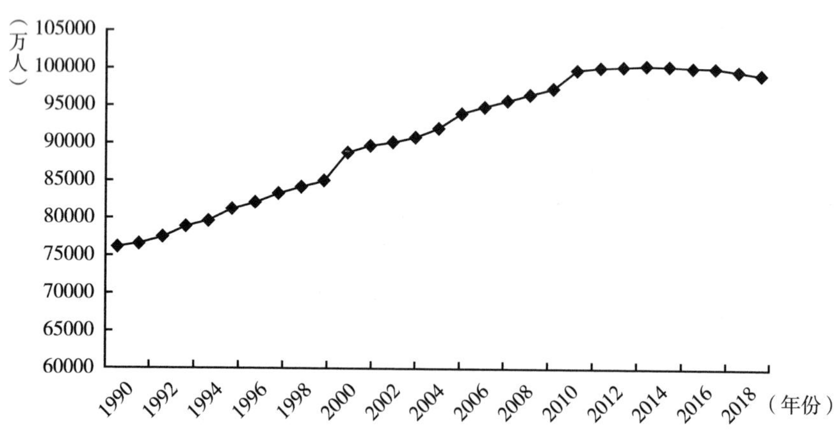

图 2　中国劳动年龄人口：15 ~64 岁

资料来源：根据《中国统计年鉴》（历年）、《中国人口统计年鉴》（历年）和《中国人口和就业统计年鉴》（历年）计算得到。

① 张车伟、赵文：《我国劳动报酬份额问题——基于雇员经济与自雇经济的测算与分析》，《中国社会科学》2015 年第 12 期。

过去一段时期，由于农村存在大量剩余劳动力，全国层面的劳动年龄人口对于就业、失业的含义并不是很清晰。观察劳动力市场也因此应该主要观察城镇劳动力市场。根据国家统计局历年发布的《农民工调查监测报告》，城乡之间的人口流动趋缓，城市劳动力市场的供给相对稳定得多。如图 3 所示，我国城镇劳动年龄人口虽然在大部分年度保持了增长态势，但是从 2017 年开始，形势有了新的变化。人口变动抽样调查显示，2017 年，15 ~ 64 岁的城镇劳动年龄人口为 60016 万人，比 2016 年下降了 66 万人。这与全国的劳动年龄人口的变化情况一致，但在时间上，滞后了 4 年。这个滞后期主要是由城乡之间的人口流动造成的。

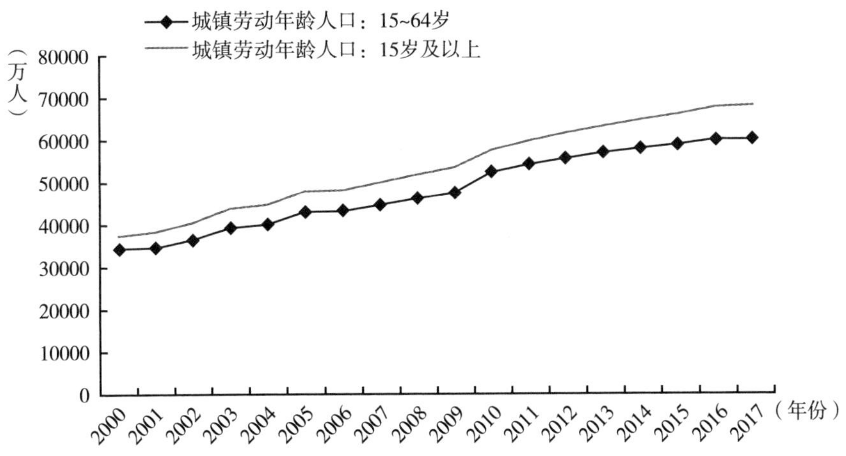

图 3　中国城镇劳动年龄人口

资料来源：根据《中国统计年鉴》（历年）、《中国人口统计年鉴》（历年）和《中国人口和就业统计年鉴》（历年）计算得到。

劳动年龄人口由增加转为减少，是我国经济社会形势的重要变化，标志着我国就业形式的主要矛盾正式由总量矛盾转向结构矛盾。在 2012 年发布的《促进就业规划（2011 ~ 2015 年）》中明确提出，“十二五”时期，就业任务首先是“劳动力供大于求的总量压力持续加大，城镇需就业的劳动力年均2500万人，还有相当数量的农业富余劳动力需要转移就业”，其次是“就业的结构性矛盾更加突出”，表现为随着技术进步加快和产业优化升级，技能人才短缺问题将更加凸显；部分地区、企业用工需求与劳动力供给存在结构性失衡，造成企业“招工难”与劳动者“就业难”并存；以高校毕业生为重点的青年就业、农业富余劳动力转移就业、失业人员再就业，以及就业困难群体实现就业难度依然很大。2017年发布的《“十三五”促进就业规划》则把结构性矛盾提高到了新的位置。规划提出，要“坚持总量与结构并重”，既要着眼于我国人口众多的基本国情，高度重视总量问题，又要从区域、行业、人群分化的实际出发，聚焦关键环节，抓住主要矛盾，坚持分类施策、精准发力，着力解决日益突出的结构性就业矛盾。

（二）劳动参与率的变化趋势及分析

我国总体的劳动参与率趋于下降，城镇劳动参与意愿下降就更为迅速。劳动参与率是经济活动人口（包括就业者和失业者）占劳动年龄人口的比率，即劳动年龄人口中愿意参与经济活动的人口数量。具体地，劳动参与率等于16岁及以上经济活动人口除以16岁及以上劳动年龄人口。根据经济学理论和各国的经验，劳动参与率反映了潜在劳动者个人对于工作收入与闲暇的选择偏好，一方面受到个人保留工资、家庭收入规模，以及性别、年龄等个人人口学特征的影响，另一方面受到社会保障的覆盖率和水平、劳动力市场状况等社会宏观经济环境的影响。[①] 根据国家统计局提供的数据，2017年我国经济活动人口为80686万人。其中，就业人员为77640万人，失业人员总数为

---

① 张车伟、蔡翼飞：《中国劳动供求态势变化、问题与对策》，《人口与经济》2012年第4期。

3046 万人。值得注意的是，2017 年经济活动人口比 2016 年下降了 8 万人。

全国劳动参与率，1990 年约为 82.1%，2017 年约为 70.6%，下降了 11.5 个百分点。这一下降趋势反映了劳动年龄人口中年龄较大者参与劳动的意愿逐渐下降，也反映了人们对于闲暇时间的偏好提高。更为重要的是，它反映了劳动年龄人口中老年人口比重的提高。总之，全国劳动参与率的下降，意味着人口数量转变为劳动供给数量的能力下降。

城镇劳动参与率从 1990 年代后期持续下降，2003 ~2009 年保持在 65%左右，而后开始上升，2017 年约为 66.5%。按照这个汇总数据，我国的劳动力总量似乎一直在上升。然而，劳动参与率作为一个变化趋势较为稳定的变量，根据国际经验，不太可能改变其长期下降的趋势。如前文所述，我国的人口结构已发生深刻变化，2014 年15 ~64 岁劳动年龄人口总量已经开始减少。城镇劳动参与率的提高，主要原因

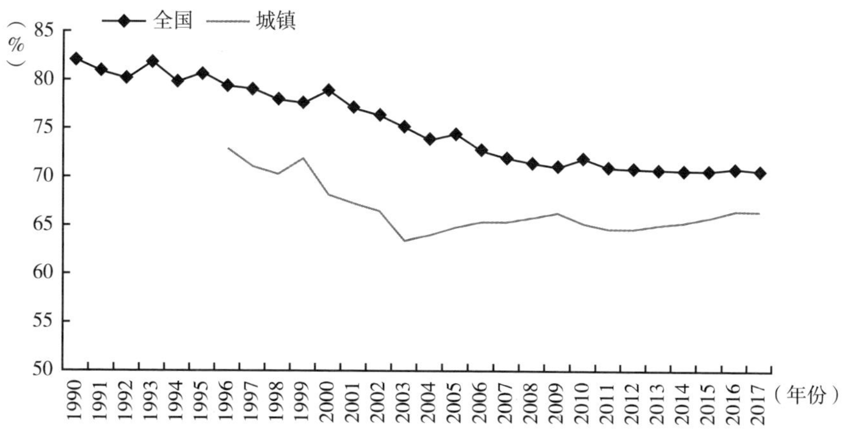

图 4　中国劳动参与率

资料来源：根据《中国统计年鉴》（历年）、《中国人口统计年鉴》（历年）和《中国人口和就业统计年鉴》（历年）计算得到。

是城乡劳动力流动。农村迁移人口的劳动参与率更高，每年新增的农村迁移人口数量大，他们进入城镇后推高了城镇劳动参与率。

为此，我们需要观察去除迁移因素后的城镇劳动参与率。我们整理了2000年、2005年和2010年人口普查和抽样调查数据，发现我国劳动参与率，以城市为最低，镇居中，以农村为最高。2000年，全国劳动参与率约为78%，其中，城市低于全国水平11.3个百分点，农村高于全国水平5.9个百分点。直到2010年，劳动参与率城镇低、农村高的现象一直没有什么大的变化。2010年以后的情况，虽然无法利用现已公开的2015年人口抽样调查数据计算，但是，国家统计局的《农民工监测调查报告》指出，2008～2014年，外出农民工总量规模为1.4亿～1.6亿人，其中，举家外出农民工为2859万～3578万人。举家外出农民工约占当年外出农民工的79%。这个比例是稳定的。假设举家外出农民工中有一半数量不参与社会劳动，则外出农民工的劳动参与率约为90%；假设举家外出农民工全部不参与社会劳动，则外出农民工的劳动参与率约为79%。基于这个认识，再结合我国2000年、2005年和2010年的劳动参与率农村比城镇高的情况，我们认为，可以假设迁移进入城镇人口的劳动参与率为85%。有了这个假设，我们可以计算去除迁移因素后，我国城镇劳动参与率的变化趋势。

表1　中国2000年、2005年和2010年的劳动参与率

单位：%

年份	全国	市	镇	乡
2000	78.0	66.7	72.3	83.9
2005	71.7	63.1	67.7	77.7
2010	71.0	62.3	67.6	77.8

资料来源：根据《中国2000年人口普查资料》、《2005年全国1%人口抽样调查资料》和《中国2010年人口普查资料》计算。

如图5所示，我国城镇劳动参与率呈现长期下降趋势。“2000年”曲线描述的是2000年人口普查时点的城镇人口，在2000年到2016年的劳动参与率的变化。城镇劳动参与率从2000年的68.1%下降到2010年的57.4%，继而下降到2016年的53.9%，年均下降约0.9个百分点。“2005年”曲线描述的是2005年人口抽样调查时点的城镇人口，在2005年到2017年的劳动参与率的变化。城镇劳动参与率从2005年的64.8%下降到2010年的62.3%，继而下降到2017年的58.6%，年均下降约0.5个百分点。“2010年”曲线描述的是2010年人口普查时点的城镇人口，在2010年到2017年的劳动参与率的变化。城镇劳动参与率从2010年的65.2%下降到2017年的62.5%，年均下降约0.4个百分点。“2015年”曲线描述的是2015年人口抽样调查时点的城镇人口，在2015年到2017年的劳动参与率的变化。城镇劳动参与率从2017年的65.8%下降到2017年的65.5%，年均下降约0.1个百分点。

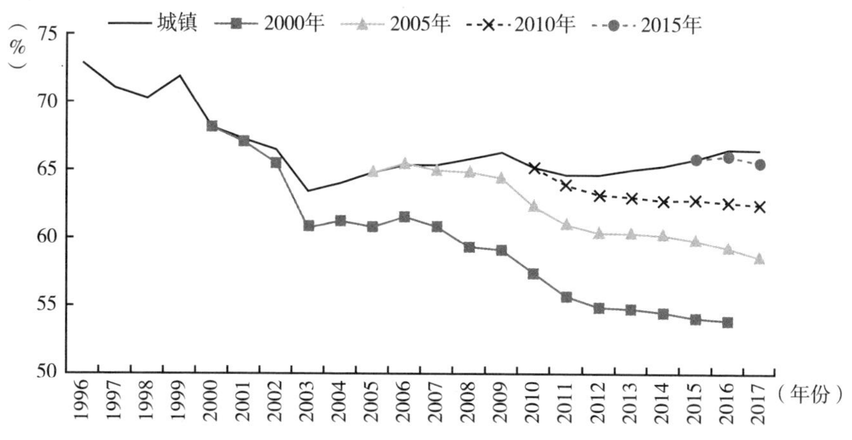

图5　中国劳动参与率

资料来源：根据《中国统计年鉴》（历年）、《中国人口统计年鉴》（历年）和《中国人口和就业统计年鉴》（历年）计算得到。

从以上数据中可以总结出两点规律性的认识。一是我国城镇劳动参与率正在下降。图4中略有提高的劳动参与率是流动人口进入城镇带来的。而且，流动人口进入城镇后，其劳动参与率也在下降。二是劳动参与率下降的幅度正在减小。这意味着，未来我国劳动力市场的供给侧，将主要取决于劳动年龄人口的变化。由前文可知，我国劳动年龄人口已经在2013年后逐年下降。在就业形势基本稳定、失业率没有大的变化的情况下，我国的就业总量将会持续下降。

二　劳动力市场结果与表现

（一）就业形势

我国总体就业人员数量已经下降，城镇就业人员总数继续增加。根据《2018年国民经济和社会发展统计公报》，2018年，年末全国就业人员77586万人，比2017年减少54万人，增长率为 -0.07%。我们知道，过去我国的就业人员总数也出现过下降，比如，2006年就比2005年下降了847万人，但这可能是统计误差导致的。2018年的下降，则是趋势性的，因为在2014年劳动年龄人口开始趋势性下降，2017年经济活动人口开始趋势性下降，这是2006年之前不曾出现过的现象。根据就业人员总数的增长率也能观察到就业趋势的变化。从图6中可以发现，2007年就业人员总数为75321万人，以年均0.37%的增长率增长到2014年的77253万人，而后，增长率出现了趋势性下降。2017年就业人员总数为77640万人，仅比2016年增加37万人，与之前十年动辄两三百万的增量难以比拟。

城镇就业人员总数继续增加。2018年，城镇就业43419万人，较上年增加957万人，增速为2.25%，是近十年来的新低。虽然增速有所减缓，但仍保持了近千万人的规模。城镇就业占全国就业的比

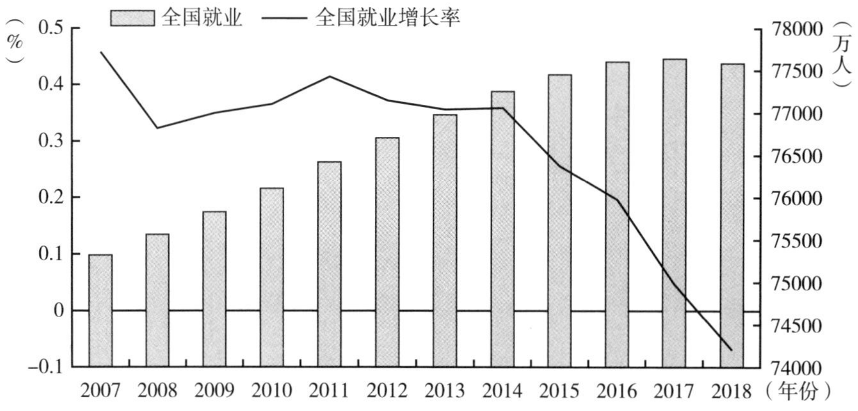

图 6　中国就业情况

资料来源：根据《中国统计年鉴》（历年）、《中国人口统计年鉴》（历年）和《中国人口和就业统计年鉴》（历年）计算得到。

重从 2001 年的 33% 提高到 2018 年的 56%。城镇就业占全国就业的比重提高，主要是农民工进城务工的结果。2018 年，全国农民工总量 28836 万人，这一数字是 2008 年的 1.28 倍。同时，我们要看到，农民工总量增速快速下降。2018 年，全国农民工总量比上年增长 0.6%。其中，外出农民工 17266 万人，增长 0.5%；本地农民工 11570 万人，增长 0.9%。2018 年是 2008 年以来首次总量增速跌入 1% 以下。可以预期，我国城镇就业总数也会在不远的将来下降。

（二）城镇失业率

失业率反映了劳动供求的剩余程度。让失业率保持在合理水平，是我国宏观经济管理的重要目标之一。一直以来，我国经济运行在合理区间，保证了劳动供求处于均衡合理水平。

城镇登记失业率和城镇调查失业率是观察失业情况的重要指标。城镇登记失业率是城镇登记失业人员与城镇单位就业人员（扣除使用的农村劳动力、聘用的离退休人员、港澳台及外方人员）、城镇单

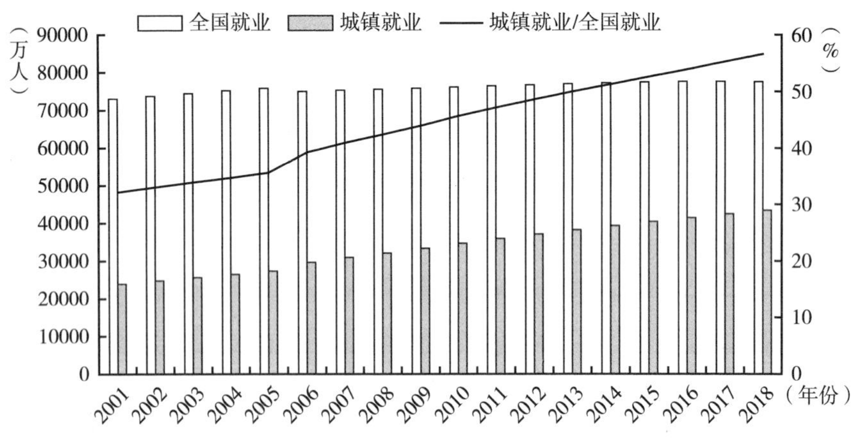

图7　中国就业情况

资料来源：根据《中国统计年鉴》（历年）、《中国人口统计年鉴》（历年）和《中国人口和就业统计年鉴》（历年）计算得到。

位中的不在岗职工、城镇私营业主、个体户主、城镇私营企业和个体就业人员、城镇登记失业人员之和的比。我国坚持实施就业优先战略和积极的就业政策，大力推动创业带动就业，在经济增长由高速转向中高速的宏观背景下，就业形势呈现了总体平稳、稳中向好的态势。2008年世界金融危机以来，城镇登记失业率始终稳定在4.0%左右。2018年，城镇登记失业率为3.8%，是近年来的低位。这说明城镇劳动力市场运行平稳。

城镇失业登记制度作为失业测量的一个有效途径和方法，过去很长一段时间以来在反映我国失业状况方面发挥了重要的作用，但由于统计的是自愿主动前往就业服务机构进行登记的失业者，难以全面反映失业状况。而城镇调查失业率统计范围是城镇常住人口，既包括城镇本地人口，也包括外来的常住人口。从调查方法来看，调查失业率是通过对住户抽样调查的方法获得失业率数据，与通过行政记录获取登记失业率的方法不同。城镇调查失业率更能够全面、准确、及时反

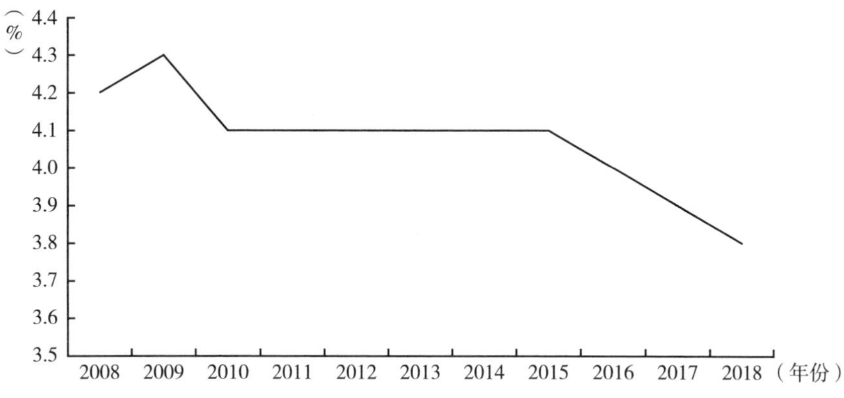

图8　城镇登记失业率

资料来源：笔者根据《中国统计年鉴》整理。

映我国宏观经济运行情况、劳动力市场资源配置状况，在服务宏观管理和科学决策方面必不可少。

城镇调查失业率是指通过劳动力调查或相关抽样调查推算得到的失业人口占全部劳动力（就业人口和失业人口之和）的百分比。其中，就业人口是指16周岁及以上，在调查参考期内（通常指调查时点前一周），为了取得劳动报酬或经营收入而工作了至少1小时的人，也包括休假、临时停工等在职但未工作的人口。失业人口是指16周岁及以上，没有工作但近3个月在积极寻找工作，如果有合适的工作能够在2周内开始工作的人。劳动力的年龄下限为16周岁，没有上限。

2017年以来，我国城镇调查失业率运行在5%左右。2018年末，城镇调查失业率为4.9%。2019年1~2月，城镇调查失业率略有提高。春节前后为更换工作高峰期，许多人尤其是农民工在节前辞去工作，节后重新寻找工作，摩擦性失业增加带动失业率上升。国家统计局调查显示，目前，企业节后复工正常，企业员工按时返岗率较高。因此，总体上看，我国就业形势保持稳定。

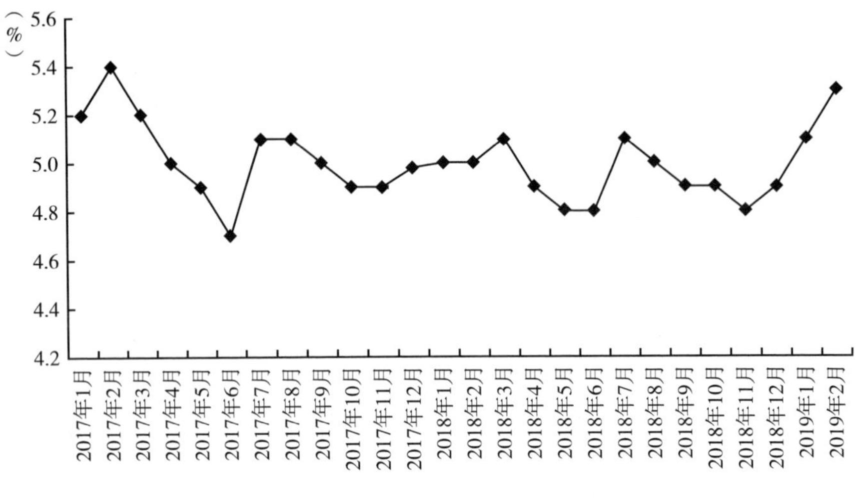

图 9　城镇调查失业率

资料来源：笔者根据国家统计局网站资料整理。

（三）城镇新增就业情况

城镇新增就业是劳动力市场的另一个重要指标。城镇新增就业是在《城镇就业人员变动数据测算暂行办法》（劳社部发〔2004〕9号）中提出的，是检查各地就业和就业工作计划完成情况的指标。城镇新增就业人员数等于报告期内城镇累计新就业人员数减去自然减员人数。城镇累计新就业人员数是反映报告期就业工作过程的指标，是指报告期内城镇各类单位（包括国有单位、城镇集体单位、其他经济类型单位）、私营个体经济组织、社区公益性岗位累计新就业的人数，以及通过各种灵活就业形式新就业的人数总和，既包括初次就业的各类人员，也包括实现再就业的下岗、失业人员，但不包括从其他单位调入的人员。自然减员人数是指报告期内按照国家政策规定办理正式退休手续人员和因伤亡减员的人数，包括城镇各类单位、私营个体经济组织、社区公益性岗位及灵活就业人员中的离退休人数及在职人员伤亡减员人数。

自2004年开始，我国开始统计城镇新增就业和城镇净增就业情况。如表2所示，城镇新增就业和城镇净增就业在2016年之前保持了基本同步。城镇新增就业对城镇净增就业的比率大都在1～1.2，平均为1.13。这就是说，每净增加一个就业人员，需要新增1.13个就业机会。2015～2018年，城镇新增就业对城镇净增就业的比率快速提高，从2015年的1.19提高到了2018年的1.42。

表2　中国城镇新增就业和城镇净增就业情况

年份	城镇新增就业/城镇净增就业	城镇新增就业	城镇净增就业
2004	1.17	980	837
2005	1.13	970	855
2006	1.21	1184	979
2007	1.06	1107	1040
2008	1.29	1113	860
2009	1.21	1102	910
2010	0.86	1168	1365
2011	1.00	1221	1227
2012	1.07	1266	1188
2013	1.15	1310	1138
2014	1.24	1322	1070
2015	1.19	1312	1100
2016	1.29	1314	1018
2017	1.31	1351	1034
2018	1.42	1361	957

资料来源：根据《中国统计年鉴》（历年）、《政府工作报告》（历年）整理计算得到。

城镇新增就业对城镇净增就业的比率的变化，反映了我国劳动力市场的主要矛盾已经由总量矛盾转为结构矛盾。2016年之前，新增就业岗位同质化较强，求职者同质化也较强，双方都不需要搜寻太多，就能互相匹配。随着我国经济转型升级，从消费需求看，个性化、多样化消费渐成主流；从供给结构看，基础设施互联互通和一些新技术、新产品、新业态、新商业模式的投资机会大量涌现，对创新投融资方式提出了新要求；从生产能力和产业组织方式看，产业结构必须优化升级，企业兼并重组、生产相对集中不可避免，新兴产业、服务业、小微企业作用更加凸显，生产小型化、智能化、专业化将成为产业组织新特征。在这一大趋势下，更为专业细致的就业岗位不断出现，更为专业细致的劳动者的技能得到了发挥。要使得劳动要素供求双方能够匹配，必然要增加就业搜寻的频率。这是近年来城镇新增就业对城镇净增就业的比率提高的主要原因。

（四）实际工资变动状况

过去，由于劳动力供大于求，普通劳动者的实际工资水平长时间难以提高。近年来，随着劳动要素市场从供大于求向供求总量基本平衡转变，普通劳动者实际工资水平略有提高。

2012 年之前，尽管劳动者数量增加，但工资总额在国民收入分配中的比重不断下降，换句话说，普通劳动者的实际工资水平在近十几年中几乎没有提高，甚至有所下降。如图 10 所示，以雇员工资和人均 GDP 的比值作为实际工资水平来看，2003～2012 年的十年中，尽管名义工资在上涨，工资相对于物价水平的购买力也在提高，但相对于经济增长来说，工薪劳动者的工资水平实际上经历了长时间大幅度的下降。雇员平均工资从 2002 年的 1.45 下降到 2011 年的 0.77。各类就业身份的实际工资都有不同程度地下降，国有单位工资下降的幅度较小。这说明，经济增长的成果还没有合理地惠及普通劳动者，而是更多地转化成了资本报酬。这也是我国在“十二五”规划中提出“劳动者报酬要和生产率提高同步”的背景。

随着劳动要素市场从供大于求向供求总量基本平衡转变，普通劳

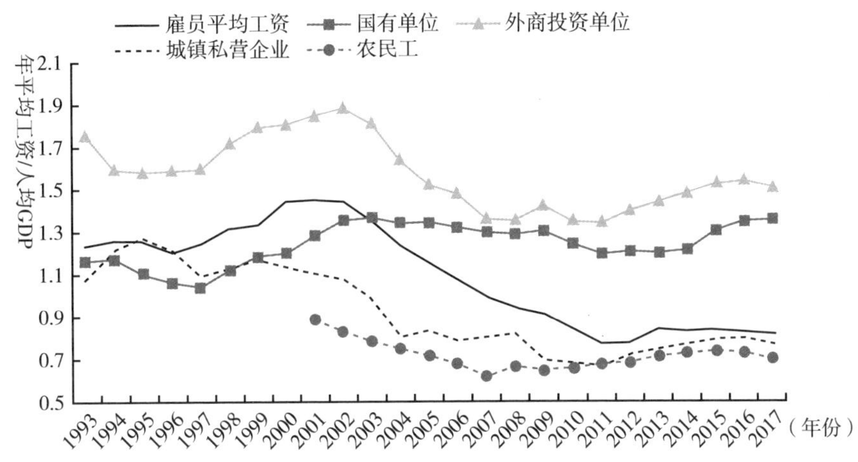

图 10　雇员实际工资水平

资料来源：笔者根据《中国统计年鉴》计算整理。

动者实际工资水平略有提高。2011～2016 年，雇员的实际工资水平从 0.77 上升到了 2016 年的 0.84，其中，国有单位提高了 13%，外商投资单位提高了 15%，城镇私营企业提高了 18%，农民工的实际工资水平提高了 8.1%。

劳动者实际工资提高，在国民收入中反映为劳动报酬份额提高。近年来，在产业结构没有大的变化的情况下，我国劳动报酬份额从 2011 年的 38.6% 提高到 2016 年的 44.6%，提高了 6 个百分点。这意味着企业利润空间急剧缩小，储蓄率下降。同时，我国长期重积累、轻消费的模式到了“还债”的时候。居民服务业、教育、卫生和社会工作、文化体育和娱乐业四大消费行业增加值占 GDP 的比重从 2008 年的 6.4% 提高到了 2016 年的 8.4%，提高了 2 个百分点。劳动报酬份额和实际工资水平提高，反映的是人口形势和劳动要素市场的历史性转折。社会养老负担正在加重。1990 年，我国社会保险基金支出占 GDP 的比重不足 1%，2008 年为 3.1%，2017 年跃升到了 6.9%。人口老龄化会提高居民家庭的养老育儿消费支出，并促使全

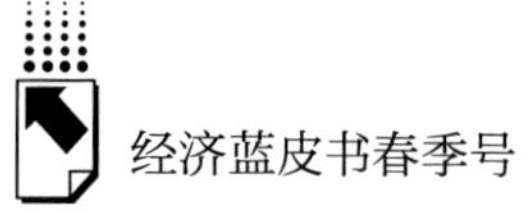

社会工薪水平提高。工薪上涨在宏观层面表现为国民经济积累率降低和消费率上升。

（五）就业质量

就业质量主要包括就业者的工作收入、工作环境、个人发展前景和对工作的满意程度，还包括用人单位的满意度、家庭的满意度、社会的满意度等。近年来，在稳定和扩大就业的同时，经济发展的公平性、普惠性不断提高，就业质量也不断提高。

雇员化就业明显增加。随着“放管服”改革的持续推进，“大众创业、万众创新”热情高涨，劳动者创办企业的便利化程度不断提高，大批灵活就业人员进入企业就业，促进了就业正规化程度的进一步上升。2012～2017 年，我国城镇各类雇员就业人员总量由 41695 万人增加到 50510 万人，占全部就业人员的比重由 54.4% 上升到 65.1%。

企业用工更加规范，就业保障显著提高。年末全国参加城镇职工基本养老保险人数 41848 万人，比上年末增加 1555 万人。参加职工基本医疗保险人数 31673 万人，增加 1351 万人。参加失业保险人数 19643 万人，增加 859 万人。年末全国领取失业保险金人数 223 万人。参加工伤保险人数 23868 万人，增加 1145 万人，其中参加工伤保险的农民工 8085 万人，增加 278 万人。社保实际缴费率不断提高，2017 年达到了 17.2%。

劳动关系更趋稳定。各项劳动政策法规的制定实施，有力地促进了企业用工的进一步规范，超时用工现象明显缓解，劳动者权益得到有效保护。2017 年全国企业劳动合同签订率达 90% 以上。截至 2017 年末，全国报送人力资源和社会保障部门审查并在有效期内的集体合同累计为 183 万份，覆盖职工 1.6 亿人。2017 年，全国各地劳动人事争议调解仲裁机构共处理争议 166.5 万件，同比下降 6.0%；涉及劳动者199.1万人，同比下降12.4%；涉案金额416.4亿元，同比下降11.8%；办结案件157.5万件，同比下降3.6%。[①]

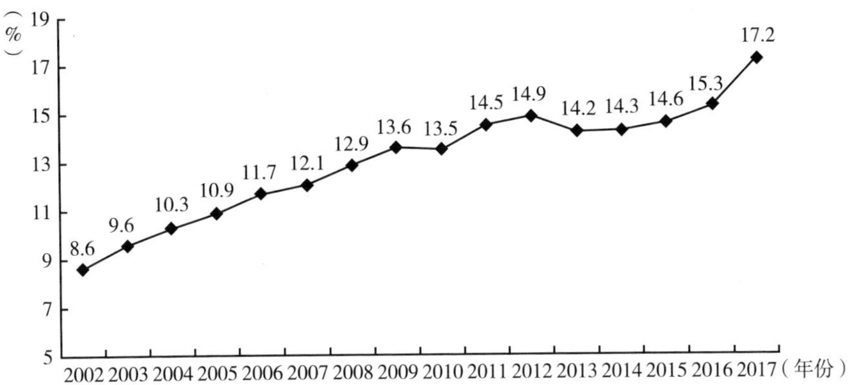

图11　社保费率变化情况

资料来源：根据历年《中国统计年鉴》和相关资料计算。

三　总结与建议

我国劳动参与率的下降趋势由来已久，加之劳动年龄人口在2013年达到高点之后开始下降，我国经济活动人口和就业人员总数分别于2017年和2018年开始趋势性下降。过去，我国依靠大量劳动力结合国内外资金来推动经济增长。目前，劳动要素市场的重要转变使得旧的增长模式难以持续，经济遇到了增长瓶颈，主要是重大风险亟待化解、收入分配不够合理、环境约束日益加强。随着人口形势的转变，我国就业的主要矛盾已经从以就业岗位不足为特征的总量矛盾转变为以就业质量不高为特征的结构性矛盾，普通劳动者实际工资水

① 《2017年度人力资源和社会保障事业发展统计公报》，人力资源和社会保障部网站，2018年5月21日。

平和就业质量有所提高。解决这一问题的办法，就是要推动高质量就业。高质量就业已经成为新时代经济发展的追求目标。

我国从“十二五”规划、《促进就业规划（2011～2015年）》开始，提出要“提高就业质量，让劳动者体面就业”；党的十八大报告提出“要在新时期推动实现更高质量的就业”；党的十九大报告提出就业是最大的民生。2019年的政府工作报告提出，将就业优先政策置于宏观政策层面，旨在强化各方面重视就业、支持就业的导向。稳增长首要是为保就业。当前和今后一个时期，我国就业总量压力不减、结构性矛盾凸显，新的影响因素还在增加，必须把就业摆在更加突出的位置。

就业是人民分享经济发展成果的直接手段，高质量就业必然带来更好水平收入，提高就业质量必然会增强人民获得感。我国过去发展过程中所出现的收入分配不合理局面在一定程度上和劳动力市场上存在的供大于求、就业质量不高密切相关。高质量就业必然会通过改善收入分配不利于劳动者的局面让劳动者更好地分享经济发展的成果。人民美好生活需要高质量就业。只有不断创造越来越多高质量的就业岗位，人民美好生活的基础才会更加坚实、更加牢固。

推进高质量就业，坚持把就业作为经济社会发展的优先目标，采取更加积极的就业措施，抓重点、调结构、守底线，推动实现经济发展和扩大就业良性循环。要根据《国务院关于做好当前和今后一个时期促进就业工作的若干意见》的精神，重视和做好四个方面的工作。一是为企业减负。普惠性减税与结构性减税并举，明显降低企业社保缴费负担，为企业增加活力。二是优化就业增量。新兴产业、现代服务业的蓬勃发展，会带来就业弹性提高、智力型岗位激增，有利于培育新的就业增长点。三是做好重点群体就业工作。做好高校毕业生、农民工、退役军人等重点群体的就业创业工作，在强化培训提高劳动者职业技能上下功夫。四是做好就业困难群体工作。保障劳动者权益，加大对就业困难人员的就业援助力度，确保“零就业家庭”

动态清零。对失业职工及时兑现失业保险等社会保障待遇，加大保障农民工工资支付力度，维护劳动者的合法权益。

参考文献

[1] 樊纲、吕焱:《经济发展阶段与国民储蓄率提高：刘易斯模型的扩展与应用》,《经济研究》2013 年第 3 期。

[2]《2018 年国民经济和社会发展统计公报》，国家统计局网站，2019 年 2 月 28 日。

[3] 李扬、殷剑峰:《劳动力转移过程中的高储蓄、高投资和中国经济增长》,《经济研究》2005 年第 2 期。

[4]《2017 年度人力资源和社会保障事业发展统计公报》，人力资源和社会保障部网站，2018 年 5 月 21 日。

[5] 张车伟:《中国人口与劳动问题报告 No. 19》，社会科学文献出版社，2018。

[6] 张车伟、蔡翼飞:《中国劳动供求态势变化、问题与对策》,《人口与经济》2012 年第 4 期。

[7] 张车伟、赵文:《我国劳动报酬份额问题——基于雇员经济与自雇经济的测算与分析》,《中国社会科学》2015 年第 12 期。

[8] 张勋、刘晓、樊纲:《农业劳动力转移与家户储蓄率上升》,《经济研究》2014 年第 4 期。

[9] Lewis, W. A. , "Economic Development with Unlimited Supply of Labor", *The Manchester School*, 1954, 22 (2).

B.5

货币政策多目标均衡与中央银行资产负债表策略

何德旭　张 捷*

摘　要： 2018年货币政策发挥宏观审慎评估（MPA）的逆周期调节作用，支持符合条件的表外资产回表，引导金融机构加大对实体经济尤其是小微企业等薄弱环节的支持力度；实施民营企业债券融资支持工具，研究设立民营企业股权融资的支持工具，缓解股权质押的风险，稳定和促进其股权融资；针对金融中介的再贷款、再贴现、抵押补充贷款等规模持续放量。整体来看，2018年呈现双支柱松紧搭配，宽货币对冲紧信用的形势。2019年政策将着力疏导“宽货币”向“宽信用”转变，警惕金融周期回落阶段房地产、信贷螺旋式下降风险。

关键词： 货币政策　逆周期调节　民企融资　松紧搭配

一　2018年货币政策回顾：双支柱松紧搭配，宽货币对冲紧信用

十九大报告提出，“健全货币政策和宏观审慎政策双支柱调控框

* 何德旭，中国社会科学院财经战略研究院院长，研究员，博士生导师；张捷，国泰君安研究所宏观分析师。

架”。未来一段时期，整个货币政策调控框架都将向这个方向转变。经济、金融双周期运行是货币政策“双支柱”调控的背后逻辑。货币政策对治“经济周期”，宏观审慎政策对治“金融周期”，政策锚体现为“经济稳定”“货币稳定”“金融稳定”三者的权衡。当下我国处于2009年以来开启的金融周期从顶部走向回落的阶段。在当前金融周期下行阶段，宏观审慎政策和货币政策的搭配至关重要。宏观审慎政策着眼于包括宏观杠杆率稳定等在内的金融稳定，货币政策就要根据经济周期的变化进行对冲，更多着眼于经济增长。2016年中央经济工作会议强调“货币政策要保持稳健中性”“管住货币供给总闸门”，2017年的基调改为“货币政策要保持稳健和中性”“管好货币供给总闸门”，2018年伴随着经济下行压力的显现，中央经济工作会议则提出“稳健的货币政策要松紧适度”。由此可以看到货币政策调控的变化历程。

回顾2018年，货币政策从年初就开始前瞻性地预防金融周期回落带来的信用偏紧甚至收缩对经济的反作用力，“紧货币”向“稳货币”转变，主要体现为四次“定向降准”对冲。1月25日，中央银行实施普惠金融定向降准50BP和临时准备金动用安排（CRA），释放资金4500亿元；4月25日实施定向降准100BP置换中期借贷便利（MLF），释放资金4000亿元；7月5日实施定向降准50BP，释放资金7000亿元；10月15日定向降准100BP并置换MLF，释放资金7500亿元。2017年、2018年春节前为对冲资金压力，中央银行分别采用临时借贷便利（TLF）和临时准备金动用安排（CRA）。2019年1月4日，中央银行决定在2019年1月15日、1月25日，均下调金融机构存款准备金率0.5个百分点，共下调100BP。2019年一开年对冲力度在加大，货币政策定向、结构性宽松逐步走向总量宽松。

金融周期回落下的“逃亡质量”（Fly to Quality）是一个普遍现象。特别是我国2018年面临广义信贷周期和房地产周期错配，表现为广义信贷周期处下行期，房地产小周期表现出超强的韧性。在金融周期回落，叠加金融监管带来的“紧信用”过程中，资金的自由流动属性导致信贷从中小企业向信用更好的大企业转移；信贷从制造业等民间投资向房地产业转移，突出表现为民企融资问题。民企代表私人信用，其信用地位主要依赖抵押品。由于抵押品、增信不足等，在信用紧缩中受伤的肯定是中小企业。这个问题在金融周期上升阶段还不太明显，而在金融周期回落、信用标准收紧的背景下，则尤为突出。这就使得“宽货币”无法真正对冲“紧信用”。货币、信用之间有明显的区别。基础货币是由中央银行控制的，信用（货币乘数）是由商业银行决定的。近年来中央银行采用的流动性工具越来越短化，如 SLO、SLF、MLF、PSL 等。最主要的是，流动性工具无法解决信用风险问题。在风险偏好回落的情况下，资金越可能寻求安全的投资渠道，而不愿意投资信用风险高的领域和主体。

在这种情况下，2018 年中央银行着力创新工具深化对民营、小微企业等的金融支持。这主要体现为三方面：发挥宏观审慎评估（MPA）的逆周期调节作用，支持符合条件的表外资产回表，引导金融机构加大对实体经济尤其是小微企业等薄弱环节的支持力度；实施民营企业债券融资支持工具，中央银行开启再贷款工具提供初始资金来出售信用风险缓释工具（CRM）、担保增信来支持部分民企债券；研究设立民营企业股权融资的支持工具，缓解股权质押的风险，稳定和促进其股权融资，针对金融中介的再贷款、再贴现、抵押补充贷款等规模持续放量。

针对金融市场波动带来的抵押品价值下降、信用风险问题，扩大合格抵押品担保品范围，完善宏观审慎政策框架，着眼金融周期下的金融稳定目标。2014 ~ 2015 年，中央银行创设 MLF、SLF 等多种新型货币政策工具补充流动性。使用 MLF 等投放流动性，有操作灵活等便利之处，但也有不断消耗抵押品之虞。随着中央银行主动提供流动性数量不断增加，合格担保品结构性不足问题逐步显现。特别是中小金融机构尤其是地方金融机构持有的高等级债券数量较少，合格担保品相对不足。6 月 1 日，中央银行扩大中期借贷便利（MLF）担保品范围，[①] 增加了 AA+、AA 级信用债以及小微企业贷款、绿色贷款作为 MLF 担保品，在一定程度上缓解了部分金融机构高等级债券不足的问题。2018 年宏观审慎政策主要体现为推动资管新规平稳实施；保持人民币汇率弹性，将远期售汇业务的外汇风险准备金率从 0 调整为 20%，重启中间价报价“逆周期因子”。

2018 年利率工具的使用方面，上半年在一定程度上考虑了美联储持续加息带来的影响，下半年在增强宏观审慎政策对汇率、跨境资本流动压力的管理能力后，依托利率走廊，公开市场利率操作更加灵活、有弹性，12 月份创设定向中期借贷便利（TMLF）。2018 年，美联储先后于 3 月、6 月、9 月、12 月加息。年初，中央银行“随行就市”地跟随美国小幅上调公开市场操作利率。2018 年 1 月 16 日，中央银行上调公开市场 63 天期逆回购中标利率 5 个 BP 至 2.95%，成为迈入 2018 年以来的中央银行首次“加息”[②]。美联储 3 月加息靴子落地后，3 月 22 日，中央银行开展 100 亿元 7 天期逆回购操作，其中标利率上调 5BP 至 2.55%。9 月、12 月美联储加息未再跟随。特别是在 12 月 19 日美联储加息之前，中央银行创设定向中期借贷便利（TMLF），并将其利率较 MLF 下调 15BP。TMLF 是中央银行向满足一定条件的特定金融机构提供的定向中期借贷便利。虽然通常将常备借贷便利（SLF）看作利率走廊上限，但也可在一定程度上理解为利率

① 2014 年，中央银行就开展了信贷资产质押再贷款和中央银行内部评级试点，扩展了再贷款操作的合格抵押品范围；2017 年四季度货币政策执行报告特设专栏，详细阐释了中央银行构建和完善货币政策担保品管理框架的探索。

② 2017 年 10 月，中央银行历史上首次开展 63 天期逆回购操作；2017 年中央银行曾三次上调公开市场操作利率。

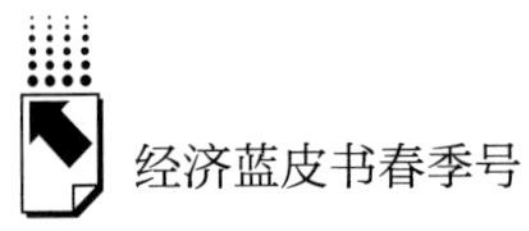

走廊上限的结构性、定向下移，为 2019 年更加灵活地使用利率工具埋下伏笔。

2018 年底中央银行资产负债表开始出现扩张迹象。中央银行、商业银行资产负债表（“资产”创造“负债”）变化是“信用创造”驱动、源动力，社融、M2 是在其之上的“结果”。中央银行“总资产”经过“一年半”平台期后重扩张。中央银行“总资产”同比增速呈现明显周期性，截至 2018 年 12 月增速已再度回到正区间。“其他资产”2018 年 12 月大幅扩张拉动全年基础货币投放转正。2018 年四次定向降准使得“基础货币”中的银行存款准备金（体现为“其他存款性公司存款”）下行。前 11 个月，该项目较 2017 年底减少 1.6 万亿元，而到 12 月，则较 2017 年底增加 9085 亿元。2018 年全年中央银行在资产端增加“对其他存款性公司债权”，对冲存款准备金率下调。“基础货币”前 11 个月为收缩状态。2018 年 12 月，“其他资产”环比增长 34%，绝对量单月增加 5875 亿元，较 2017 年底增加 5231 亿元。“商业银行总资产/中央银行总资产”是商业银行信用创造能力指标，其有回升迹象，但仍在反复。

二　2019年货币政策展望：着力疏导“宽货币”向“宽信用”传导，警惕金融周期回落阶段房地产、信贷螺旋式下降风险

（一）形成金融周期下货币政策两个内在统一的“三角形支撑框架”

金融周期回落阶段货币政策边际新增两大重点：微观传导机制疏通、注重资产价格波动。2019 年货币政策目标锚两个变化是：明确向稳增长倾斜，更加关注金融市场、资产价格的波动。2018 年 10 月

“金稳委”专题会议首次提出“在实施稳健中性货币政策、增强微观主体活力和发挥好资本市场功能三者之间，形成三角形支撑框架”。“资产价格”波动一般不纳入货币政策“锚”里，但资本市场连锁反应、商业银行放贷意愿下降，会造成有效信用难以扩张，加重经济下行压力，金融体系波动向实体经济溢出。在我国信用有两种：一种是抵押品信用，另一种是政府担保信用。民企是抵押信用，抵押信用依赖抵押物价值。在金融周期回落情况下，抵押物贬值，带来信用紧缩。要打破这一反馈循环，需要股权、土地、厂房等抵押物至少不贬值。这就是为什么2019年的货币政策目标要更加明确地把金融市场资产价格波动纳入进来。金融周期回落阶段的多目标均衡，要求货币政策形成更为灵活、内在统一的经济稳定、金融稳定、货币稳定“三角形支撑框架”。“货币稳定”体现为汇率、通胀和房价三个锚。汇率是对外货币标价水平，通货膨胀是对内一般物价水平，房价是金融周期下货币的特殊锚。2019年，货币金融政策方面，“目标锚”是缓解信用风险、经济增长，核心是疏通政策传导机制。从双支柱的角度，“货币政策”对冲信用紧缩、经济下行压力带来的紧缩效应；“宏观审慎政策”着眼于资本跨境流动、金融市场、房价预期的稳定。

（二）构建更加灵活、实用的利率走廊，解决广谱利率分化问题

从利率工具来看，要进一步探索和完善利率走廊机制。使用正准备金下的非对称型利率走廊，将市场实际利率、政策目标利率的偏差控制在合理范围内；中央银行根据经济金融形势及时调整利率走廊的宽度，通过“利率走廊”上限的调整传达利率信号。在金融周期下行背景下，企业融资成本、盈利对“利率”更加敏感。一方面，仅流动性工具（包括降准）很难解决债务、信用风险带来的信用紧缩问题。另一方面，企业盈利已经明显下降，2019年PPI将进一步回

落，继续施压企业。从名义 GDP 和一般企业贷款利率的关系来看，前者在明显回落。2018 年三季度，产出缺口（HP 方法）已经回到零，2019 年将转负。在我国，利率工具直接锚定稳增长——产出缺口。2018 年以来广谱利率持续分化，一般企业和贷款加权平均利率提高，货币市场利率、债券收益率不断下行。中央银行操作利率向货币市场、债券市场的利率传导比较通畅，但由于商业银行债券、贷款资产不能灵活转换，由货币、债券市场利率向存贷款基准利率为代表的全社会资金成本传导不通畅。从中长期利率市场化的方向来看，利率的“两轨合一”问题是必须要解决的。存贷款基准利率的浮动比例已经完全放开，但它存在就势必是商业银行博弈行为的“准绳”。解决的办法之一是寻找替代指标弱化“基准利率”定价基准作用，使该指标能够发挥准绳作用的范围更核心、更集中，从弱化再到取消。这个方法的问题是负债端没有合适的现成指标，而资产端的 LPR（Loan Prime Rate，贷款基础利率）几乎和存贷率利率一致。现存“利率的双轨不合一问题”，背后是我国的融资体制、商业银行的资产结构等跟美、日的差别。推动“二者合一”是推动直接传导不畅的存贷款利率向“中央银行操作利率——货币市场——债券市场利率”靠拢。金融周期下传导不通问题也要加快从数量型向价格调控的转变。“数量型”调控更加依赖于“金融中介”的传导。

（三）宏观审慎政策应具体着眼汇率、跨境资本流动、房地产市场稳定等

宏观审慎政策直接作用于金融体系本身，侧重于抑制金融体系的顺周期波动和风险跨市场传染，能把“货币稳定”和“金融稳定”目标更好地结合起来。探索将房地产金融等纳入宏观审慎政策框架，优化跨境资本流动宏观审慎政策是 2019 年 MPA 完善的重点方向。就汇率、跨境资本流动而言，在蒙代尔三角不可能定理中，货币政策独

立性——相对于资本流动、汇率稳定而言——对于像中国这么一个大的经济体来说是最重要的。中央银行在货币政策优先顺序方面，首先应该是国内经济，其次是外汇储备，最后才是汇率水平。当然，不是说汇率不重要，而是说，这三个产生矛盾的时候，中央银行应以国内经济为主。此外，不能狭义地理解"汇率稳定"，其表现形式是综合汇率水平相对稳定和市场不能出现低成本的、"一边倒"地做空或者做多人民币。这要从两个层面去解决。技术层面构建完善的跨境资本流动观测指标，对流动资本进行适度的宏观审慎管理，特别是加强资本海外流出管制、增加流出难度。心理层面政府的底线和态度很重要，要加强预期管理，让市场认同监管层在资本管制、出口结汇、海外人民币流动性方面都有着较强的工具，可以应付贬值预期所带来的问题。就逆周期的房地产金融宏观审慎机制而言，上海于2016年率先构建逆周期的房地产金融宏观审慎调控机制，引入了"针对房地产的资本充足率"（Sectoral Capital Requirements，SCR）、"贷款价值比"（Loan-to-value ratio，LTV）和"债务收入比"（Debt service-to-income ratio，DTI）三个指标。目前，我国首付比仅按照首套、二套比例做区分。下一步可以参考国外经验，考虑根据客户的风险情况确定不同的LTV上限，比如根据购房人的身份（加拿大）、借款人的收入情况（德国、日本）、购房动机（英国）等。从"双支柱"的角度，2019年货币政策要加强逆周期调控，对冲信用紧缩、经济下行压力带来的紧缩效应；宏观审慎政策应在经济衰退或者遭遇外部冲击时稳定金融市场，特别是要高度重视房价预期的稳定。

（四）在金融周期回落阶段，需要警惕房地产、信贷螺旋式下降的风险

金融市场的典型特征是不对称信息及由此产生的道德风险。在信用市场上，企业向银行等金融机构借款时会有外部融资溢价，即外部

融资成本 = 无风险收益率 + 外部融资溢价，其中外部融资溢价取决于企业的偿还能力。不对称信息的存在导致偿还能力以抵押品的价值体现。抵押品价值越高，外部融资溢价越低，企业融资成本越低，投资和产出的扩张能力相应越强。在现实中，房地产是最重要的抵押品，这就导致货币、信用等金融因素通过房地产等资产价格变化，影响产出和经济，并且产生放大和加速效应。具体如下：货币、信用条件紧缩——房地产等资产价格下降——抵押品价值减少——银行所要求的外部融资溢价上升——金融中介信用收缩——企业投资下降——产出、经济承压——资产价格下降（预期）——外部融资溢价进一步上升。在防范化解金融风险的过程中，房地产市场也要去杠杆。金融周期回落对实体经济的反作用力会逐渐释放。一旦房地产价格调整，全社会进入去杠杆进程，从反向金融加速器来看又会带来经济的持续收缩。因此，在多目标的权衡中，政策调控难度和复杂度增加，从中长期的角度，要警惕房地产和金融经济周期拐点以及全社会由被动去杠杆到主动去杠杆的转变以及由此带来的经济持续下行风险。

三　未来三至五年中央银行资产负债操作策略将成为常态

（一）中央银行资产负债操作策略适应我国经济、金融周期大背景变化

未来较长一段时间，货币政策的制定、实施，必须考虑企业、家庭、金融部门的资产负债表状况及行为在传导机制生成中的影响。在微观部门资产负债表有收缩趋势和压力下，中央政府加杠杆是对冲经济下滑的力量，这需要中央银行资产负债表策略予以配合。宏观微观部门资产负债表的变化是经济周期的“镜像”。反过来，其变化会放

大和扩展经济周期。这背后是金融周期下经济和金融共荣共生的双重关系。

我国2009年至今的这轮金融周期无论从时间跨度还是从信贷缺口高度来看都是超强的。2016年底之后呈现顶部回落态势。商业银行总资产/中央银行总资产的绝对倍数和增速可以很好地表征这轮超级金融周期下，商业银行信用扩张情况的周期变化。商业银行总资产/中央银行总资产的同比增速2009年以来呈现明显的周期波动性，长度大概是三年，2009年以后的金融周期包含了三轮信用扩张周期；周期的上行时间与下行时间基本对称；底部盘整的时间是12~18个月。该指标对我国房地产小周期、库存、盈利周期具有非常明显的领先性。从绝对倍数来看，2008年金融危机之前，商业银行资产规模大致为中央银行的3.0~3.5倍，且呈下降趋势；2008年金融危机后到2011年，提高到4.05倍；2012年之后，加速扩张到峰值的7~8倍。从美、日经验来看，该指标危机前的峰值是12倍左右。

我国的企业、地方政府、居民部门金融危机后均进行了加杠杆。2008~2016年，每年杠杆率上升12个百分点以上（2017年初步得到控制，2018年首次下降）。我国居民部门杠杆率2008年后每年上升3.5个百分点左右，2016年后这一速度加快，最高接近5个百分点。在整体较高的杠杆率背后，是部门杠杆结构的极度不均衡。我国企业杠杆率160%左右，明显高于其他国家。目前只有政府显性杠杆率较低，为36%~37%。需要注意的是，企业高杠杆率下有将近55%~60%是融资平台以及相关的隐性债务。如果将其显化，政府杠杆率可能在90%以上。[①] 也就是说，在2008年国际金融危机后，除中央债务基本保持稳定外，地方政府、家庭、企业部门先后出现了一轮加杠杆，其中家庭部门、地方政府部门的债务负担在2012年以后明显增加。

① 张晓晶：《继续坚持结构性去杠杆》，《经济参考报》2019年1月2日。

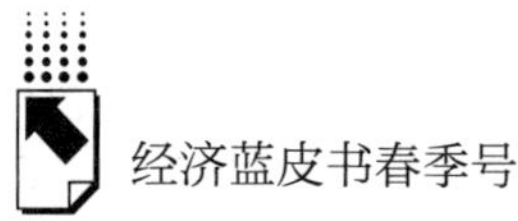

主体微观部门处于较高的杠杆状态，后续逐步降低杠杆率仍是趋势，但这反过来会给经济造成下行压力，需要中央政府主动扩表来对冲。另外，商业银行等微观主体的资产负债表扩张受限会导致信贷紧缩，货币政策传导机制不畅。如果此时再叠加资产价格下降，容易形成“去杠杆——产出收缩——价格下降”的螺旋式循环，这就是金融周期下行阶段的负向“金融加速器机制”。中央银行可以通过资产负债表策略来更直接地影响宏观金融环境。这种策略涉及中央银行资产负债表规模、结构以及风险敞口等方面的变化。它指向的不仅是银行准备金，还扩展到中央银行控制力相对小的更多市场或领域。2008年金融危机后，各国中央银行更多倚仗资产负债表策略以调整金融市场利率期限、长期债券收益率以及风险利差等。

资产负债表政策可以独立于利率政策实施，只要中央银行能够有效分离两种政策。2012～2014年及之后，经济结构的变化导致货币供给创造机制的变化。中央银行对流动性的管理从被动到主动，这是中央银行能够将利率政策和资产负债表策略分离开的宏观金融背景。通常有两种方法来达成该目标。一是保证准备金市场完全与利率操作绝缘。在这种情况下，中央银行需要主动抚平利率政策对银行准备金造成的影响。二是中央银行需要确保任何准备金的变动不会对现行政策利率造成影响。这要借助于将政策利率与流动性管理相分离的“利率走廊”系统。利率走廊（Interest Rate Corridor）最早可追溯至19世纪末的经济学家Wicksell（1917）。商业银行持有的准备金都来源于中央银行增加资产的行为。中央银行增加准备金供给都反映为增加中央银行资产，具体方式包括买入外汇、向商业银行发放债权、在公开市场买入国债或其他债券等，体现为“资产端”三个项目的变化：“国外资产：外汇”“对其他存款性公司债权”“对政府债权”。

2012～2014年及之后，外汇占款持续增长带来的流动性被动投放压力缓解，我国货币供给机制也发生了明显改变，相应流动性管理也从被动到主动。其一，2012～2014年之前，流动性管理中中央银行的被动地位。在经常项目、资本和金融项目“双顺差”下，资产端的“国外资产”（即外汇占款）的快速膨胀导致中央银行处于被动对冲流动性的地位。中央银行资产端的膨胀主要体现为被动性资产外汇占款（中央银行口径）的增加。其二，2012～2014年之后，流动性管理中中央银行的主动地位。中央银行的净流动性注入主要依靠“资产端”的对“其他存款性公司债权”增加（主动性资产，包括SLF、MLF和PSL等），相应形成“负债端”对商业银行的准备金供给。中央银行净资产注入是商业银行准备金和缓冲库存现金的来源。也就是说，准备金的需求来自商业银行，供给来自中央银行。在流动性短缺下，（事前）准备金的需求>（事前）准备金的供给。[①] 对于不平衡的准备金需求，中央银行有了更大的调控主动性，进而能够将利率政策和资产负债表策略分离开。

中央银行“资产负债表操作策略”直接针对在金融经济周期的下行阶段，经济增速放缓与金融市场波动、资产价格下降等问题相互交织，货币政策传导机制受到阻碍问题，属于非常规货币政策。中央银行的扩张、收缩策略可以从两个角度来描述：适当利率水平以及期望的中央银行资产负债表结构。前者更多取决于通货膨胀与产出间的权衡，后者则更多受金融股市场的融资条件、流动性环境等因素影响。前者属于常规的货币政策，更多用在金融中介功能正常、货币政策传导顺畅时，而后者更多用于货币政策传导受阻时。中央银行可以独立于政策利率来调整资产负债表规模与结构。货币政策传导机制受阻核心，是因为在经济下行阶段，信用问题更加突出，金融摩擦加剧。中央银行“资产负债表操作策略”的传导核心是通过自身信用

① 孙国峰、蔡春春：《货币市场利率、流动性供求与中央银行流动性管理——对货币市场利率波动的新分析框架》，《经济研究》2014年第49期。

或者准政府、专门机构的背书，为信用风险突出的微观主体增信，或者提高其资产、抵押品流动性，进而推动商业银行对其信用扩张。信用政策的有效性主要通过将私人部门风险转移到中央银行，风险资产价格可能会降低，带来更为宽松的金融环境。金融机构流动资产规模、结构改变被认为是信贷规模或者对风险有更高偏好的催化剂，而这些信贷规模和偏好反过来可能会进一步影响收益率、资产价格，中央银行在此过程中起媒介作用。具体来说，资产负债表操作是指中央银行通过直接资产购买计划或将资产纳入合格担保品范围，去掉私人部门资产负债表中的风险，改善其资产负债表状况和外部融资条件。

在实施过程中，中央银行积极运用资产负债表直接影响市场价格和融资环境。具体策略有多种形式，可以依据以下标准进行分类：其一，对私人部门资产负债表状况、结构的影响；其二，具体指向的市场及对特定市场的影响。二者主要基于不同债权间存在不完全替代关系的假设前提分析政策的影响。根据如上标准，资产负债表策略主要分外汇政策、准债务管理政策、信用政策和银行准备金政策四类。信用政策直接调节了私人部门的风险溢价。在准债务管理政策中，中央银行影响政府部门的风险溢价，进而间接调节私人部门的资产价格、融资环境。

资产负债表策略实施从最基本层面来说具有两个核心元素：一是对拟实施的政策立场的信号传递机制；二是使该政策真正生效的资产负债表操作。2008 年金融危机前，各国中央银行政策工具更多涉及对短期利率的调整。该方法中，信号传递机制是宣布中央银行期望的“政策利率”，相应的流动性管理操作的设计以达到该利率为目标。在这种情况下，流动性管理操作只是起到技术性支撑作用，不包含任何与政策立场相关的信息或意图。一般来说，中央银行在设定政策利率时已经内化了相关宏观因素。特定的政策利率联系着不同的收益率水平与资产价格配置，从而导向不同的货币信用环境。利率政策不需要中央银行资产负债表的显著变化，其规模主要取决于公众对于现金的需求、政府存款等外生变量。

资产负债表政策的实行取决于传导机制，包括货币与信用的扩张、对中介机构的约束以及充足资金的担保。2008 年金融危机后一些中央银行更加积极地运用资产负债表。例如，美联储提高长期国债持有量，增加机构债务和可抵押证券；欧洲中央银行购买私人部门发行的担保债券和欧元区国家主权债券。中央银行广泛运用信用政策，增加长期融资的供给，扩大有效抵押品以及有关担保，延长再融资期限，旨在减少同业市场压力、减少同业期限利差、减轻非银行部门的信用紧缩问题。很多中央银行还为高流动性证券（通常是主权债券）的借贷创造了条件，以改进货币市场的融资环境。另外，为了更直接地支持信贷市场，美联储还从政府资助的房地产商处购买债权与不动产抵押证券。在这个阶段，中央银行的准债务政策通过直接购买公共部门证券来影响基准利率。这里需要强调两点。首先，资产负债表政策对中央银行资产负债规模的影响取决于相关操作怎样被融资。如果一种债权的增长来源于另一种债权的减持，那么总体规模并不会改变。如果资金来源于增发的中央银行债务（抵押的再回购以及非抵押的中央银行票据、准备金），中央银行的资产负债表规模将相应增长。其次，与利率政策相比，资产负债表政策在一定程度上提高了中央银行吸收的风险。例如，外汇政策需要中央银行吸收外汇风险，准债务管理政策使得中央银行面临利率风险，信用政策令中央银行承担了信用风险。

中央银行资产负债表策略的核心传导机制主要体现在几个方面：第一，改变不同资产间的替代关系及替代程度，这使得货币政策在总量特征上具有了结构性特点。第二，缓解金融市场的摩擦程度。在金融经济周期下行的背景下，金融摩擦加剧，外部融资溢价上升。中央银行的资产负债表操作实际上是通过背书的方式把一些资产的流动性提高。第三，改善私人部门的资产负债表状况。经济放缓、资产价格下降等将使得包括金融机构在内的私人部门资产负债表状况恶化。中央银行通过资产购买在一定程度上可以改善金融机构等的资产负债表状况，改善融资条件。

资产负债表操作主要通过两大传导机制带来政策影响。一个是信号传递渠道。对资产负债表政策来说沟通是必不可少的环节。中央银行采用的措施以及相关的信息沟通影响着公众对资产市场价值的预期，具体包括未来操作导向及资产的相对稀缺性、风险、流动性等。中央银行的信号传递及预期引导行为增加投资者的信心，减少风险溢价，刺激交易活动。另一个是通过中央银行操作影响私人部门资产负债表来改变市场反应。当不同资产、不同负债、资产和负债之间形成不完全替代关系时，中央银行操作造成的资产供给相对变化会对私人部门的选择施加影响。现有文献中的“资产组合平衡效应”（portfolio balance effect）就是这一渠道。它强调私人部门资产端的不完全替代性，资产相对供给的变化造成了相对收益率的变化。同样，负债端也具有不完全替代，这就涉及不同的信用渠道。中央银行通过提供期限更吸引人的融资机会来增加贷款额并提高资产价格。中央银行资产负债表操作还会影响私人部门风险偏好。宽松的融资环境或者风险资产的剔除会减少预期风险。不论是直接购买资产还是将其作为抵押品，中央银行都可以促进其流动性。私人部门的资产结构也就或直接（中央银行用现金或政府债券购买资产）或间接地（作为抵押）具有更强的流动性。稳健的资产负债表、高价值抵押品和高净值可以放松信用约束，降低风险溢价，恢复金融机构的信用调节功能。

（二）我国中央银行实施资产负债表策略的具体形式

资产负债表策略包含“量化宽松”等多种策略。日、美、欧的量化宽松都是在“利率”降到“零”附近后实施的，但“量化宽松”的核心是要解决金融中介的信用不扩张问题，最终表现形式是中央银行资产负债表的大幅扩张，因为是用“政府信用”替代出了问题的“微观主体”信用。

常规货币政策核心要依赖金融中介的传导。例如，“降准”放松了商业银行贷款的“能力”（准备金约束），但是，商业银行“会不会贷”还取决于其“意愿”。金融周期回落阶段，问题恰恰出在这里。金融市场波动，抵押信用的微观主体（例如民企），其抵押品价值（如股权等）大幅度缩水，使得其所获得的外部融资（如贷款、股权质押等）下降，影响其生产经营，经济和金融市场下行压力进一步增大，即货币政策的核心是要打破如下循环：金融市场波动（包括房地产等）——抵押品价值下降（主要针对抵押信用的微观主体）——金融中介信用不扩张——实体经济起不来——金融市场持续波动。要打破这个循环，中央银行要在一定程度绕过金融中介，减少对其的依赖，解决“信用紧缩—实体经济下行”这个反身螺旋式问题。

美、日“量化宽松”策略在我国实施有两个限制：一是债券利率向贷款利率的传导问题，即现存利率的双轨不合一问题。二是中央银行购买国债的相关法律限制。日、美、欧量化宽松的主要形式是中央银行在金融市场上“直接”购买金融资产，包括国债、银行债、住房贷款抵押债等。“利率的双轨不合”背后是我国的融资体制、商业银行的资产结构等跟美、日的差别。“贷款”银行资产一半以上，其利率更能代表全社会资金成本。解决这个问题，依赖于利率市场化的进一步推进。《中国人民银行法》第二十三条规定，为执行货币政策，中央银行可以“在公开市场上买卖国债、其他政府债券和金融债券及外汇”。第二十九条规定，“中国人民银行不得对政府财政透支，不得直接认购、包销国债和其他政府债券”。也就是说，中央银行不得在一级市场上购买国债等，中央银行可以在二级市场上购买国债。但是，除了 1998 年、2007 年发行两次特别国债时，中央银行一直并未直接“买债”。1998 年财政部发行 2700 亿元特别国债，目的是补充四大国有商业银行资本金；2007 年，1.55 万亿元特别国债是为向中央银行购买外汇组建中投公司。这两次都采取了“借道”农业银行的方式。在我国，中央银行实施资产负债表策略，比较现实的有以下三种方式。

第一，增加对国家开发银行等的 PSL、再贷款，对接地方政府基建项目、地方隐性债务化解等。2019 年“两会”政府工作报告明确提出“用好开发性金融工具”。面对 30 多万亿元的地方隐性债务可能造成的系统性风险，新一轮隐性债务置换势在必行。地方政府“债务置换”可将隐性为企业（融资平台）、显性为政府债务，解决当前杠杆部门极度不均衡的问题。思路上可以是财政部主导，中央银行通过 PSL、再贷款等形式进行支持，政策性银行做承接主体之一。政策性银行、资产管理公司、地方政府专项债券在地方债处理过程中发挥更大的作用。新一轮地方隐性债务置换从具体的隐性负债处置思路，可以是适当债务置换 + 债务规范化（专项债、国开行等） + 融资平台转型（如拆分成两部分——经营性的和非营利公共服务，前者为市场化的国企，后者为地方发展公司或 SPV，然后通过项目源头审批、财政预算来控制）。

第二，创新性运用结构化工具解决中微观传导机制不通问题，中央银行资产负债表扩张或将常态化。与量化宽松不同，银行不能通过结构性工具出表；信用风险仍由银行承担；中央银行不承担信用风险；银行不能直接从中央银行获得基础货币等。2019 年货币政策的重点是疏导货币政策传导的中微观机制，核心是打破流动性、资本和利率三个约束。

2018 年以“定向降准”为主的货币政策对冲效果并不明显，社融增速持续下滑。这有两方面的原因：一是金融体系顺周期性已经发生，二是强监管的遗留效应。在金融周期下行阶段，经济下行压力加大、市场预期不稳定、金融机构风险偏好下降、融资收缩，出现“信用风险加大——融资难度加大”的负向循环。这就是货币政策中微观传导机制不通的问题。“信用难以扩张”的两个根本症结是银行风险偏好回落、放贷意愿下降导致的金融中介管道不通，金融市场波动带来的抵押品质量下降。所以，“宽货币——信用扩张——实体经济——企业盈利”这个传导链条并没有打通。这个问题的解决方式是中央银行通过自身信用为信用风险突出的微观主体增信，将其资产、抵押品流动性提高，进而推动商业银行对其信用扩张。也就是说，通过中央银行自身信用，或者准政府机构的背书，为信用风险突出的微观主体（例如民企）增信，或者把他们的资产、抵押品流动性提高，将更多资产纳入合格担保品范围（表现为 MLF、PSL 等的抵押品范围将进一步扩大），进而推动商业银行风险偏好提升、放贷意愿增强、信用扩张。解决信用问题除了稳定抵押品价值，中长期的解决办法是通过中央银行自身资产负债表扩张，利用中央银行信用为微观主体增信。

2018 年中央银行已经开启再贷款工具提供初始资金来出售信用风险缓释工具（CRM）、担保增信来支持部分民企债券。中央银行后续将在这一方向上走得更远。一方面，中央银行可以在规模上提高再贷款资金量，同时通过将 CRM 开放给资本市场来拓宽参与主体；另一方面，在 CRM 的产品上，可以有更多种类的产品，包括信用风险缓释合约（CRMA）、信用风险缓释凭证（CRMW）、信用违约互换（CDS）、信用联接票据（CLN）等。

第三，从中长期来看，中央银行应该增加对“政府债权”的持有，使之成为货币发行机制的核心渠道。2001 年后，我国中央银行资产负债表快速扩张。2012 年前，扩张主要源于资产端“外汇资产”的增加，新增外汇占款与 M2 趋势高度吻合。2010 年之后，由于中央

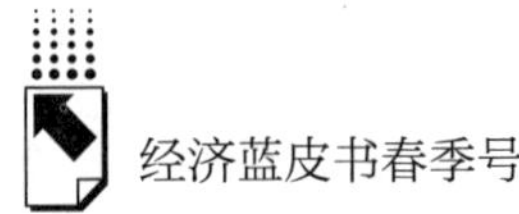

银行开始控制外汇持有量并增加债权方面的操作，虽然“国外资产”绝对规模还在扩张，但占总资产的比重几乎没有增长。2012年之前中央银行资产负债表的特征主要表现为：总规模不断扩张；总规模的扩张不是中央银行主动而为，而是被动的。从中央银行“资产端”来看，2014年以后，“对其他存款性公司债权”增加是“货币投放”主动力，其占比从6.4%快速上升到29.9%，相应地，外汇占款从81%回落到57%。中央银行主要通过公开市场操作、中期借贷便利（MLF）、抵押补充贷款（PSL）等工具，向市场投放基础货币。在中央银行的资产负债表中，“对政府债权”占比远低于美联储等。中央银行“对政府债权”只有之前财政部基于特殊目的发行的特别国债，金额为1.53万亿元，占总资产的比例为4.3%左右，在“资产端”项目中排第三。金融供给侧结构性改革要伴随货币供给机制、信用派生机制的变化，从源头和根本上控制金融体系的过度扩张问题。货币供给机制的变化或将是对政府债权的增加成为未来基础货币投放的核心机制。商业银行资产负债表的扩张来源于中央银行的资产注入。未来三至五年，中央政府加杠杆，中央银行资产负债表扩张，未来对“政府债权”占比上升将是趋势。从中长期来看，为解决当前局部杠杆率过高的问题，突破现有“不买债”的先例，成为国债、专项债等政府债券的参与、交易主体等。在中央政府加杠杆成为未来逆周期调控框架下，货币政策要与财政政策更加协调、配合，这需要机制、法律层面的制度保障。

参考文献

[1] Bernanke, B.,“Nonmonetary Effects of the Financial Crisis in the Propagation of the Great Depression”, *American Economic Review*,

1983, 73 (3).

[2] Bernanke B., and Gertler, M., "Agency Costs, Net Worth and Business Fluctuations", *American Economic Review*, 1989, Vol. 79.

[3] Bernanke, B., Gertler, M. and Gilchrist, S., "The Financial Accelerator and the Flight to Quality", *Review of Economics and Statistics*, 1996, Vol. 78.

[4] Borio, C. and P. Lowe, "Asset Prices, Financial and Monetary Stability: Exploring the Nexus", *BIS Working Papers*, No. 157, 2002.

[5] Borio, C. and M. Drehmann, "Assessing the Risk of Banking Crisis-Revisited", *BIS Quarterly Review*, March, 2009.

[6] C. Borio, M. Drehmann, "Assessing the Risk of Banking Crises-Revisited", *Bank for International Settlements Quarterly Review*, March, 2009.

[7] Drehmann, M., C. Borio and K. Tsatsaronis, "Characterising the Financial Cycle: Don't Lose Sight of the Medium Term", *BIS Working Papers*, No. 380, 2012.

[8] Maliszewski, W., et al., "Resolving China's Corporate Debt Problem", *IMF Working Paper*, WP/16/203, 2016.

[9] 周小川:《金融政策对金融危机的响应——宏观审慎政策框架的形成背景、内在逻辑和主要内容》,《金融研究》2011 年第 1 期。

[10] 陈雨露、马勇、阮卓阳:《金融周期和金融波动如何影响经济增长与金融稳定?》,《金融研究》2016 年第 2 期。

[11] 张晓晶:《继续坚持结构性去杠杆》,《经济参考报》2019 年 1 月 2 日。

[12] 孙国峰、蔡春春:《货币市场利率、流动性供求与中央银行流动性管理——对货币市场利率波动的新分析框架》,《经济研究》2014 年第 49 期。

[13] 何德旭、张捷:《金融经济周期下的中央银行资产负债表策略》,《郑州大学学报》(哲学社会科学版)2016 年第 49 期。

[14] 何德旭、张捷:《经济周期与金融危机:金融加速器理论的现实解释》,《财经问题研究》2009 年第 10 期。

B.6
2019年中国消费结构变化及政策取向

宣 烨 余泳泽 陈启斐 张 莉*

摘 要： 十九大报告提出，中国特色社会主义进入新时代，我国社会主要矛盾已经转化为人民日益增长的美好生活需要和不平衡不充分的发展之间的矛盾。如何实现消费结构升级和缩小城乡消费差距是解决我国社会主要矛盾的重要组成部分。十九大以来，我国城乡居民收入水平和生活水平有了显著的提高，居民消费占GDP的比重不断上升，城乡居民的消费结构明显改善。移动互联网消费、耐用品消费以及追求健康享受的消费潜力进一步释放。随之而来的是，产业结构和消费结构错配、区域经济失衡与经济发展不充分带来的对消费结构升级的制约越来越明显。在新时代新矛盾背景下，我们需要从以下四个方面促进我国消费结构不断升级：实施消费成长战略政策，提高居民消费水平；协调发展城乡消费市场，改善区域消费结构；建设国际消费中心，构建开放市场环境；创新发展新兴产业，提倡新兴消费。

* 宣烨，南京财经大学国际经贸学院院长、校首席教授，主要研究方向为区域经济、服务经济等；余泳泽，南京财经大学国际经贸学院副院长，主要研究方向为技术创新与产业转型升级；陈启斐，博士，南京财经大学国际经贸学院副教授，研究方向为服务经济；张莉，博士，南京财经大学国际经贸学院副教授，研究方向为宏观经济。

关键词： 新时代 新矛盾 消费结构 消费升级 政策取向

一 中国消费的增速与结构变化及发展趋势

（一）十九大以来中国消费结构的变化

十九大以来，以习近平同志为核心的党中央着眼于全面建成小康社会的战略目标，提出了一系列新理念、新思想、新战略，全国居民可支配收入显著提高，消费市场进一步繁荣。在消费结构方面，主要表现为：消费对GDP贡献不断扩大，市场规模不断扩张；恩格尔系数逐年下降，由此反映出我国居民富裕程度显著提升；在整个消费结构中，“食品”“衣着”等传统消费品的增长放缓，占比减小，但对于品牌品质的要求更高，显示了消费由生存型向享受型转变；“通信交通”和“娱乐教育文化”类的消费比重扩大明显，由人力投入为内容的消费品正成为未来消费市场结构发展的新方向。

1. 消费占GDP的比重持续扩大，消费规模不断扩张

2012年11月，党的十八大报告强调“要牢牢把握扩大内需这一战略基点，加快建立扩大消费需求长效机制，释放居民消费潜力，保持投资合理增长，扩大国内市场规模”。截至2018年底，全国社会消费品零售总额380987亿元，比上年增长4.02%，扣除价格因素，实际增长9.02%。通过2012～2018年全国全年社会消费品零售总额占国内生产总值的对比，可以发现，消费在GDP中的比重持续扩大，对GDP增长的贡献也越来越显著。

消费规模扩大的主要原因在于居民可支配收入水平大幅提高。截至2018年，全国居民人均可支配收入28228元，比2017年增长约8.68%。如果把2013～2017年全国城乡居民消费水平制成折线

图，可以发现，全国居民消费水平由 2013 年的 16190 元提高到 2017 年的 22935 元。同期，全国城镇居民消费水平和农村居民消费水平也有了较为同步的提升。居民可支配收入水平的提高带动了人均消费水平的提高，进而带动了居民消费水平的提升，从而导致了中国消费市场规模的进一步扩大。因此，消费结构中的总量方面有了明显的上升。

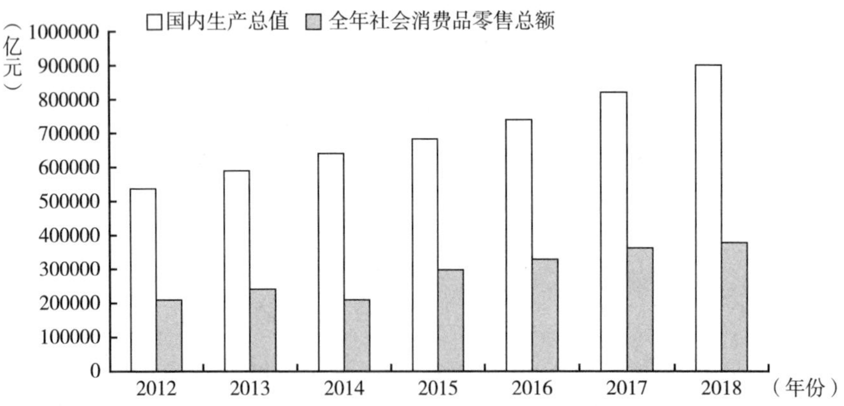

图 1　2012～2018 年社会消费品总额与国内生产总值对比情况

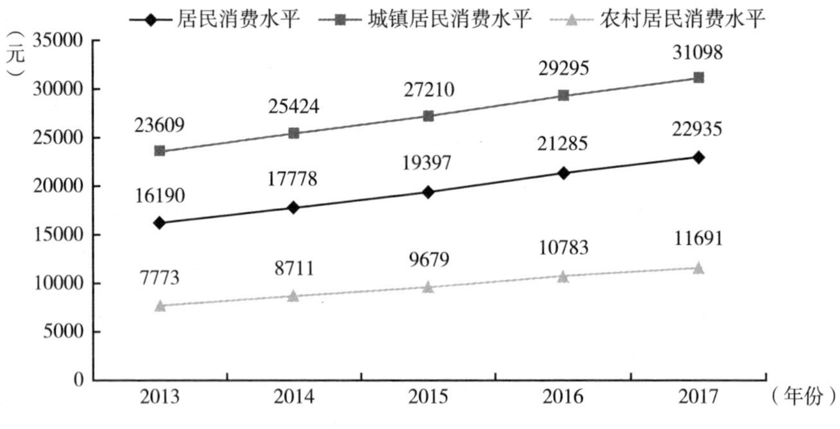

图 2　2013～2017 年居民消费水平走势

2. 恩格尔系数逐年下降，从总体消费结构看我国正向富裕国家迈进

按照恩格尔系数国际标准，我国 2017 年恩格尔系数低于 30%，进入最富裕国家行列。通过对 2012～2018 年我国恩格尔系数走势变化的分析发现，2012 年，我国恩格尔系数为 33%，已经处在 30%～40%，即“富裕”这个水平。在随后的四年里，我国恩格尔系数持续下降，2017 年我国恩格尔系数为 29.33%，根据联合国粮农组织的标准，我国正式进入最富裕国家行列。截至 2018 年，我国恩格尔系数达到 28.4%。从恩格尔系数方面，我国已经到了最富裕阶段，但是，对比发达国家，如美国在 20 世纪 80 年代恩格尔系数平均水平就达到 16.45%，日本则在 90 年代达到 24.12%，目前我国还有很多方面需要提升，尤其是消费结构内部的优化，还需要长时间的探索。

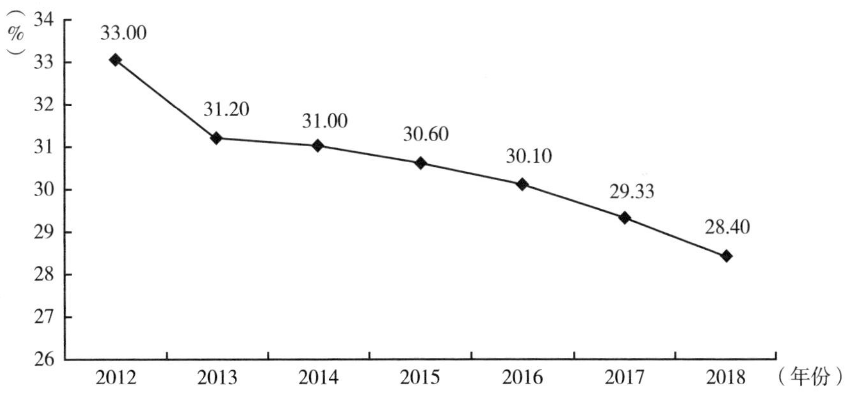

图 3　2012～2018 年我国恩格尔系数变化

3. 食品、衣着消费占比略有下降，对于产品品牌品质的要求越来越高

在食品消费方面，食品在总的消费体系中的占比并没有发生太大的变化，仅从 2012 年的 33% 下降到 2018 年的 28.4%。但是，食品消费的内容构成发生了巨大改变，食品消费由过去简单的“吃饱”

转变为如今的"吃好"。国民对食品的种类和质量要求越来越高，对于肉类、禽蛋类及奶类制品的需求逐年增加。同时，人均粮食的购买量减少，很重要的原因是居民外出用餐的比例增多，2017 年全年，全国餐饮业营业额达到 5312.78 亿元，同比增长 3.62%，增长势头强劲。在衣着方面，在总的消费体系中，衣着的占比由 2012 年的 7.7% 下降到 2018 年的 6.5%，基本保持稳定。但是，居民对于衣服的款式、材质、品牌等方面提出了更高的要求，衣着产品的档次也随之提高。

4. 耐用品增长放缓，升级换代趋势明显

耐用消费品拥有量持续增加。2018 年全国居民每百户家用汽车拥有量为 33.0 辆，比上年增长 11.0%；每百户助力车拥有量为 69.2 辆，增长 4.8%；每百户移动电话拥有量为 249.1 部，增长 3.8%；每百户空调拥有量为 109.3 台，增长 13.7%；每百户抽油烟机拥有量为 56.4 台，增长 10.7%；每百户热水器拥有量为 85.0 台，增长 8.1%。耐用品消费的增长趋势开始放缓，但是值得注意的是，随着电子产业的飞速发展，高新技术产品的不断推陈出新，智能手机、多功能家电、智能娱乐设备等高创新附加值产品成为耐用品消费市场新的增长点，并且逐步占领我国耐用品消费市场。

5. 住房消费增长依然处于高位，改善型住房成主要需求

2013 ~2017 年居住消费在消费总支出中的占比基本保持稳定，波动较小。但是就住房支出的增长率来看，2017 年较 2016 年人均居住方面的支出增长了 9.64%，依然较大。与之相匹配的是居民居住环境的改善，随着收入水平的提高，居民的居住条件和生活设施持续改善。2018 年全国居民有管道供水入户的比重为 90.0%，比上年提高 2.2 个百分点；有安全饮用水的户比重为 95.2%，提高 3.9 个百分点；获取饮用水无困难的户比重为 96.3%，提高 1.5 个百分点；有

卫生厕所的户比重为 77.7%，提高 6.0 个百分点；有洗澡设施的户比重为 84.2%，提高 4.4 个百分点。住房需求越来越多地转向“改善型”住房。

6. 移动通信支出增速显著，车辆保有量增速明显

在总的消费占比中，“通信交通”的占比变化是最大的。通过图 4 发现，2018 年我国互联网宽带接入用户 4.07 亿户，比 2012 年增加 2.32 亿户。2018 年，我国总共拥有互联网上网人数 8.29 亿人，其中手机上网人数 8.17 亿人。互联网普及率达到 59.6%。2018 年软件和信息技术服务业完成软件业务收入达 63062 亿元，同比增长 14.2%。交通方面，以家用乘用车为例（见图 5），我国私人小型载客汽车拥有量从 2012 年的 7226.48 万辆攀升到 2017 年的 16788.42 万辆，增长率为 132.32%。

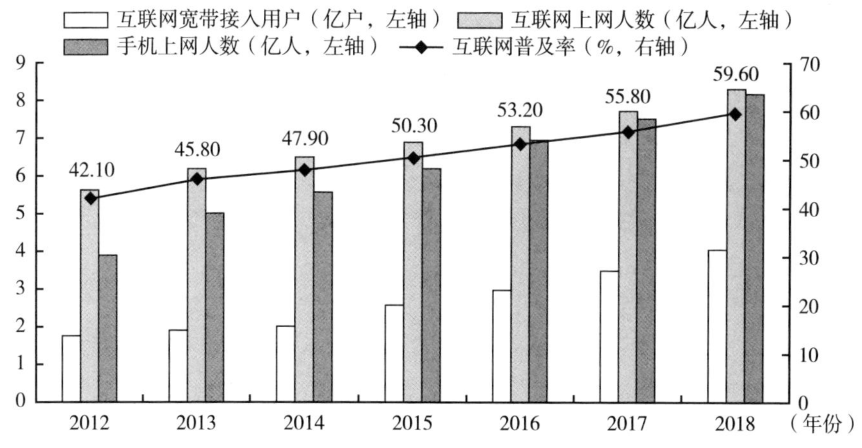

图 4 2012～2018 年我国互联网用户发展情况

7. 娱乐教育文化类支出规模明显扩大，人力投入为主的消费品成为未来发展趋势

“娱乐教育文化”这类人力投入为主的消费品，正在逐步成为消费结构的主要方面，娱乐型消费将是未来发展的方向。通过考察

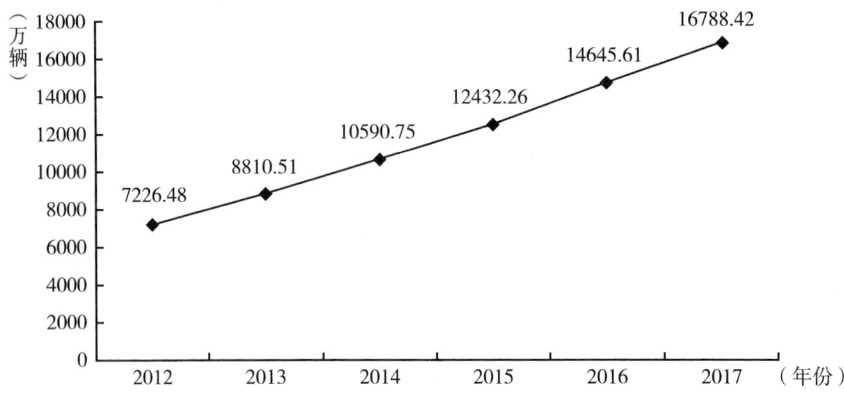

图5　2012～2017年全国私人小型载客汽车拥有量

2012～2018年的国内旅游消费发现，国内游客人次出现了巨大增幅，由29.6亿人次增长到55.4亿人次，在旅游方面的花费也出现了大幅增长，由22706.2亿元增长到51278.0亿元。

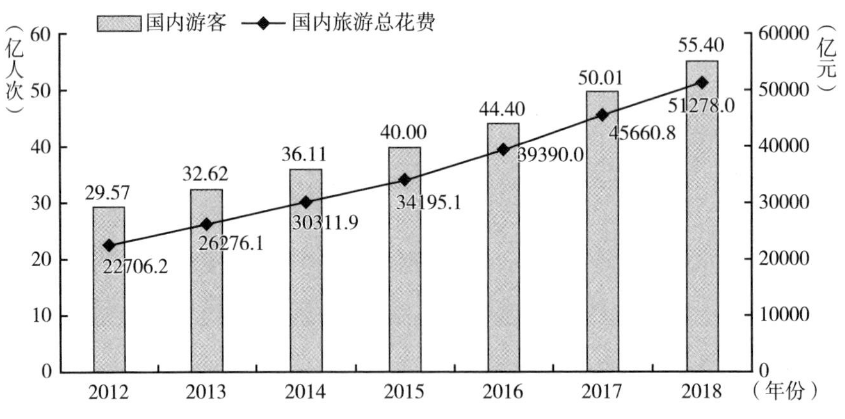

图6　2012～2018年全国游客人次与花费

8. “互联网＋”与消费市场融合，消费方式更加丰富

在十八大后，习近平总书记提出了“世界经济加速向以网络信息技术产业为重要内容的经济活动转变”的重要论断。进一步推动

互联网技术与消费市场的结合，积极推进“互联网+”与居民消费的融合，成为十八大后党和国家的重要努力方向。

通过图7可以看出，网络零售市场的交易规模逐年扩大，市场占比从2012年的6.3%一路升至2017年的19.6%，2018年略有降低，为18.4%。互联网通过对消费方式的改革、消费结构的重塑，成为我国消费市场强有力的推进器。“互联网+”与传统消费市场的深度融合，打破了消费的地域限制，重新构建了消费者与商家的信息配对，进一步释放了社会的消费潜力。

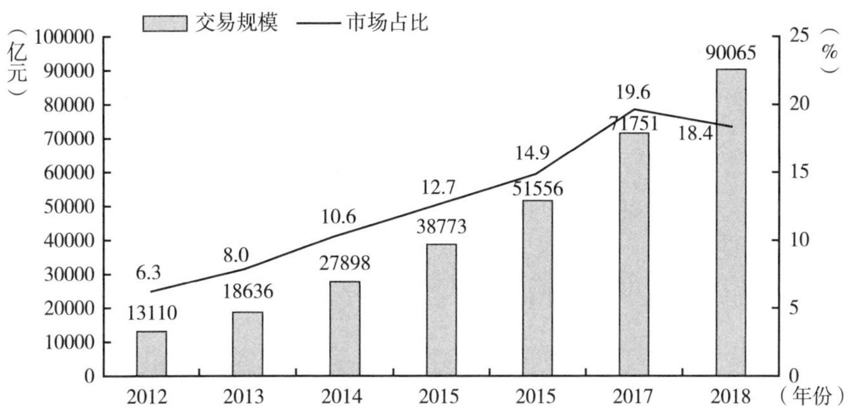

图7　2012～2018年网络零售市场交易规模与市场占比

（二）十八大以来中国消费结构的区域差异

十八大以来，我国居民消费水平不断提升，消费需求变动不断加快，消费结构不断升级，朝着合理化的方向发展。但是，中国幅员辽阔、人口众多，且各区域资源禀赋差异较大、产业基础不同，从而使得各地区经济发展水平存在较大差距。同时，由于城乡居民收入水平、消费观念、消费环境等方面的差异，城乡居民在各项支出比重、边际消费倾向等方面存在明显的差异。经济发展水平越高，人均收入就越高，相应的消费能力就会越强，消费结构层级就会越高，因此，不同区域的消费结构会表现出显著的差异。本部分从区域角度比较分析中国4个区域消费结构的情况，揭示了中国各区域城乡居民消费结构的差异性。表1和表2分别列出了2015年和2017年东部、中部、西部及东北地区的城乡居民各类消费品的人均消费支出额和相关比例。表3列出了2015年和2017年全国城乡居民各类消费品的消费支出额和相关比例，以便各区域与之进行比较分析。

1. 城镇居民消费支出结构的区域差异性

我国城镇居民消费支出结构的区域差异性主要表现在以下几个方面：①各个区域恩格尔系数都有不同幅度的降低，且均已进入富裕型。食品消费方面，2015年西部地区恩格尔系数较高，为31.55%，其余地区较为接近。2017年东部地区和东北地区的城镇居民恩格尔系数最为接近且较低，均在28%以下，中部地区为29.36%，西部偏高，为30.9%。可见，中国城镇居民生活已属于富裕型，恩格尔系数最高的西部地区城镇居民生活水平也已属于富裕型。②生存型消费占比均上升，其中东部地区上升幅度最快且占比最高。从属于生存型消费品的食品烟酒、衣着、居住这三项的消费支出比例来看，2015年西部城镇居民这三项占比达到了59.44%，东北地区为57.33%，中部为59.45%，占比最高的地区为东部，为60.98%，即东北地区城镇居民生存型消费支出比例最低，东部、中部、西部这三个区域在衣食住方面的总消费支出比例较为接近。而2017年东部城镇居民这三项的消费支出之和最高，升至60.53%，中部为57.29%，西部为57.97%，东北地区为54.86%，这主要是由于东部地区房价涨幅过高，居住占比较大。③生活用品及服务消费支出方面均下降，且变化幅度不大。除了食、衣、住之外的消费品属于享受型和发展型消费品。其中，在生活用品及服务消费支出方面，4个区域城镇居民消费支出比例差异均不明显，2015在6%左右，除

表 1　各区域城镇居民人均消费基本情况

项目	东部地区				中部地区			
	2015 年		2017 年		2015 年		2017 年	
	支出额(元)	比例(%)	支出额(元)	比例(%)	支出额(元)	比例(%)	支出额(元)	比例(%)
食品烟酒	7477. 81	28. 92	8408. 79	27. 94	5318. 95	30. 5	5853. 64	29. 36
衣着	1758. 93	6. 80	1787. 60	5. 94	1590. 92	9. 12	1639. 98	8. 23
居住	6530. 79	25. 26	8019. 63	26. 65	3458. 8	19. 83	3927. 08	19. 70
生活用品及服务	1479. 86	5. 72	1800. 19	5. 98	1094. 32	6. 28	1306. 67	6. 55
交通通信	3579. 76	13. 85	3888. 57	12. 92	2159. 53	12. 38	2492. 32	12. 50
教育文化娱乐	2699. 26	10. 44	3358. 75	11. 16	2148. 97	12. 32	2626. 27	13. 17
医疗保健	1623. 81	6. 28	2021. 81	6. 72	1221. 82	7. 01	1585. 56	7. 95
其他用品及服务	702. 46	2. 72	805. 55	2. 68	445. 32	2. 55	502. 65	2. 52
人均可支配收入(元)	37289. 68		45305. 10		26788. 13		31227. 53	
人均消费支出(元)	25852. 68		30245. 05		17438. 62		20374. 77	
平均消费倾向(%)	69. 33		66. 76		65. 1		65. 25	
恩格尔系数(%)	28. 92		27. 94		30. 5		29. 36	

续表

项目	西部地区				东北地区			
	2015 年		2017 年		2015 年		2017 年	
	支出额(元)	比例(%)	支出额(元)	比例(%)	支出额(元)	比例(%)	支出额(元)	比例(%)
食品烟酒	5827.58	31.55	6471.55	30.90	5176.54	34.58	5725.33	27.02
衣着	1667.78	9.03	1797.84	8.59	1966.47	13.14	1975.32	9.38
居住	3483.58	18.86	3870.98	18.48	1438.73	9.61	3887.52	18.46
生活用品及服务	1163.17	6.30	1375.20	6.57	918.00	6.13	1223.56	5.81
交通通信	2510.09	13.59	2923.62	13.96	1299.25	8.68	3006.06	14.27
教育文化娱乐	2006.44	10.86	2356.61	11.25	1919.72	12.83	2540.55	12.06
医疗保健	1344.22	7.28	1625.15	7.76	1549.15	10.65	2184.05	10.37
其他用品及服务	467.29	2.53	520.55	2.49	655.63	4.38	649.21	3.08
人均可支配收入(元)	26087.82		30632.67		20759.29		28976.95	
人均消费支出(元)	18470.15		20848.14		14968.5		24487.13	
平均消费倾向(%)	70.8		68.06		72.11		84.51	
恩格尔系数(%)	31.55		30.9		34.58		27.02	

注：根据《2016 年中国统计年鉴》《2018 年中国统计年鉴》相关资料整理、计算所得（台湾省及港澳地区数据未统计）。

西部地区外2017年均有小幅度的上升。④交通通信方面占比均大幅上升，东北地区上升最快。在交通通信消费支出方面2015年东北地区城镇居民该项占比最低，为8.68%，西部地区为13.59%，中部地区为12.38%，东部地区最高，为13.85%。2017年东北地区大幅上升至14.27%，在4个区域从占比最低变为占比最高，其余3个区域差异较小，均在13%左右。⑤教育文娱服务消费支出方面各个区域均有不同程度下降。在教育文化娱乐服务消费支出方面，2012年东部地区占比最高，为16.57%，西部地区为13.31%，中部地区城镇居民与东北地区均在12%左右。2015年中部地区此项消费支出比例最高，为12.32%，东北地区为12.83%，其余区域接近，均在10%左右。⑥医疗保健消费支出方面下降幅度不大。医疗保健消费支出方面2015年东北地区占比最高，为10.65%，其余区域均在7%左右。2017年东部地区下降至最低，为6.72%，东北地区变为最高，为10.37%。

综上可见，东部、中部、西部、东北地区城镇居民的享受型和发展型消费支出在总生活消费支出中所占比例较为接近，中国城镇居民的消费水平和消费结构差异不十分显著。

2. 农村居民消费支出结构的区域差异性

我国农村居民消费支出结构的区域差异性主要表现在以下几个方面：①农村居民的恩格尔系数均有不同程度的降低。在食品烟酒消费方面，2015年占比最高的为西部地区，为34.51%，中部地区为32.29%，东部地区33.04%，东北地区最低，为28.24%；2017年东部和西部地区的农村居民食品烟酒消费支出在总消费支出中的比例较为接近，都下降至32%左右，东北地区农村居民食品烟酒消费支出比例为27.54%。中国东北地区农村居民生存型消费支出比例最低，这主要是由于该地区农村居民的食品自给自足能力较强，在食品方面的消费较少。②生存型消费占比均有不同程度下降。东北地区占比最低。从食品烟酒、衣着、居住这三项生存型消费品的消费支出比例看，2015 年 4 个区域排名顺序与城镇不同，由高到低依次是东部、中部、西部、东北地区，2017 年排序由高到低变为东部、中部、西部、东北地区。东北地区农村居民这三项的消费支出之和在总消费支出中占到了 53.42%，东部地区为 58.93%，中部地区为 58.44%，西部地区为 57.66%。这同样是东部地区居住的消费支出上涨过高导致的。③生活用品及服务消费支出方面各区域均有不同程度的变动，但变动不大。从享受型和发展型消费品来看，在生活用品及服务消费支出方面，东北地区农村居民该项消费比例最低，在 4.41% 左右，其余地区差异不大，为 6% 左右，2015 ~2017 年变动微小。④交通通信支出方面各个区域均上升。在交通通信支出方面，除东部地区涨幅较大以外，其余区域上升幅度不大。2015 年西部地区占比最高，到 2017 年仍旧是东部地区农村居民该项的比例在 4 个区域中最高，为 14.95%，紧接着是东北地区的 14.33%，中部和西部占比较低。⑤教育文化娱乐服务消费支出各个区域均上升。在教育文化娱乐服务消费支出方面，2015 年东北地区占比最高，东部地区占比最低，到 2017 年各个区域均有不同程度的上升，东部涨幅最小，占比为 9.08%。⑥医疗保健消费支出各个区域均上升。医疗保健消费支出方面，2015 年东部地区占比最低，为 8.27%，东北地区最高，为 12.42%，而 2017 年东部、中部、西部地区农村居民消费支出比例差异较小，东北地区则远高于这三个区域，达到了 13.37%。

3. 各区域城镇与农村居民消费支出结构的差异性

我国各区域城镇与农村居民消费支出结构的差异性主要表现在以下几个方面：①农村地区的恩格尔系数远高于城镇地区，到 2017 年差距有所减小。由表 3 可以看出，2015 年农村地区的恩格尔系数为 33.05%，城镇地区为 29.73%，2017 年农村地区下降为 31.18%，但仍远远高于恩格尔系数为 28.64% 的城镇地区。②生存型消费城乡差距缩小。从生存型消费方面来看，2015 年农村地区远高于城镇地区，

表 2　各区域农村居民人均消费基本情况

项目	东部地区				中部地区			
	2015 年		2017 年		2015 年		2017 年	
	支出额(元)	比例(%)	支出额(元)	比例(%)	支出额(元)	比例(%)	支出额(元)	比例(%)
食品烟酒	4121.62	33.04	4658.17	32.44	2812.82	32.29	3019.25	29.63
衣着	706.71	5.67	791.83	5.51	532.1	6.11	585.01	5.74
居住	2897.15	23.23	3012.43	20.98	1907.92	21.90	2350.60	23.07
生活用品及服务	718.87	5.76	928.45	6.47	522.93	6.00	585.67	5.75
交通通信	1676.44	13.44	2147.11	14.95	975.2	11.2	1217.60	11.95
教育文化娱乐	1073.27	8.60	1304.38	9.08	996.72	11.44	1212.69	11.90
医疗保健	1031.89	8.27	1253.06	8.73	795.07	9.13	1030.15	10.11
其他用品及服务	247.82	1.99	263.36	1.83	167.75	1.93	187.93	1.84
人均可支配收入(元)	16162.88		19110.67		10850.5		13842.40	
人均消费支出(元)	12473.77		14714.57		8710.52		10296.37	
平均消费倾向(%)	77.18		77.00		80.28		74.38	
恩格尔系数(%)	33.04		32.44		32.29		29.63	

续表

项目	西部地区				东北地区			
	2015 年		2017 年		2015 年		2017 年	
	支出额(元)	比例(%)	支出额(元)	比例(%)	支出额(元)	比例(%)	支出额(元)	比例(%)
食品烟酒	2728.75	34.51	3004.72	32.11	2452.1	28.24	2798.52	27.54
衣着	518.73	6.56	583.50	6.23	611.03	7.04	673.40	6.81
居住	1466.06	18.54	1808.27	19.32	1639.83	18.89	1885.39	19.07
生活用品及服务	470.32	5.95	526.67	5.63	369.17	4.25	436.30	4.41
交通通信	987.65	12.49	1251.38	13.37	1239.00	14.27	1416.79	14.33
教育文化娱乐	840.06	10.63	1073.39	11.47	1112.53	12.81	1432.35	14.49
医疗保健	754.37	9.54	935.33	9.99	1078.47	12.42	1321.52	13.37
其他用品及服务	140.02	1.77	175.76	1.88	180.47	2.08	197.63	2.00
人均可支配收入(元)	8914.13		10343.76		11492.77		12842.81	
人均消费支出(元)	7906.02		9094.13		8682.6		10163.47	
平均消费倾向(%)	88.69		87.92		75.55		79.14	
恩格尔系数(%)	34.51		32.11		28.24		27.54	

注：根据《2016 年中国统计年鉴》《2018 年中国统计年鉴》相关资料整理、计算所得（台湾省及港澳地区数据未统计）。

表 3　全国城乡居民人均消费基本情况

项目	城镇				农村			
	2015 年		2017 年		2015 年		2017 年	
	支出额(元)	比例(%)	支出额(元)	比例(%)	支出额(元)	比例(%)	支出额(元)	比例(%)
食品烟酒	6359. 70	29. 73	7001. 00	28. 64	3048. 00	33. 05	3415. 40	31. 18
衣着	1701. 10	7. 95	1757. 90	7. 19	550. 50	5. 97	611. 60	5. 58
居住	4726. 00	22. 09	5564. 00	22. 76	1926. 20	20. 89	2353. 50	21. 48
生活用品及服务	1306. 50	59. 77	1525. 00	58. 59	545. 60	59. 91	634. 00	58. 24
交通通信	2895. 40	13. 53	3321. 50	13. 59	1163. 10	12. 61	1509. 10	13. 78
教育文化娱乐	2382. 80	11. 14	1846. 60	7. 55	969. 30	10. 51	1171. 30	10. 69
医疗保健	1443. 40	6. 75	1777. 40	7. 27	846. 00	9. 17	1057. 80	9. 66
其他用品及服务	577. 50	2. 70	651. 50	2. 67	174. 00	1. 89	200. 90	1. 83
人均可支配收入(元)	31194. 80		34057. 50		11421. 70		13353. 08	
人均消费支出(元)	21392. 40		24445. 00		9222. 60		10954. 50	
平均消费倾向(%)	68. 58		71. 78		80. 75		82. 04	
恩格尔系数(%)	29. 73		28. 64		33. 05		31. 18	

注：数据由《2016 年中国统计年鉴》《2018 年中国统计年鉴》中的相关资料整理、计算所得（台湾省及港澳地区数据未统计）。

为 59.91%，城镇地区为 59.77%，而 2017 年农村和城镇分别为 58.24% 和 58.59%，差距缩小。③2017 年交通通信、教育文化娱乐服务消费、医疗保健支出方面，农村地区居民均比城镇居民占比高。从享受型和发展型消费品来看，农村地区在交通通信、教育文化娱乐和医疗保健支出方面均有较小幅度的上升，城镇居民在生活用品及服务、交通通信和医疗保健支出方面均有小幅下降，但在教育文化娱乐支出方面有着较大幅度的下降。④医疗保健消费方面城镇居民和农村居民有较大幅度上升。在医疗保健消费支出方面，2015 年城镇居民占比 6.75%，农村居民为 9.17%，2017 年城镇居民占比增加至 7.27%，而农村居民占比上升至 9.66%。这说明我国医疗设施分布不均衡，仍需加大力度，帮助农村居民解决“生病难、看病难”的问题。

（三）中国消费结构未来发展趋势研判

十九大以来，随着我国经济的发展，城乡居民收入水平和生活水平有了显著的提高。通过恩格尔系数的变化发现，城镇居民和农村居民都已经步入富裕阶段。城乡居民的消费结构也有了很大的改善，消费重心也从满足基本生活需求发展到追求健康享受的生活，城乡居民对娱乐教育、交通通信、医疗等的消费需求日益增长。随着我国经济发展水平的不断提高和供给侧结构性改革的推进，居民消费占 GDP 的比重将不断上升，居民消费规模将不断扩大。未来几年我国消费结构会呈现以下发展趋势。

1. 消费层次由温饱型向全面小康型转变

虽然我国居民在食品、衣着方面的消费规模不断增加，但其占居民总消费的比重会不断降低。从恩格尔系数看，我国居民 2013～2018 年的年均食物支出由 4127 元增加到 5373.6 元，食品虽然支出增加了，但恩格尔系数从 2012 年的 31.2% 降到了 2018 年的

29.3%。除此之外，在经过“家电”“井喷式”的消费扩张之后，家电、摩托等耐用性消费品已经进入家家户户，居民对耐用性消费品的消费比重将进一步降低，享受型消费将成为着力培育的经济新增长点。

2. 消费形态由物质型向服务型转变

“精致消费”时代，消费总额稳步增长的同时，消费结构升级明显，中高端服务不断释放消费潜力，服务消费高增长以医疗教育、信息服务和文化娱乐为代表。数据分析表明，2005~2010年我国城镇居民人均服务型消费支出从3116元提高到5260元，年均增长11.04%，而2010年至今，服务型消费支出比重均保持在40%左右，这一比重将在未来很长一段时期内不断上升，根据发达国家消费结构，服务型消费支出比重应达到60%左右。

3. 消费品质由中低端向中高端转变

随着居民收入水平的提高和产品供给的多样化，城乡居民的消费从传统消费模式逐渐向新型消费模式转变，城乡居民如今不仅要吃饱而且要吃好，不仅要穿暖而且要穿得好看时尚。居民消费逐渐个性化、多样化，居民在消费时不仅仅关心产品的质量，还追求时尚、品牌与品质，高质量、高品质、个性化、特色化消费渐成趋势，资本也愈发青睐消费升级项目。近年来，一些新的消费名词应运而生，如以“蘑菇街”“小红书”“微博”等一系列自媒体为媒介商家和年轻一代消费者之间搭建桥梁的“种草消费”、随着生活和工作压力的增大，更多消费人群的身心需要慰藉和解压，由此衍生出来的“疗愈经济”以及深度追求颜值的消费潮流——“女权力量”“她消费”等。定制化消费将成为体现消费者消费品格和个性化需求泛在的消费需求，居民的消费观念也得到很大提升，由追求潮奢主义向绿色消费、品质消费和理性消费转变。

4. 城乡消费结构差异由大变小

随着城乡一体化和新型城镇化建设的不断推进，乡村居民生活水平快速提高，城乡生存型消费差距缩小，2012 年农村生存型消费支出比重为64.43%，城镇地区为56.07%，而2017 年农村和城镇都在60%左右，差距缩小，这一比重在将来会越来越低。得益于乡村振兴系列政策效应的显现，农村居民人均可支配收入稳步提高，生活质量不断上升。2018 年，农村居民人均可支配收入 14617 元，实际增长6.6%；农村居民人均消费支出 12124 元，实际增长 8.4%，增速均快于城镇居民。而随着农村居民收入的增加，乡村消费已经成为我国消费增长的重要动力。2018 年我国消费品零售额 325637 亿元，比上年增长 8.8%。其中，乡村消费品零售额 55350 亿元，增长 10.1%。2018 年 12 月城镇消费品零售额同比增长 8.0%，而乡村消费品零售额同比增速则达到 9.3%。此外，随着乡村居民收入的提高和医疗、养老保险等社会保障制度的完善，乡村居民对娱乐教育、交通通信、医疗保健等服务型消费支出比重将上升，城乡服务业消费结构差异将会逐渐缩小。

5. 区域消费结构由差异化向均衡发展

在当前，东部、中部、西部、东北地区城镇居民的享受型和发展型消费支出在总消费支出中所占比例较为接近，中国城镇居民的消费水平和消费结构差异不十分显著。而随着中西部基础设施的建设和社会保障制度的普及等，不同区域乡村消费差异也将进一步缩小，尤其是随着小康社会的全面建设，不同区域乡村生存型消费支出比重将在2020 年达到一个更加接近的值。未来一段时间，我国区域消费结构差异将会逐渐缩小。

6. 消费方式由线下向线上线下融合转变

“互联网 +”与消费市场融合，消费方式更加丰富。从 2012 年开始，网络零售市场的交易规模逐年扩大，市场占比从 6.3% 一路升至14.9%。随着互联网的普及和消费方式的多元化，网络零售已经成为我国消费的另一个增长动力。数据显示，2018年，全国网上零售额90065亿元，比上年增长23.9%。互联网通过对消费方式的改革、消费结构的重塑，成为我国消费市场强有力的推进器。"互联网+"与传统消费市场的深度融合，打破了消费的地域限制，重新构建了消费者与商家的信息配对，进一步释放了社会的消费潜力。在消费方式多元化的今天，促进电商和实体店的融合发展是实现消费跨越式增长的必然选择。鼓励电商平台通过与实体店融合，开展体验式营销，建立品质的专区、专柜，推动名品、名店、名区的联动，拓展品质商品的销售渠道。

7. 消费金融未来将成为引致消费增长的重要抓手

伴随着金融市场的进一步开放、金融体系的不断完善，未来消费金融发展将进一步加快，居民提前消费的频率越来越频繁、金额越来越大、范围越来越广。中国消费金融市场占GDP的规模仅为美国的1/3左右，但由于统计口径差异，真正意义的消费金融公司发展的规模还非常小。根据发达国家消费金融的发展规律，我国消费金融发展空间巨大，未来将会成为引致消费增长的重要抓手。

二　新时代新矛盾下中国消费结构升级

十九大提出了新的历史方位和当前社会的主要矛盾，这对于新时期的中国消费结构转换而言具有重要的启示意义。

（一）新时代新矛盾下中国消费结构存在的主要问题

1. 产业结构和消费结构错配

随着国民经济的发展，居民的消费潜力不断释放。截至2018

年，全国居民人均可支配收入中位数24336元，增长8.6%。按常住地分，城镇居民人均可支配收入39251元，比上年增长7.8%，扣除价格因素，实际增长5.6%。城镇居民人均可支配收入中位数36413元，增长7.6%。农村居民人均可支配收入14617元，比上年增长8.8%，扣除价格因素，实际增长6.6%。农村居民人均可支配收入中位数13066元，增长9.2%。目前我国居民的平均消费水平已经超出了生理需求的范畴。对于产品的个性化、标志化、流行性以及安全性的诉求越来越强烈。十九大报告指出，中国特色社会主义进入新时代，我国社会主要矛盾已经转化为人民日益增长的美好生活需要和不平衡、不充分的发展之间的矛盾。目前中国的消费结构和生产结构错配：中国是以制造业为主的发展中大国，轻工业品和重工业品的品质突出。但是服务业发展滞后，生产性服务品和消费性服务品供给不足严重制约了居民的幸福感。例如，教育、医疗、养老、金融等服务品供给不足，而纺织、钢铁、汽车、白色家电等工业品产能过剩。

2. 区域经济失衡对消费结构升级的制约

改革开放以来，中国经济发展的基本路线是“鼓励一部分人先富起来，先富带动后富，实现共同富裕”。这种区域非均衡的发展战略基于自身比较优势取得了一系列世界瞩目的成绩。但是随着要素资源逐步向东部地区集聚，区际福利水平严重失衡。以2018年为例，北京市人均GDP 2.11万美元，甘肃省人均GDP仅有4756美元。区域经济发展失衡严重制约了中国的消费结构升级，尤其是中西部地区的广阔消费潜力无法挖掘，导致国内的消费结构迟迟无法升级。十九大报告明确指出，要实施区域协调发展战略。加大力度支持革命老区、民族地区、边疆地区、贫困地区加快发展，强化举措推进西部大开发形成新格局，深化改革加快东北等老工业基地振兴，发挥优势推动中部地区崛起，创新引领率先实现东部地区优化发展，建立更加有效的区域协调发展新机制。以城市群为主体构建大中小城市和小城镇协调发展的城镇格局，加快农业转移人口市民化。

3. 经济发展不充分对消费结构升级的制约

中国经济通过近40年的高速发展，取得了长足的进步，但是经济依旧存在发展不充分、增长潜力未能完全释放的问题。一方面，经济增长的粗放型特色浓厚，缺乏高质量增长。“中国制造”缺乏自主品牌效应，在中高端市场的占有率低。中国居民海外代购金额不断提高，2018年通过海关跨境电子商务管理平台零售进口785.8亿元，增长39.8%。这充分说明了中国本土产品的质量较为不高，无法充分满足居民的消费需求。另一方面，中国的资本市场发展滞后，资本市场投资主体结构不合理，投资者以个人投资为主，机构投资者数量相对较少，两者比重相差较大。个人投资以投机为主，导致资本市场具有极大的不稳定性，阻碍了资本市场的发育。这些进一步导致居民的投资需求无法满足，民间财富无法稳定增长，制约了消费结构升级。

（二）新时代新矛盾下对中国消费结构升级的基本要求

对应以上三个基本问题，提出以下三个基本要求。

1. 调节产业结构，强化生产端和消费端的契合度

现阶段中国产业和消费的二元结构，从根本上决定了我国产业结构调整和产业升级的多样性与复杂性。一方面，不断提高的城市消费水平需要加快技术创新和产品创新步伐，把一些最先进的技术成果应用到生产领域；另一方面，农村基本消费层次很低，工业消费品仍是我国农村居民最基本的消费需求内容，传统的技术工艺仍有一定的生存空间。因此，必须把扩大消费需求与产业结构调整有机结合起来。根据目前中国的产业结构现状和消费结构特征，未来的产业结构调整

将呈现新的趋势：以高新技术产业为内核，现代服务业和先进制造业为两翼，带动产业结构优化，逐步满足居民的消费需求。良好的产业结构应是第二、三产业协调发展。中国的产业结构优化必须同时兼顾现代制造业和现代服务业，利用技术进步和高新技术等手段推动传统制造业和传统服务业结构升级，尤其是注重信息、金融、物流和外包等生产性服务品，养老、医疗和教育等公共性服务品，文化、旅游和休闲等消费性服务品的供给，不断提高生产端和消费端的契合程度。

2. 协调区域发展，促进消费结构升级

由于城乡发展的不均衡，城乡消费市场规模和水平差距明显，尤其是农村居民收入增长缓慢，消费市场增长不足，发展受到抑制，产业调整难度较大。第一，要按照“消费引领、重点突破、创新供给、质量为本、绿色发展”要求，更加注重改革开放、创新融合、统筹协作、政策引导，充分发挥区域梯度优势，全面提升生活性服务业发展水平。发展中遵循三大导向，分别是增加服务有效供给、扩大服务消费需求、提升服务质量水平。第二，创新供给，提质消费。抢抓产业跨界融合发展新机遇，运用互联网、大数据、云计算等推动业态创新、管理创新和服务创新，鼓励企业开展科技创新、产品创新、管理创新、市场创新和商业模式创新，发展新兴生活性服务业态。开发适合高中低不同收入群体的多样化、个性化潜在服务需求。通过缩小区域经济发展差距，不断提高中西部地区的居民收入水平，带动内陆地区消费升级。第三，改善消费环境。建立健全公开、统一、平等竞争的市场环境，强化政府主导引领，营造全社会齐抓共管改善消费环境的有利氛围，推动商品和服务质量提升以及产业结构转型升级，形成企业规范、行业自律、政府监管、社会监督的多元共治格局。加强质量监管，规范消费市场秩序，强化质监、工商、食品药品监管等部门的行政执法，完善食品药品、日用消费品等产品质量监督检查制度。完善网络商品和服务质量担保、损害赔偿、风险监控、源头追溯、属地查处、信用管理等制度，引入第三方检测认证等机制。推动社会信用体系建设，建立守信激励与失信联合惩戒机制，逐步形成以守法合规、诚实守信为核心的生活性服务业分类监管制度。加大消费维权工作力度，强化消费维权行政调解工作，通过改善消费环境，释放消费潜力，促进消费增长。

3. 实现经济充分发展，提高居民收入水平

中国经济发展不充分的问题严重制约居民收入水平的提升，为了解决该问题，应当做到以下三点。第一，改善税收政策，提高居民初次收入水平。中国劳动者报酬占比偏低、税收占比偏高。以往我们依靠廉价劳动力发展工业，带来工业利润高增，而高税负又带动税收高增长。但人口红利消退后，工资增速上行，加之工业化步入尾声，工业供需转差，两者共同拖累工业利润增速回落，并成为主要拖累，但高税负之下，税收增速仍高于利润增速。中国需要制定减税政策避免资本外逃和制造业的产业转移，提高居民收入水平。第二，降低民营企业生产经营成本，缓解民营企业融资难、融资贵问题，支持民营企业创新创造，支持民营企业做强做优，鼓励民营企业拓展发展空间，加强民营企业合法权益保护，优化营商环境促进民营经济健康发展。第三，完善居民保障机制，增强消费信心。提高城乡居民收入在国民收入分配中的比重。应继续提高企业退休人员养老金，推进事业单位工资制改革，同时千方百计增加农民收入。对低收入者，要提高低保标准和最低工资标准，加强技术和职业培训，提高其劳动技能和素质，提高低收入者收入水平，稳步提高中等收入者比重。着力改革医保个人账户制度，完善基本医疗保险制度，同步建立门诊统筹制度，提高医保资金利用效率；加快实施医保支付标准，引导医疗服务价格合理形成；在基金量力而为范围内，把更多药品纳入国家谈判目录；建立更加可持续的基本医疗保险筹资机制，研究制定与社会负担能力和保障期望更加适应的参保缴费标准等。

三　新时代新矛盾下中国消费结构转换的政策取向

（一）实施消费成长战略政策，提高居民消费水平

科学的消费成长战略是形成良好消费习惯的前提。启动消费的政策成为今后我国经济健康发展的关键。一是制定稳定居民预期心理的政策。积极稳妥地推进社会保障制度的改革，把握好居民的心理与经济承受能力；引导居民树立对未来收入、生活水平、福利待遇不断增长的正常预期，解决好人民群众的基本生活问题；选择积极的中长期消费政策，提高对外部消费冲击的抗击能力，培育持久消费力。二是实施增加农民实际收入的政策。要倡导鼓励农民进行产业经营和集约经营，大力发展农村的产业经济、集体经济；鼓励农村剩余劳动力向城市合理流动，不断增加农民的非农收入；通过制定农村地区特别是贫困地区的优惠政策，减轻农民负担，提升农民的生产积极性和生产水平。三是对消费者进行合理的消费引导。培育良好的市场竞争环境，通过市场行为促进消费发展。根据不同的消费需求结构及其具体的升级状况，针对不同消费群体，尤其是一般收入阶层的群众，如消费观念的树立、消费行为的示范和建议等，从各个方面推动不同消费群体的消费成长。对消费者进行劳务消费的引导以及针对性的消费领域的开拓引导。把扩大农村的消费水平作为着重点，提升农村居民的消费水平。

（二）协调发展城乡消费市场，改善区域消费结构

随着我国城镇化进程的顺利推进，城镇居民消费水平提高迅猛，城镇消费品市场迅速扩大。各区域消费水平的结构呈现出东部地区先行发展、中西部和东北地区后期跟进的态势。一是国家加快流通基础

设施建设；积极扶持对农村贫困地区的消费政策和收入分配政策；切实有效地对优惠政策进行落实，合理解决消费品市场发展进程中的城乡不平衡问题；营造消费氛围，增强居民购买能力和消费意愿，增加农民的收入，提升农民的生活水平。二是统筹城乡发展。一方面，政府出台并实施以工补农、以城促乡等政策，促进农村经济的迅速发展，提高农村的交通物流条件，改善农村商品流通状况，创造良好的有针对性的市场外部条件。另一方面，农村地区消费基础设施进一步完善，电子商务向广大农村地区实现全面延伸覆盖，线下消费平台与线上交易平台结合，鼓励消费新业态模式向农村拓展，促进农村居民消费潜力的释放，推动农村居民消费结构的升级。三是改善城乡居民消费结构，深化区域协调发展战略。积极发挥政府资金引导作用，加快推进中西部和农村地区在服务消费和产业现代流通等基础工程的建设；支持政府和社会资本深度合作，鼓励社会力量参与文化、旅游、养老、医疗等新兴产业领域基础建设。随着“一带一路”建设、长江经济带发展战略、京津冀协同发展政策的提出与实施，我国的区域消费增长呈现出均衡的态势。

（三）建设国际消费中心，构建开放市场环境

加快建设国际消费中心是有效提升城市消费水平、提升消费质量的重要举措。一是构建公平开放的消费市场环境。积极培养和壮大消费供给主体，实施包容审慎的市场准入制度；扩大消费体量，提升消费水平，促进产业结构优化升级；引导消费市场监管体系的形成，促进市场主体进行商业化模式改革，优化营商环境的法治化建设；逐渐强化生活性服务领域的有效开放，放宽外资的准入条件，为建设国际消费中心提供保障。当前，我国正处在消费结构转型升级、消费理念更新换代的重要时期，国际消费中心城市的建设，不仅能够扩大消费的总量，还能提高消费水平的竞争力促进新兴消费，从而带动新兴产

业的发展，同时对不断深化供给侧结构性改革、增强我国的全球经济竞争优势、不断提高我国的城镇化水平提供了新的方向与途径。二是依托国际消费中心，带动新的经济增长点的形成。实现对享受型、改善型商品和服务的有效供给，引导中高端和新兴服务产业内流。国际消费中心的建设不仅使其成为全球领先的消费市场，而且通过其对全球消费资源的聚集，提升消费水平，实现消费创新，带动众多新兴产业的发展，促进经济发展活力，增强对周边城市、本国、本地区的辐射能力，使得消费成为经济发展的重要助推器。三是利用国际消费中心促进供给侧结构性改革。推动我国在消费领域的创新，促进商品消费领域与服务消费领域的紧密衔接，从而推动新兴产业的发展；促进消费资源的集聚和各类行业的一体化发展，加强商业模式与基础设施的融合互动，打造行业多样化发展的良好业态，提升国际消费中心的创新和吸收能力。国际消费中心的建设，促进了新兴消费市场规模的扩大，为供给侧结构性改革提供更为明确的市场信息与前进导向。四是建设国际消费中心能够推动产业更好地进行国际市场竞争。加快引入新潮流、新理念、新标准的商业模式，规划建设在国内外市场具有一定国际地位的消费商业中心，培养国际消费的新载体；扩大生活类服务业的市场份额；强化消费中心的国际贸易功能，推动传统商圈向文化创意中心、旅游中心等新兴产业商圈转变；重视国际化城市交通枢纽的建设，实现国际消费中心与周边城市联结互动，加强各消费中心的联系，提高产品的输出质量。

（四）创新发展新兴产业，提倡新兴消费

在经济发展新常态的环境下，我国市场环境具有消费引领、供给驱动的新特征。新兴消费作为现代性服务消费的重要内容，成为拉动我国内需的新抓手。一是树立健康的新兴消费观念，充分发挥消费带动经济增长的基础性作用。新技术、新产业的兴起与发展，带动了新

的消费潮流与浪潮，改变了人们的消费理念与习惯，整体的消费结构不断得到优化。政府和市场应以创新发展为统领，引导消费者的消费观念向智能、环保、安全方向转变，扩大服务消费，促进信息流动的标准化和集约化；以绿色发展理念为导向，将生态文明观念注入居民的消费观，推动绿色消费模式的形成；以开放发展为动力，满足消费者不同的消费需求，积极适应国内消费结构的转型升级；以共享理念为基础，改善教育、住房、社保、养老等基础性的民生服务；同时完善收入分配及税收制度，为新兴消费需求的增长提供良好的社会环境。二是制定现代服务业改革的新举措。实施标准化战略，在政府主导制定的基础上，由市场主体进行制度完善，建立与国情相匹配的新型消费品标准体系；鼓励企业制定高于基本标准的行业标准，实行公开透明的自我监督和自我管理政策；开展产品的高端品质认证，推动“中国特色标准”成为国际通用标准，培育一批能够代表中国企业形象的品牌；推动建立优质服务产品管理制度，在重点的新兴产业领域建立优质服务产品规范，加大对新品牌、新项目、新型专利的扶持力度，带动服务行业的整体水平提升。三是发展新兴产业集群，增加新的消费增长点。大力促进医疗、养老、文教、体育、旅游等生活性服务业的结构升级，推动生物制药、人工智能等战略性新兴产业的发展，强化第三产业的社会主导地位，促进现代产业的全方位发展；大力发展“互联网+”战略，发展线上线下两条线经济，加快智能环保产业的发展，为3D打印、芯片研发、现实虚拟技术、大数据、云计算、物联网、5D技术等新一代的信息工程提供发展机遇，通过产业的转型升级带动消费观念的更新，从而促进消费结构的转型升级；针对年轻人的个性化、时尚化的消费需求，增加中高端和奢侈品的消费品供给；加快对劣质与落后企业的淘汰，提升消费安全与消费质量，助推传统产业的转型升级，提高中国制造的国际竞争力。进入新时期，服务业的发展出现新形态，探索不同的发展模式，促进相关产业之间的有效整合，增强经济发展活力与竞争力，进一步推动传统消费的升级提挡。同时随着消费需求的结构发生转变，消费者在身心健康和品质消费方面的需求更加强烈。因此，新兴消费产业会以快速增长的态势成为消费增长的突破点。

B.7
全国物价运行特点回顾及2019年分析展望

郭 路 任 会 马 敏*

摘 要： 2018 年，全国 CPI 温和上涨，呈“M”形走势，处于物价调控目标以内；上游工业品价格快速回落，带动 PPI 涨幅显著回落。综合考虑翘尾因素变化、经济需求走势、政策调整等因素，预计 2019 年全国物价总水平将呈现稳中趋降态势，其中，CPI 或上涨 1.6%，涨幅较上年收窄 0.5 个百分点；PPI 或由涨转跌至 -0.2%。

关键词： 物价 翘尾因素 猪周期 能源价格

一 2018年价格运行特点

（一）全年 CPI 保持温和上涨，呈“M”形走势

2018 年，CPI 上涨 2.1%，涨幅较 2017 年扩大 0.5 个百分点，低于年初提出的 3% 左右的调控目标，仍处于温和上涨态势。扣除食品

* 郭路，供职于国家信息中心中经网；任会，供职于国家信息中心中经网；马敏，供职于国家信息中心中经网。

和能源价格的核心 CPI 上涨 1.9%，反而较 2017 年回落 0.3 个百分点，因此，食品和能源价格变动是全年 CPI 涨幅扩大的主要因素。

八大类商品同比价格变动呈现“3 升 5 降”。食品烟酒、生活用品及服务、交通和通信类价格涨幅有所扩大，其他类别商品价格涨幅出现不同程度收窄。首先，食品烟酒价格同比涨幅回升最多，由 2017 年的下跌 0.4% 转为上涨至 1.9%，拉动 CPI 上升约 0.69 个百分点，是 CPI 涨幅扩大的主要原因之一，其中，受极端天气、猪瘟疫情等因素影响，蔬菜、羊肉、蛋类价格上涨较多，分别上涨 7.1%、12.6%、12%。其次，生活用品及服务、交通和通信类价格同比涨幅也出现小幅上升，全年分别上涨 1.6%、1.7%，其中，受家政消费需求增多，以及专业人才短缺、劳动力成本上升、成品油价上调等因素影响，家庭服务、交通工具用燃料价格上涨较多，分别上涨 5.6%、12.6%。在租住同权和租购并举的住房制度政策背景下，长租公寓模式升温，社会资本快速介入租房市场，助推居住类价格保持平稳上涨，全年涨幅 2.4%；而受环保政策约束，原料药价格明显上涨，带动医疗保健类价格出现较快上升，全年上涨 4.3%。

全年各月 CPI 同比涨幅呈不对称“M”形走势。从各月运行情况来看，CPI 同比涨幅整体呈不对称“M”形走势，在 1.5% ~2.9% 区间波动。具体看，受春节“错月”及大范围降温、雨雪天气影响，1 月、2 月 CPI 同比涨幅分别达年内最低、最高点；之后伴随天气转暖、食品价格下降，CPI 同比涨幅回落，并于 4 月、5 月降至年内次低点；随后受食品和能源价格上涨推动，CPI 同比涨幅逐月扩大，并于 9 月、10 月达年内次高点；年末，食品价格降至低位，能源价格大幅回落，CPI 同比涨幅再次快速回落。

春节“错月”助推 2 月 CPI 升至年内最高点。食品类价格通常在春节所在月份出现季节性回升。此外，春节期间外出务工人员集中返乡易造成用工短缺，同时出行需求旺盛，往往导致服务类价格明显回升。除此之外，2017 年春节在 1 月，2018 年春节在 2 月，形成春节“错月”现象，这意味着 2018 年 2 月的上年同期基数较低，因此，食品和服务价格当月同比涨幅分别达到 4.4% 和 3.6%，均为年内最高水平，且服务价格同比涨幅为 2012 年以来同期历史最高位。多方因素叠加共同推动 2 月 CPI 同比涨幅达年内最高点。

自然灾害、特殊事件推动 9 月、10 月 CPI 触及年内次高点。一方面，年中国内部分地区遭受台风、冰雹以及洪水等自然灾害影响，全国重要果蔬产区大面积受灾，运输仓储受阻，市场供给减少，导致 9 月、10 月果蔬价格大幅上涨，带动食品价格环比涨幅明显高于历史平均水平，食品价格同比分别上涨 3.6%、3.3%，均为年内较高水平。另一方面，受美国对伊朗制裁、委内瑞拉石油减产等特殊事件影响，国际原油价格从年初开始震荡攀升。截至 10 月，国内成品油价格上调 13 次、下调 7 次、搁浅 1 次，汽油、柴油价格每吨分别累计上调 1595 元和 1545 元。成品油价格攀升拉动 2018 年 10 月工业制品价格同比涨幅达 2.5% 左右，为年内最高水平。因此，自然灾害和特殊事件推高了食品和能源价格，使得 9 月、10 月 CPI 同比涨幅均为 2.5%，为年内次高点。

受高基数效应和成品油价“五连跌”影响，年末 CPI 快速回落。由于市场供应充足且前期基数较高，2018 年 11 月蔬菜价格环比跌幅高达 12.3%，创 2009 年以来同期环比新低，12 月蔬菜价格环比虽转为小幅上涨，但仍明显低于历史平均值，11 月、12 月蔬菜价格同比涨幅分别为 1.5% 和 4.2%，均为年内同比较低水平。同时，受主要产油国增产影响，国际油价持续快速走低，11 月、12 月国内成品油价格出现“五连跌”，从而使工业制成品价格环比明显下降，12 月同比涨幅快速回落至 1.1%，为全年最低水平。因而，2018 年末 CPI 出现略超预期的快速回落。

表 1　2017 年和 2018 年 CPI 全年涨跌幅

单位：%

类别	2017 年	2018 年
CPI	1.6	2.1
食品烟酒	-0.4	1.9
衣着	1.3	1.2
居住	2.6	2.4
生活用品及服务	1.1	1.6
交通和通信	1.1	1.7
教育文化和娱乐	2.4	2.2
医疗保健	6.0	4.3
其他用品和服务	2.4	1.2

（二）全年 PPI 涨幅回落，呈前高后低走势

2018 年，PPI 上涨 3.5%，较 2017 年大幅回落 2.8 个百分点。总体来看，翘尾因素下滑及主要上游工业品价格涨幅明显收窄是引起 PPI 同比涨幅回落的主要原因。

主要行业同比价格变动呈现“12 升 18 降”，上游主要工业品价格涨幅明显收窄。2018 年，煤炭开采和洗选业价格上涨 4.6%，涨幅较 2017 年回落 23.6 个百分点；黑色金属冶炼和压延加工业价格上涨 9.3%，较上年回落 18.6 个百分点；有色金属冶炼和压延加工业价格上涨 3.3%，较上年回落 12.6 个百分点，上述三大行业是 PPI 涨幅回落的主要领域。2018 年，尤其下半年以来，国内经济下行压力逐渐加大，市场需求疲弱，且环保限产不再“一刀切”，政策灵活性增强，加之 2017 年在供给端约束下工业品价格基数较高，重点行业产品的出厂价格涨幅均呈现快速回落态势。

全年各月 PPI 同比涨幅大体呈前高后低走势。从运行情况来看，

各月 PPI 同比涨幅大体呈前高后低走势：伴随翘尾因素及 PPI 环比涨幅下降，一季度 PPI 同比涨幅呈回落趋势；之后受国际油价大幅上涨和翘尾因素回升影响，PPI 同比涨幅扩大，并于 6 月达年内最高点；下半年，翘尾因素快速下行，同时国际油价大幅下挫，PPI 同比涨幅快速下滑至 12 月的 0.9%，创 2016 年 10 月以来同比涨幅新低。

翘尾因素是影响 PPI 走弱的重要原因。全年翘尾因素整体呈前高后低态势，与 PPI 同比涨幅运行情况较为吻合。具体来看，上半年翘尾因素较高，第一季度为 3.5%，第二季度微幅上升至 3.8%，达年内高点，下半年翘尾因素快速回落，第三和第四季度分别为 2.9% 和 0.6%。

多重因素促使年末 PPI 加速回落。受经济下行压力加大、去产能目标接近完成、外贸紧张局势、国际油价大幅下挫等多重因素影响，各类工业产品出厂价格均有不同程度下跌，12 月，黑色金属冶炼和压延加工业、石油和天然气开采业价格环比跌幅分别高达 4.3% 和 12.9%，拖累当月 PPI 环比转跌，同比快速下滑至 0.9% 的年内最低位。

二　2019年价格形势展望

预计 2019 年 CPI 上涨 1.6%，涨幅较 2018 年收窄 0.5 个百分点，其中，新涨价因素约为 0.9%，翘尾因素约为 0.7%；预计 PPI 下跌约 0.2%，与 2018 年相比，由涨转跌，再次回到负数区间，其中，新涨价因素约为 -0.3%，翘尾因素约为 0.1%。判断 2019 年价格形势时，应当重视以下几方面因素。

（一）翘尾因素显著回落将引致价格涨幅明显回落

经测算，2019 年 CPI 的翘尾因素为 0.7%，较上年低 0.2 个百分点；PPI 的翘尾因素仅为 0.1%，较上年大幅降低 2.6 个百分点。

（二）经济增长动力趋弱，新涨价因素或稳中有降

经济增长方面，大多数省区市地方政府工作报告中均提及不同程度下调2019年GDP增长目标，国务院政府工作报告将全国GDP增长目标下调至6%～6.5%，表明2019年全国经济增长压力较大。

具体来看，投资需求方面，2018年，固定资产投资增长5.9%，创有统计数据以来的历史新低，进入2019年，基建投资或将发力，但是受调控政策和工业利润增长回落影响，房地产投资和制造业投资水平仍将难以显著改善；消费需求方面，2018年，社会消费品零售总额增长9.0%，各月大体呈现逐步回落态势，增速创2002年以来新低，虽然个税新政已经付诸实施，且新的促消费政策正在加紧制定和落实，但居民收入增长状况仍有待观察，且部分城市过高的房价对消费的挤出效应犹存，预计2019年消费需求增长乏力的局面难有实质性改观；外需方面，OECD、IMF、世界银行均下调全球经济数据，且前期贸易紧张局势引发了出口抢跑现象，推升了增长基数，同时透支了部分2019年出口订单，外需增长不容乐观。

（三）部分政策调整更趋合理，有利于提升工业生产活力

一方面，重点领域去产能任务基本完成。截至2018年底，“十三五”煤炭行业和钢铁行业去产能的主要目标任务基本完成，其中，钢铁行业提前完成了五年化解过剩产能1亿～1.5亿吨上限目标，下一步要继续在提升供给质量上下功夫。另一方面，环保限产政策更加合理，《京津冀及周边地区2018～2019年秋冬季大气污染综合治理攻坚行动方案》是落实《打赢蓝天保卫战三年行动计划》的具体实施方案，该方案对钢铁、建材、铸造、有色、化工、焦化等高污染和高耗能行业，不再进行统一的停工限产比例，而是由各地根据实际情况制定停工限产范围和时间。同时，

中央经济工作会议再次强调打好污染防治攻坚战，要统筹兼顾，避免处置措施简单粗暴。

三 重要扰动因素分析

除以上影响因素外，2019年还存在一些重要但不确定性较大的扰动因素，主要表现如下。

（一）猪周期渐行渐近，猪价上涨概率增大

2016年年中以来，我国猪肉价格步入下降通道，据统计局统计，猪肉价格同比涨幅从30%的高点逐步下滑，2018年保持在较低位势，受此影响，衡量养殖利润空间的指标猪粮比也随之下降，由接近11的高点下降至年初的6.6左右。与此同时，生猪存栏量不断走低，截至2019年1月为29160万头，较2016年下降约20%，生猪产能处于周期性低位。2018年8月发现第一例猪瘟疫情以来，农业农村部等三部门联合发布了《切实加强生猪调运监管工作的通知》，采取封锁、扑杀、无害化处理、消毒等处置措施，对全部病死和扑杀猪进行无害化处理，间接引发生猪产能加速收缩。生猪产能持续收缩对市场价格的影响或将逐步显现，猪肉价格可能提前进入上升通道。春节过后，我国猪肉消费进入传统消费淡季，但是猪肉价格出现持续上涨态势，截至2019年3月12日，较节后的最低价格已累计上涨8.1%，特别是在一些疫情严重省份，价格上涨幅度较大。目前猪瘟疫情仍然存在不可预知性，猪周期到来的时间窗口和上涨幅度存在较大不确定性。

（二）国际油价走势存在较大不确定性

受OPEC+减产协议生效、美国对伊朗和委内瑞拉经济制裁，以及美国石油钻井数量减少影响，2019年以来，国际原油价格开始触

底反弹并稳步回升，截至 3 月 12 日，WTI 和布伦特原油期货价格较年初分别上涨约 35% 和 24%。但是，原油价格后续走势仍然有待观察，应重点关注以下事件的影响：一是 OPEC + 将分别于 2019 年 4 月和 6 月举行集团会议，商讨是否改变减产政策；二是在美国对伊朗制裁过程中，包括中国、印度在内的 8 个国家和地区享受了豁免权，该豁免政策是否仍然有效尚不可预知，同时美国正在游说更多国家制裁委内瑞拉；三是随着油价回升，逐步覆盖页岩油开采成本，美国石油钻井数量减少局面或有转变，原油产量或将增长；四是在全球经济增长放缓的背景下，原油价格下行压力也将增大。

此外，全球最大铁矿石生产商淡水河谷发生矿坝决堤事故，这对铁矿石价格进而钢铁价格的支撑影响，以及基建补短板的投资需求对相关工业品价格的影响，都可能成为 2019 年的重要扰动因素，需要密切关注。

综上所述，预计 2019 年全国物价总水平呈现稳中趋降态势，要警惕 PPI 再次进入下降区间的可能状况，但总体来看，物价水平仍能保持在合理区间，这将为宏观调控创造良好的价格环境。

B.8
2019年中国对外贸易形势展望
——踏上贸易强国之路

刘建颖　金柏松*

摘　要： 2018 年，中国外贸继续实现较快增长，结构持续优化，质量和效益进一步提高，为外贸高质量发展奠定基础。2019 年，尽管外部环境不稳定、不确定因素较多，中国外贸仍将继续稳中提质。

关键词： 对外贸易　新兴五强　民营企业　稳中提质

改革开放 40 多年来，中国对外贸易高速发展，从相对封闭的经济体转变为举世瞩目的贸易大国，货物贸易进出口规模从 1978 年的 206 亿美元增长到 2017 年的 4.1 万亿美元，增长了 198 倍，年均增长 14.5%；贸易伙伴由 1978 年的几十个发展到目前的 200 多个，成为 120 多个国家的最大贸易伙伴，连续多年保持全球货物贸易第一大出口国和第二大进口国地位；货物贸易出口的国际市场份额从 1978 年的 0.8% 升至 2017 年的 12.8%，货物贸易进口的国际市场份额从 1978 年的 0.8% 升至 2017 年的 10.2%。

---

* 刘建颖，商务部研究院副研究员，经济学博士；金柏松，教授，商务部研究院研究员。

表 1　中国货物贸易进出口在世界贸易中的比重和位次

单位：亿美元，%

年份	世界进出口总额	中国进出口总额	中国进出口总额占世界进出口总额的比重	名次
2000	130300	4742.97	3.64	7
2001	126740	5096.51	4.02	6
2002	132380	6207.66	4.69	6
2003	154580	8509.88	5.51	4
2004	187930	11545.54	6.14	3
2005	213780	14219.06	6.65	3
2006	245930	17604.39	7.16	3
2007	283520	21761.75	7.68	3
2008	327310	25632.55	7.83	3
2009	253320	22075.35	8.71	2
2010	307860	29740.01	9.66	2
2011	368410	36418.64	9.89	2
2012	372010	38671.19	10.40	2
2013	379590	41589.93	10.96	1
2014	380990	43015.27	11.29	1
2015	332070	39530.33	11.90	1
2016	321800	36855.73	11.45	2
2017	347700	41050.00	11.81	1

资料来源：海关总署、WTO。

表 2　中国货物贸易出口在世界出口中的比重和位次

单位：亿美元，%

年份	世界出口总额	中国出口总额	中国出口总额占世界出口总额的比重	名次
2000	63680	2492.03	3.91	7
2001	61910	2660.98	4.30	6
2002	64950	3255.96	5.01	5
2003	75890	4382.28	5.77	4
2004	92220	5933.26	6.43	3

续表

年份	世界出口总额	中国出口总额	中国出口总额占世界出口总额的比重	名次
2005	105080	7619. 53	7. 25	3
2006	121300	9689. 78	7. 99	3
2007	140230	12200. 60	8. 70	2
2008	161600	14306. 93	8. 85	2
2009	125540	12016. 12	9. 57	1
2010	152830	15777. 54	10. 32	1
2011	183380	18983. 81	10. 35	1
2012	184960	20487. 14	11. 08	1
2013	189480	22090. 04	11. 66	1
2014	189950	23422. 93	12. 33	1
2015	164820	22734. 68	13. 79	1
2016	159550	20981. 54	13. 15	1
2017	177300	22630. 00	12. 80	1

资料来源：海关总署、WTO。

一　2018年中国对外贸易发展情况

按人民币计价，2018 年中国货物贸易进出口总额 30. 51 万亿元人民币，规模创历史新高，首破 30 万亿元，比 2017 年的历史高位多 2. 7 万亿元；同比增长 9. 7% ，增速比 2017 年下降 4. 5 个百分点。其中，出口 16. 42 万亿元，增长 7. 1% ，增速比 2017 年下降 3. 7 个百分点；进口 14. 09 万亿元，增长 12. 9% ，增速比 2017 年下降 5. 8 个百分点；贸易顺差 2. 33 万亿元，收窄 18. 3% 。分季度看，2018 年 1 ~4 季度，我国进出口规模分别为 6. 76 万亿元、7. 36 万亿元、8. 18 万亿元和 8. 21 万亿元，逐季提升。

按美元计价，2018 年中国货物贸易进出口总额 4. 62 万亿美元，增长12.6%，增速比2017年高1.2个百分点；其中，出口2.48万亿美元，增长9.9%，增速比2017年高2.0个百分点；进口2.14万亿美元，增长15.8%，增速比2017年低0.1个百分点；贸易顺差3517.6亿美元，收窄16.2%。

表3　2009～2018年中国进出口总体情况

单位：亿美元，%

年份	进出口		出口		进口		贸易差额
	总额	增速	总额	增速	总额	增速	
2009	22075.4	-13.9	12016.1	-16.0	10059.2	-11.2	1956.9
2010	29740.0	34.7	15777.5	31.3	13962.5	38.8	1815.1
2011	36418.6	22.5	18983.8	20.3	17434.8	24.9	1549.0
2012	38671.2	6.2	20487.1	7.9	18184.1	4.3	2303.1
2013	41589.9	7.5	22090.0	7.8	19499.9	7.2	2590.1
2014	43015.3	3.4	23422.9	6.0	19592.3	0.4	3830.6
2015	39569.0	-8.0	22749.5	-2.9	16819.5	-14.2	5930.0
2016	36855.7	-6.8	20981.5	-7.7	15874.2	-5.5	5107.3
2017	41045.0	11.4	22635.2	7.9	18409.8	15.9	4225.4
2018	46230.4	12.6	24874.0	9.9	21356.4	15.8	3517.6

资料来源：中国海关统计，下同。

纵览近十年中国对外贸易发展轨迹，中国对外贸易增速扣除2010～2011年恢复期、扣除2015～2016年出现负增长异常现象之外，呈现出两点特质：一是增速继续高于世界平均水平，但不再是往昔的高于世界平均增速3～4倍，而是世界平均增速的1～2倍，有所放慢；二是对外贸易转型升级年年都有明显进步，对外贸易已步入一个新的历史阶段。

如表3所示，2009年，受国际金融危机严重冲击，中国外贸增速为负增长。2010年，中国外贸实现恢复性快速增长，进出口恢复至金融危机前水平并创历史新高。2011 年，中国外贸总体保持稳定平衡发展，进出口规模再创新高，贸易大国地位进一步巩固。2012 年，中国进出口增速步入个位数增长，但进出口在国际市场份额进一步提升，转方式、调结构步伐加快，发展质量稳步提高。2013 年，中国政府及时出台促进进出口稳增长、调结构的政策措施，稳定企业信心，推动对外贸易规模扩大、份额提升、结构优化，中国成为全球第一货物贸易大国。2014 年，中国外贸总体保持平稳增长，国际市场份额进一步提高，贸易大国地位更加巩固。2015 年，在国际市场不景气、世界贸易深度下滑的背景下，中国外贸增速为负增长，但进出口总额和出口额稳居全球第一，国际市场份额进一步扩大，贸易结构持续优化，质量效益继续提高。2016 年，中国外贸回稳向好，进出口降幅收窄，结构优化，效益提升，新的发展动能不断积聚。2017 年，中国外贸扭转连续两年负增长的局面，增速创六年来新高，贸易结构进一步优化，质量效益继续提升，动力转换不断加快。2018 年，中国外贸继续实现较快增长，结构持续优化，动力转换加快，质量和效益进一步提高，稳中向好态势进一步巩固，为外贸高质量发展奠定了基础。

（一）从国际市场布局看，在巩固传统市场的同时，对新兴和发展中市场出口保持较快增长

2018 年，中国与前四大贸易伙伴欧盟、美国、东盟和日本的进出口总额分别占中国进出口总额的 14.8%、13.7%、12.7% 和 7.1%。对欧盟、美国、东盟、日本的出口分别增长 7.0%、8.6%、11.3%、4.4%；对印度、巴西和南非等新兴市场和发展中国家出口分别增长 21.2%、12.9% 和 6.9%；对“一带一路”沿线国家、非洲和拉丁美洲进出口增速分别高于中国整体进出口增速 3.6 个、6.7 个和 6.0 个百分点，市场多元化战略成效显著。

（二）从国内区域布局看，中西部地区外贸增长快于东部地区

随着中国中西部地区开放型经济发展加快，中国外贸发展的国内区域布局更趋均衡。2018 年，中国西部 12 省市、中部 6 省市、东北三省进出口分别增长 16.1%、11.4%、14.8%，分别高于全国增速 6.4 个、1.7 个、5.1 个百分点；东部 10 省市进出口增长 8.8%。

（三）从经营主体看，各类企业进出口均保持良好发展态势

2018 年，民营企业进出口 12.1 万亿元，增长 12.9%，占中国进出口总额的 39.7%，比 2017 年提升 1.1 个百分点。其中，出口 7.87 万亿元，增长 10.4%，占出口总额的 48%，比重提升 1.4 个百分点，继续保持第一大出口主体地位；进口 4.23 万亿元，增长 18.1%。外商投资企业进出口 12.99 万亿元，增长 4.3%，占中国进出口总额的 42.6%；国有企业进出口 5.3 万亿元，增长 16.8%，占中国进出口总额的 17.4%。2018 年中国有进出口实绩的企业为 47 万家，较 2017 年增加 3.4 万家，市场主体活力进一步提升。2015 年以来，民营企业出口规模持续超过外商投资企业出口规模，以及国有企业的出口规模，成为中国第一出口主力。

表 4　中国出口分企业性质

单位：亿美元

项目	2009 年	2010 年	2011 年	2012 年	2013 年
总值	12016.1	15777.5	18983.8	20487.1	22090.0
国有企业	1910.0	2343.0	2671.6	2562.5	2489.9
外商投资企业	6720.7	8622.3	9952.3	10226.2	10442.6
其他企业	3385.4	4812.2	6360.0	7698.4	9157.5

续表

项目	2014 年	2015 年	2016 年	2017 年	2018 年
总值	23422.9	22749.5	20981.5	22635.2	24874.0
国有企业	2564.9	2423.9	2156.1	2312.3	2572.6
外商投资企业	10747.3	10047.3	9169.5	9775.6	10360.2
其他企业	10110.7	10278.3	9655.9	10547.3	11941.3

专栏一　民营企业成为新时代中国对外贸易主力军

2018 年，民营企业对外贸进出口增长贡献度超过 50%。这一数据是新时代民营企业充分发挥市场主体活力，在外贸进出口领域积极有为的极佳印证。该数据也是新时代国家不断为民营经济营造更好发展环境，出台一系列利好政策，支持民营企业改革发展，使其创新源泉充分涌流、创造活力充分迸发的真实写照。

2018 年，我国民营企业进出口总额 12.1 万亿元，增长 12.9%，占我国进出口总值的 39.7%，比 2017 年提升 1.1 个百分点。其中，出口 7.87 万亿元，增长 10.4%，占出口总值的 48%，比重提升 1.4 个百分点，继续保持第一大出口主体地位；进口 4.23 万亿元，增长 18.1%。

民营企业进出口活力不断提升。据统计，2018 年我国有进出口实绩的民营企业共 37.2 万家，占同期有进出口实绩企业总数量的 79.1%，比 2017 年上升 2.0 个百分点；进出口总额 12.1 万亿元，同比增长 12.9%，占同期我国进出口总额的 39.7%，比 2017 年提升 1.1 个百分点。民营企业的进出口增速和占比均有所上升。

民营企业区域分布更趋优化。2018 年中部、西部和东北地区的民营企业进出口增速分别达到了 20.3%、18.9%和 16.7%，高于东部的 12.1%，呈现梯次发展的态势。在巩固东部沿海地区外贸的同时，更加发挥中西部地区在全国外贸中的作用。

民营企业进出口商品结构更趋优化。出口方面，2018 年民营企业机电产品出口占民营企业出口值的四成以上，其中集成电路、手机、液晶显示板出口分别增长 51%、16.8%、34.1%；进口方面，同样以机电产品为主，所占比重也在四成以上，其中集成电路进口增长 35.3%，农产品、初级形状的塑料进口分别增长 11%、27.5%。这折射出民营企业国际竞争力日益增强，正紧紧追赶国有企业和外商投资企业，部分企业甚至已超越国企和外企。

（四）从商品结构看，机电产品出口增长，劳动密集型产品微增

2018 年，中国机电产品出口 9.65 万亿元，增长 7.9%，占中国出口总额的 58.8%，比 2017 年提升 0.4 个百分点。部分高附加值机电产品和装备制造产品出口保持良好增势。其中，金属加工机床出口增长 19.2%，手机出口增长 9.8%，汽车出口增长 8.3%。同期，服装、玩具等七大类劳动密集型产品出口 3.12 万亿元，增长 1.2%，占中国出口总额的 19%。

（五）从贸易方式看，一般贸易快速增长且比重提升

2018 年，中国一般贸易进出口 17.64 万亿元，增长 12.5%，占中国进出口总额的 57.8%，比 2017 年提升 1.4 个百分点。其中，出口 9.24 万亿元，增长 10.9%；进口 8.39 万亿元，增长 14.3%。如表 5 所示，自 2011 年起，中国一般贸易出口规模开始持续超过加工贸易出口规模。2018 年，一般贸易出口额是加工贸易出口额的近 1.8 倍。

表5　中国出口分贸易方式

单位：亿美元

项目	2009 年	2010 年	2011 年	2012 年	2013 年
总值	12016. 1	15777. 5	18983. 8	20487. 1	22090. 0
一般贸易	5298. 1	7206. 1	9170. 3	9879. 0	10875. 3
加工贸易	5868. 6	7402. 8	8352. 8	8626. 8	8608. 2
其他	849. 4	1168. 6	1460. 6	1981. 4	2606. 5
项目	2014 年	2015 年	2016 年	2017 年	2018 年
总值	23422. 9	22749. 5	20981. 5	22635. 2	24874. 0
一般贸易	12036. 8	12157. 0	11310. 4	12300. 9	14009. 9
加工贸易	8843. 6	7977. 9	7156. 0	7588. 3	7971. 7
其他	2542. 5	2614. 6	2515. 1	2746. 0	2892. 4

（六）进口成为拉动外贸增长的重要动力

2018 年，中国进口原油 4. 62 亿吨，增加 10. 1%；天然气 9039 万吨，增加 31. 9%；成品油 3348 万吨，增加 13%；铜 530 万吨，增加 12. 9%。进口铁矿砂 10. 64 亿吨，减少 1%；大豆 8803 万吨，减少 7. 9%。部分重要设备和关键零部件优质消费品进口保持较快增长，如集成电路进口增长 16. 9%。部分降税商品进口快速增长，如化妆品进口增长 67. 5%，水海产品进口增长 39. 9%。

2018 年，中国进口数量指数为 106. 4，进口数量的扩张对同期中国进口值增长的贡献率为 51. 2%。同期中国进口价格指数为 106. 1，进口价格总水平同比上涨了 6. 1%。其中，原油价格上涨 30%，成品油价格上涨 20%，天然气价格上涨 22. 9%，铜价格上涨 3. 2%。

专栏二　中国进口的全球地位与日俱增

改革开放以来，中国货物贸易进口规模实现跨越式发展。从贸易规模看，1978～2017 年，按人民币计价，中国进口总额从 187 亿元增至12.5万亿元，年均增速为18.1%；按美元计价，中国进口总额从109亿美元增至1.8万亿美元，年均增速为14.1%。从国际市场份额看，中国货物贸易进口的国际市场份额从1978年的0.8%升至2017年的10.2%。

据世界贸易组织（WTO）公布的数据，改革开放40年来，中国外贸进口额从1978年的111.31亿美元增至2017年的18437.90美元，而同期世界贸易进口额从1978年的13584.30亿美元增至2017年的180651.41亿美元。改革开放40年以来，中国外贸进口额增量占世界贸易进口额增量的比重为10.97%。

自2009年起，中国持续保持货物贸易第二大进口国地位。从年均增速看，2010~2017年，中国货物贸易进口年均增速为4.0%，显著高于同期全球货物贸易进口年均增速（2.1%）。2017年，中国进口增速比美国、德国、日本和全球分别高出8.9个、5.5个、5.4个和5.3个百分点，是全球增长最快的主要进口市场。在全球经济下行压力较大的背景下，中国进口需求增长为全球经济的复苏做出了突出贡献。

（七）服务贸易出口增速高于进口

2018年，中国服务出口17658亿元，增长14.6%，是2011年以来的最高增速；进口34744亿元，增长10%。随着中国服务业特别是生产性服务业发展水平的提高，中国专业服务领域国际竞争力不断增强，服务出口增速是自2017年以来连续第二次高于进口。服务贸易结构持续优化，服务贸易高质量发展取得积极进展。知识密集型服务进出口16952.1亿元，增长20.7%，高于整体增速9.2个百分点，占进出口总额的比重达32.4%，比2017年提升2.5个百分点；旅行、运输和建筑等三大传统服务进出口33224.6亿元，增长7.8%，占进出口总额的比重为63.4%，比2017年下降2.2个百分点。知识产权使用费进口增幅较大，高端生产性服务需求和出口竞争力同步增长。知识产权使用费进口2355.2亿元，增长22%；出口368亿元，增长14.4%。技术服务出口1153.5亿元，增长14.4%；进口839.2亿元，增长7.9%。

二 2019年前2个月中国对外贸易发展情况

2019年前两个月，按人民币计价，中国货物贸易进出口总额4.54万亿元，同比增长0.7%。其中，出口2.43万亿元，增长0.1%；进口2.12万亿元，增长1.5%；贸易顺差3086.8亿元，收窄8.7%。按美元计价，中国货物贸易进出口总额6627.2亿美元，下降3.9%。其中，出口3532.1亿美元，下降4.6%；进口3095.1亿美元，下降3.1%；贸易顺差437亿美元，收窄13.6%。

（一）从国际市场布局看，对欧盟、东盟和日本等主要市场进出口增长，对“一带一路”沿线国家进出口增速高于整体

2019年前2个月，中国与欧盟、美国、东盟、日本的进出口总额分别占中国进出口总额的16.2%、11.6%、12.8%、7.1%。中国对欧盟、东盟、日本和韩国等主要市场出口分别增长7.5%、7.0%、3.7%和9.8%。对“一带一路”沿线国家进出口合计1.28万亿元，增长2.4%，较整体增速高1.7个百分点，占外贸总额的比重提升0.5个百分点至28.2%。中国对美国出口下降9.9%，中国对美国进口下降32.2%，显示出在中美贸易谈判期间，企业对两国之间贸易发展持谨慎态度。

（二）从经营主体看，民营企业进出口增长，外商投资企业进出口小幅下降

2019年前2个月，民营企业进出口1.84万亿元，增长4.4%，占中国进出口总额的40.6%，比2018年同期提升1.4个百分点。其

中，出口1.21万亿元，增长3.6%，占中国出口总额的50%，继续保持出口第一大经营主体地位；进口6322.4亿元，增长6.2%，占进口总额的29.9%。外商投资企业进出口1.86万亿元，下降2.7%，占中国进出口总额的41%。其中，出口9727.9亿元，下降2.6%；进口8905.2亿元，下降2.8%。国有企业进出口8183.1亿元，增长0.9%，占中国进出口总额的18%。其中，出口2395.9亿元，下降5.7%；进口5787.2亿元，增长4%。前2个月，中国规模以上工业企业实现出口交货值17255亿元，同比增长4.2%。

（三）从商品结构看，机电产品出口占近六成，钢材出口增长明显

2019年前2个月，机电产品出口1.42万亿元，微降0.4%，占出口总额的58.3%。其中，集成电路、计算机及部件等产品出口额分别增长28.6%、7.9%。服装、玩具等七大类劳动密集型产品合计出口4671.4亿元，下降3.9%，占出口总额的19.3%。钢材出口1070万吨，增长12.9%。汽车出口15万辆，下降5.3%。

（四）从贸易方式看，一般贸易增长且比重提升

2019年前2个月，一般贸易进出口2.75万亿元，增长3.9%，占进出口总额的60.5%，比2017年同期提升1.9个百分点。其中，出口1.43万亿元，增长3.6%，占比提高1.8个百分点至58.9%；进口1.32万亿元，增长4.3%；贸易顺差1084.8亿元，收窄4.2%。加工贸易进出口1.14万亿元，下降6.6%，占25.1%，下滑2个百分点。其中，出口7271.3亿元，下降4.9%；进口4138.8亿元，下降9.5%；贸易顺差3132.5亿元，扩大1.9%。以保税物流方式进出口4972.6亿元，增长7.5%，占10.9%。其中，出口1650.8亿元，增长14.3%；进口3321.8亿元，增长4.5%。

三 2018年地方省市对外贸易发展情况

（一）外贸“传统五强”与“新兴五强”争奇斗艳

2018 年，出口额列前五位的传统省市（广东、江苏、浙江、上海、山东）中，广东和江苏分别出口 6467 亿美元和 4040 亿美元，同比分别增长 3.8% 和 11.3%，增速同比分别回落 0.2 个和 2.6 个百分点。浙江、上海和山东分别出口 3212 亿美元、2072 亿美元和 1601 亿美元，同比分别增长 12.0%、7.0% 和 8.9%，增速同比分别提高 4.9 个、1.4 个和 1.6 个百分点。五省市出口额合计 17392 亿美元，占全国出口总额的 69.9%。

同时，近年来我国中西部一些省市快速崛起，对外贸易规模较大、增速较快，出口产品中中高端产品较多。如河南、重庆、四川、安徽、湖北等五省市强势发展，可谓“新兴五强”。2018 年，“新兴五强”中，河南、重庆、四川、安徽和湖北分别出口 538 亿美元、514 亿美元、504 亿美元、363 亿美元和 341 亿美元，同比分别增长 14.4%、20.6%、34.2%、18.3% 和 11.8%。五省市出口额合计 2260 亿美元，占全国出口总额的 9.1%，显示出未来发展潜力十足。

分东、中、西部来看出口，2018 年，中国东部地区出口 20650 亿美元，同比增长 8.6%，比 2017 年提高 1.9 个百分点；中部地区出口 2103 亿美元，同比增长 14.5%，比 2017 年提高 2.5 个百分点；西部地区出口 2121 亿美元，同比增长 18.6%，比 2017 年提高 1.1 个百分点。

2018 年，进口额列前五位的省市中，广东和北京分别进口 4380 亿美元和 3382 亿美元，分别同比增长 14.1% 和 27.4%，增速同比分别提高 6.5 个和 12.3 个百分点。上海和江苏分别进口 3085 亿美元和

2600亿美元，分别同比增长9.2%和14.2%，增速同比分别回落3.6和5.6个百分点。山东进口1323亿美元，同比增长12.5%，增速同比回落6.7个百分点。五省市进口额合计14770亿美元，占全国进口总额的69.2%。

2018年，“新兴五强”中，四川、重庆、安徽和湖北分别进口395亿美元、277亿美元、268亿美元和187亿美元，分别同比增长29.4%、15.2%、14.3%和18.1%；河南进口291亿美元，同比下降5.1%。五省市进口额合计1418亿美元，占全国进口总额的6.6%。

分东、中、西部来看进口，2018年，中国东部地区进口18278亿美元，同比增长15.5%，比2017年提高0.5个百分点；中部地区进口1510亿美元，同比增长16.6%，比2017年下降1.7个百分点；西部地区进口1569亿美元，同比增长19.4%，比2017年下降5.8个百分点。

总体来看，从外贸增速看，中、西部地区保持了高于全国平均水平的良好态势。从外贸规模看，东部地区仍然居前，并在跨境电商、市场采购等外贸新业态方面表现靓丽：在全国通过海关跨境电商进出口商品的1347亿元总额中，广东贡献超过200亿元，规模稳居前列，增速达72%，高于全国增速22个百分点；浙江跨境电商进出口275.6亿元，增长44.3%。在市场采购和保税区物流进出口方面，东部地区呈现出先行先试的优势。山东市场采购贸易出口73.4亿元，同比增长17%。广东保税区物流进出口8932.7亿元。浙江保税区进出口增长50.5%。

（二）部分典型省市2018年进出口情况

1. 传统五强

（1）广东

广东省外贸转型升级成效显著。2018年，广东省外贸进出口

7.16万亿元，外贸规模首破7万亿元，创历史新高，同比增长5.1%，占全国外贸总额的23.5%，已连续33年保持全国第一。其中，出口4.27万亿元，增长1.2%；进口2.89万亿元，增长11.3%；贸易顺差1.38万亿元，收窄14.8%。2018年，广东省一般贸易进出口3.37万亿元，增长7.1%，占全省进出口总额的47%，占比首超加工贸易10个百分点。同时，外贸新业态快速发展。其中，跨境电商进出口759.8亿元，增长72%；市场采购出口2446.3亿元，增长2倍。市场主体活力进一步提升。2018年广东省有实际进出口数据的企业有8.7万家，较2017年增加5000家。其中，民营企业6.3万家，增加5200家。高附加值产品出口增势良好，重要设备、关键零部件和优质消费品进口较快增长。2018年，广东省机电产品出口2.95万亿元，增长3.8%，占全省出口总额的69.1%。其中，高新技术产品出口增长5.8%，手机增长18.3%，中央处理部件增长21.6%。机电产品进口2万亿元，增长14.8%，占全省进口总额的69.2%。其中，集成电路进口8383.3亿元，增长22.6%。

（2）江苏

2018年，江苏应对外部环境变化，在2017年进出口同比增长19.1%且基数较大的基础上，保持外贸稳中有进。全年完成进出口4.38万亿元，同比增长9.5%，规模创历史新高，外贸内生动力增强。其中，出口2.67万亿元，增长8.4%；进口1.71万亿元，增长11.3%。全省进出口产品结构不断优化，部分机电产品和装备制造产品出口增势良好，能源资源性产品进口稳定增长，部分重要设备和关键零部件、优质消费品进口快速增长。其中，汽车、金属加工机床和照相机等高技术产品出口分别增长27.8%、25.2%和23.3%；集成电路、数控机床、水海产品和化妆品进口分别增长26.5%、17.8%、95.2%和45%。跨境电商、市场采购、外贸综合服务平台等新业态释放新动能。2018年，汇鸿国际集团股份有限公司及收购控股的无锡天鹏集团有限公司，双双入选“全国供应链创新与应用试点企业”。焦点科技通过运营中美跨境贸易服务平台、收购美国电商平台Doba、上线跨境B2B在线交易平台开锣，在美国加州、越南、马来西亚等地设立海外仓，助力中小企业以跨境贸易方式“出海”，拥有1380万名注册供采会员，网上年出口成交超620亿美元。

（3）浙江

2018年，浙江省进出口总值2.85万亿元，同比增长11.4%。其中，出口2.12万亿元，增长9.0%；进口7337.2亿元，增长19.0%。进出口、出口、进口继续保持全国第4、第3、第6位，占全国比重分别为9.3%、12.9%、5.2%，进出口、出口、进口份额比2017年分别提升0.1个、0.2个、0.3个百分点，出口份额创历史新高。按美元统计，2018年浙江省进出口4324.8亿美元，增长14.4%。其中，出口3211.6亿美元，增长12.0%；进口1113.2亿美元，增长22.2%。进出口、出口、进口分别突破4000亿美元、3000亿美元、1000亿美元大关。浙江省促进外贸稳定增长。完善订单管理综合平台，建立健全“订单+清单”预判和管理机制，加强对重点企业的动态监测和跟踪指导。支持企业巩固传统市场，开拓“一带一路”新兴市场。加强浙非经贸合作。发展市场采购、外贸综合服务平台、跨境电商等新模式。推进口岸减证、降费、提速、增效，加快建设国内领先的国际贸易“单一窗口”。

（4）上海

2018年，上海制定实施“扩大开放100条”，金融、新能源汽车等领域的对外开放率先取得新突破。制定实施外贸“稳预期、稳企业、稳订单”20条措施，全年货物进出口总额3.40万亿元，同比增长5.5%。其中，出口1.37万亿元，增长4.2%；进口2.03万亿元，增长6.4%。从贸易方式看，一般贸易进出口1.76万亿元，增长8.0%；加工贸易进出口7503.70亿元，与2017年持平。从经营主体看，国有企业进出口5126.87亿元，增长11.2%；外商投资企业进出口2.19万亿元，增长2.1%；私营企业进出口6684.03亿元，增长12.6%。

（5）山东

2018年，山东省外贸进出口总额1.93万亿元，同比增长7.7%，创历史新高。其中，出口1.06万亿元，增长6.1%；进口8732.9亿元，增长9.7%。出口首破万亿元大关，进口超过8700亿元，均为历史最高值。山东省外贸新业态快速发展。2018年，山东省跨境电子商务进出口27.5亿元，增长39.2%。2018年启动的保税电商业务，全年实现进口1.6亿元。市场采购出口73.4亿元，增长17%。

2. 新兴五强

（1）四川

2018年，四川省外贸进出口总额首次突破5000亿元大关，达到5947.8亿元，规模创历史新高，居中西部第一，同比增长29.2%，远高于同期全国9.7%的整体进出口增速。其中，出口3334.8亿元，增长31.4%；进口2613亿元，增长26.5%。其外贸快速增长得益于以下因素：一是产业转型升级步伐加快，龙头企业产能继续加快释放。2018年，英特尔、富士康、戴尔、中嘉沃尔沃、绵阳京东方等龙头企业产能继续释放，带动四川高端设备及关键零部件等高新技术产品进出口快速增长。二是一系列稳定外贸增长措施效应逐步显现。包括降低进口增值税税率和药品、汽车及其零部件、日用消费品等进口关税的政策措施有效促进了进口增长。2018年，四川进口汽车零配件增长90.6%，明显快于整体进口增速。三是随着四川开放型经济进一步快速发展，四川企业开拓全球市场步伐加快。2018年，四川民营企业和国有企业对“一带一路”沿线国家进出口增长42.3%。

（2）河南

2018年，河南省进出口总额5512.7亿元，首次突破5500亿元大关，规模再创历史新高，同比增长 5.3%，排在四川之后、重庆之前，居全国第 11 位，稳居中部第一。其中，出口 3579 亿元，增长 12.8%；进口 1933.7 亿元，下降 6.2%；贸易顺差 1645.3 亿元，扩大 48%。高新技术产品出口 2277.4 亿元，增长 10%，占全省出口总额的 63.6%。全省出口商品排名前三位的是手机、农产品和人发制品，第一大进口商品是集成电路。全年有实际进出口业绩的企业 7587 家，比 2017 年增加 998 家，增长 15.1%。其中 354 家企业进出口额超过 1 亿元，比 2017 年增加 44 家。排名前三位的企业进出口总额合计 3453.2 亿元，占同期全省外贸进出口总额的 62.6%。

（3）重庆

2018 年，重庆外贸进出口总额 5222.6 亿元，同比增长 15.9%。全年外贸总额继 2014 年的 5862.1 亿元峰值后，重回 5000 亿元规模。其中，出口 3395.3 亿元，增长 17.8%；进口 1827.3 亿元，增长 12.5%。2018 年重庆外贸实现全面增长，主要得益于加工贸易给力、贸易伙伴增加、营商环境优化、政策支持给力等几大因素。一是加工贸易方面，经多年培育，以笔电为代表的重庆加工贸易产业集聚效应凸显，加工订单稳定，代工品牌拓展，产品种类增多，推动电子信息产品加工出口积极增长。2018 年，重庆传统电子信息产品平板电脑和微型电脑出口分别增长 85.6% 和 19.7%，合计拉动重庆整体出口增长 3.8 个百分点；中央处理部件、智能穿戴设备、打印机、液晶显示器、手机以及自动数据处理设备的零件等新兴电子信息产品出口均增势良好，上述产品出口增长合计拉动重庆整体出口增长 4.2 个百分点。二是市场多元化成效显著。2018 年，重庆不仅保持了对美国、欧盟等传统主要贸易伙伴进出口的增长，对韩国、印度、墨西哥、加拿大等贸易伙伴进出口也呈现二至三成增长。三是重庆营商环境优化提升，为进出口带来便利。截至 2018 年底，重庆口岸进出口整体通关时间较2017年分别压缩65.49%和93.78%，进出口环节需验核的监管证件从86种减为48种。四是国家调整进出口税收政策，降低日用消费品、医药和康复、养老护理进口税率，鼓励资源性产品进口等措施，也有效促进了重庆外贸增长。

（4）安徽

2018年，安徽省货物贸易进出口4150.8亿元，同比增长13.5%。其中，出口2386.6亿元，增长15.1%；进口1764.2亿元，增长11.3%。全省进出口规模首次突破4000亿元，是自2011年首破2000亿元、2014年首破3000亿元后，再上一个千亿元台阶。整体看，安徽省外贸占全国的比重为1.36%，比2017年提高0.05个百分点。区域看，安徽省外贸占中部六省的20%，占长三角地区的3.8%，分别比2017年提高0.5个、0.2个百分点；占中西部地区的9.2%，与2017年持平。开放平台带动明显。2018年，安徽省有外贸实绩的国家级园区增加至21个，新增淮南高新区、合肥空港B保、马鞍山综保区。国家级园区进出口1549.4亿元，增长21.5%，增速比全省平均增速快8个百分点，占比37.3%，提高2.4个百分点。海关特殊监管区进出口563.7亿元，增长33.6%，快于全省20.1个百分点，占全省外贸的13.6%，提高2.2个百分点。空运、铁运快速发展。2018年，安徽省空运进出口705.5亿元，增长17.4%，占比17%，提高0.9个百分点；铁路运输进出口21.3亿元，增长26.8%。水路运输进出口3265.1亿元，增长11.9%。

（5）湖北

2018年，湖北省外贸进出口3487.2亿元，同比增长11.2%，规模再次突破3000亿元，创历史新高。其中，出口2253.2亿元，增长9.2%；进口1234亿元，增长15%。贸易顺差1019.2亿元，扩大2.9%。进出口增速、出口增速、进口增速分别高于全国1.5个、2.1个和2.1个百分点。2018年，湖北省对前三大贸易伙伴欧盟、美国和东盟进出口值分别增长15.7%、24.3%和27.7%，三者合计占全省进出口总额的40.2%；对“一带一路”沿线国家合计进出口967亿元，增长17.5%，高出全省整体增速6.3个百分点。其中，对越南、新加坡、吉尔吉斯斯坦、阿联酋、菲律宾等国进出口增速超过40%，增长势头强劲。2018年，全省出口机电产品1220.9亿元，增长4.6%，占全省出口总额的54.2%。其中，部分高附加值机电产品出口保持良好增势，如轨道交通装备、集成电路、汽车零配件、液晶显示板和汽车同比分别增长1.5倍、46.7%、33.8%、17.3%和10.5%。

3. 其他部分典型省市

（1）北京

2018年，北京地区货物贸易进出口额2.72万亿元，同比增长23.9%，高于全国14.2个百分点，增速列进出口大省第一。其中，出口4878.5亿元，增长23.0%，高于全国出口增速15.9个百分点；进口2.23万亿元，增长24.1%，高于全国进口增速11.2个百分点。其中，中关村国家自主创新示范区进出口增长0.5%，北京经济技术开发区进出口增长8.6%。2018年，北京地区服务贸易进出口额1.06万亿元，增长10%左右，稳居全国第二位。货物贸易出口和服务贸易均创历史新高。

（2）天津

2018年，天津市实现进出口8077亿元，同比增长5.7%。其中，出口3207.1亿元，增长8.7%；进口4869.8亿元，增长3.8%。进出口规模在全国31个省份中排第8位，出口规模排第12位，进口规模排第7位。

（3）海南

2018年，海南大力推动对外贸易便利化，压缩通关时间、提高通关效率，依托中国（海口）跨境电子商务综合试验区大力发展跨境电商，扭转了进出口下行势头。全年货物贸易进出口总额849亿元，同比增长20.8%，高于全国外贸增速11.1个百分点。其中，出口297.7亿元，增长0.7%；进口551.3亿元，增长35.4%。东盟、美国、欧盟继续保持海南省前三大贸易伙伴地位。出口方面，成品油占主导地位，出口122.5亿元，占比41.1%；聚酯切片和汽车出口增势明显，分别出口40.1亿元和13.8亿元，其中汽车出口创历史新高；水海产品、原油、成品纸出口具有一定幅度下降；红心火龙果、无核荔枝、无籽蜜柚、雪茄烟叶实现首次出口，海南新鲜热带特色水果实现出口欧美市场的历史性突破；海马汽车按照新的国际认证标准对产品进行改造升级，成功开拓菲律宾市场。进口方面，飞机占主导地位，进口201.5亿元，增长1.5倍，占全年海南进口总额的36.6%，拉动海南外贸增长17.1个百分点。其他主要进口商品如二甲苯、木片、液化天然气、纸浆等也呈现不同程度的增长。2018年，海南省深化服务贸易创新发展试点，基于国际收支统计的跨境服务贸易额增长17.3%。

（4）云南

2018年，云南省外贸进出口总额创历史新高，达到1973亿元，同比增长24.7%，高于全国进出口增速15.0个百分点。其中，出口847.7亿元，增长9.4%，高于全国出口增速2.3个百分点；进口1125.3亿元，增长39.3%，高于全国进口增速26.4个百分点，进口额首次突破1100亿元大关。2018年，云南省一般贸易所占比重由2017年的57.9%上升至65.2%；边境贸易蓬勃发展，边民互市进出口增长20.9%。民营企业出口额占全省出口额的76.3%，是出口贸易的主力军；国有企业进口额占全省进口额的56.6%，是进口贸易最大的贡献体；外商投资企业进出口额实现了30.9%的较大增幅。与东盟的进出口额占全省进出口额的比重为46.1%。原油进口带动云南与沙特阿拉伯、阿曼、阿拉伯联合酋长国、科威特等中东国家贸易额大幅攀升。主要出口商品有农产品、机电产品、化肥和劳动密集型商品等，主要进口商品有原油、天然气、金属矿产品、硫黄等原材料以及机电产品、农产品。其中原油进口突破1000万吨，达到1016万吨，占全省进口额的32.2%。

（5）甘肃

2018年，甘肃省外贸进出口总额394.7亿元，同比增长21.2%，高于全国进出口增速11.5个百分点。其中，出口145.9亿元，增长26.8%，高于全国出口增速19.7个百分点；进口248.8亿元，增长18.1%，高于全国进口增速5.2个百分点。进出口、出口、进口增速分别列全国第7位、第3位和第11位。2018年，甘肃省出口机电产品81.8亿元，增长39.9%；出口农产品19.9亿元，下降5.8%。进口大宗矿产品129.7亿元，增长4.1%，占同期全省进口总额的52.1%；进口镍钴新材料55.1亿元，增长1.47倍；进口机电产品23.6亿元，下降4.4%。甘肃省成立外贸企业联盟，首批10家“甘肃省外贸龙头企业”、15家“甘肃省外贸骨干企业”和20家“甘肃省外贸新兴企业”抱团出海，开拓市场。

四　2019年中国对外贸易发展环境分析

2019年世界经济基本走势与短周期密切相关。2008～2009年复合型危机之后，世界经济短周期运行，先是从2010年开始复苏，复苏整体乏力，局部时有危机伴随发生，如欧债危机、俄罗斯被制裁后经济下滑等。随后是2016年秋冬至2018年夏，世界经济实现同步复苏，包括主要经济体在内的占世界经济90%的部分均呈现较快增长，短周期运行进入繁荣阶段。2018年秋至今，短周期进入后段，显示增长疲弱、增速放缓等，减速成为2019年世界经济贸易的核心特征，不仅美国、欧盟、中国、日本等主要经济体的经济增速集体减缓，而且还扩散到东欧、东北亚、东南亚、中东、非洲、澳新等世界大多数地区。但在世界各国宏观调控能力普遍增强情况下，预计2019年世界经济不会急剧下滑，反倒是如果美国、中国应对及时合理，还有可能在2020年避免一场全球经济衰退，至少不会引发深度危机。

从超长周期角度分析，世界经济恰逢全球化低潮，各种矛盾积累并集中爆发，因而有百年变局、大动荡、大失控等激烈说辞。经研究我们认识到，这一时期世界主要大国面临严峻考验，面对矛盾和分歧，极易采取极端手段。但随着新一轮世界科技产业革命爆发，发展再次成为“硬道理”，各国会积极开拓进取，争先恐后地参与科技产业革命。

（一）国际组织对2019年全球贸易的预测

世界贸易组织（WTO）2019年2月19日发布最新一期世界贸易景气指数报告显示，世界贸易景气指数（WTOI）从2018年第四季度的98.6降至2019年第一季度的96.3，为2010年3月以来最低水平。分项指数中，出口订单指数（95.3）、国际航空货运量指数（96.8）、汽车生产和销量指数（92.5）、电子元器件贸易指数（88.7）和农业原材料贸易指数（94.3）偏离趋势的幅度最大，接近或超过金融危机以来最低水平；仅有集装箱吞吐量指数保持在荣枯线上方。WTO指出，若当前贸易紧张局势得不到缓解，2019年第一季度全球贸易增速将继续放缓。WTO预测称，2019年全球货物贸易量同比增长3.7%，比2018年放缓0.2个百分点；但是，若贸易环境持续恶化，下调的可能性很高。

国际货币基金组织（IMF）于2019年1月21日发布的《世界经济展望》报告中，再次下调2019年和2020年的全球经济增长预期分别至3.5%和3.6%。IMF认为，全球经济增长已超过峰值，可能出

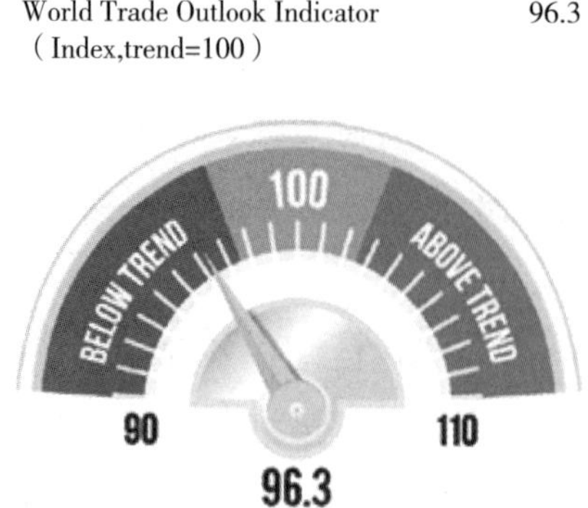

Drivers of trade	Level of Index	Direction of change
Merchandise trade volume (Q3)	101.9	⇧
Export orders	95.3	⇩
International air freight (IATA)	96.8	⇩
Container port throughput	100.3	⇨
Automobile production and sales	92.5	⇩
Electronic components	88.7	⇩
Agricultural raw materials	94.3	⇩

图1　最新世界贸易景气指数（WTOI）

注：世界贸易景气指数（World Trade Outlook Indicator，WTOI）主要关注出口订单、国际航空货运量、集装箱吞吐量、汽车生产和销售、电子元器件贸易、农业原材料贸易共6个指标的月度数据。该指数以100为基准，大于100意味着贸易增长高于趋势水平，小于100则意味着贸易增长低于趋势水平。世界贸易景气指数旨在提前3～4个月提供商品贸易统计数据轨迹的“实时”信息。它将几个贸易相关指数合并成单一的综合指标，以衡量短期绩效与中期趋势。

现下行风险，而贸易紧张局势升级则是风险的主要来源。IMF指出，贸易政策的不确定性，以及对贸易摩擦升级和报复的担忧，将降低企业投资，扰乱供应链，减缓生产率提高，由此导致的企业盈利前景黯淡，可能影响金融市场情绪，并进一步抑制增长。

IMF预计，2019年全球贸易量（货物贸易和服务贸易总和）增速将与2018年持平，均为4.0%。IMF认为，贸易紧张局势加剧，基于规则的多边贸易体系可能被削弱，是全球经济前景面临的主要威胁。不论新兴市场还是发达经济体，短期内均无法避免。2019年，美国经济增长受到的影响将更为显著。IMF警告，贸易壁垒的增加会破坏全球供给链，阻碍新技术的传播，最终导致全球生产率和福利下降；更多的进口限制将提高可贸易消费品的成本，给低收入家庭带来特别大的损害。

（二）主要经济体经济贸易最新动态

1. 美国

美国联邦储备委员会2019年3月6日发布的“褐皮书”显示，2019年1月下旬至2月期间，美国经济活动持续扩张，物价继续温和增长；与发布上一份“褐皮书”时相比，美国整体经济活动维持扩张，有10个辖区经济活动实现“轻微到温和”的增长，费城和圣路易斯两个辖区经济活动则持平。就业方面，大多数辖区就业有所增加，与信息技术、制造业、卡车运输等相关的专业技能岗位用工出现明显短缺。工资方面，大多数辖区工资都有小幅上涨。美国商务部2019年2月27日公布的数据显示，美国2018年12月货物贸易逆差大幅扩大。货物贸易逆差额上升12.8%至795亿美元，进口增加较多，导致逆差扩大；由于食品、工业用品等产品的出口急剧下降，出口下降2.8%。纵观2018年全年，美国的出口在2018年5月达到顶峰，随后开始下行。在针对美国核心农业区的报复性关税和强势美元的影响下，粮食出口锐减。美国3月制造业PMI为52.5，低于2月的53.0，创21个月新低；3月综合PMI指数为54.3，低于2月的55.5，创6个月新低。

专栏三　中美贸易摩擦，几多风雨几多愁

2018年3月以来，中美贸易摩擦已历时1年多。美方先后于2018年7月6日、8月23日和9月24日对中国出口美国340亿美元、160亿美元和2000亿美元商品分别额外加征25%、25%和10%的关税，中方也同时对美输华340亿美元、160亿美元和600亿美元商品分别额外加征25%、25%、10%（或5%）的关税。贸易摩擦对中美双边贸易数据影响几何?

据美国商务部统计，2018年，美国货物进出口额42067.9亿美

元，同比增长8.2%。其中，出口16640.6亿美元，增长7.6%；进口25427.3亿美元，增长8.6%；贸易逆差8786.8亿美元，增长10.4%。2018年，美国与中国双边货物进出口额为6598.4亿美元，增长3.9%。其中，美国对中国出口1203.4亿美元，下降7.4%，占美国出口总额的7.2%，下降1.2个百分点；美国自中国进口5395.0亿美元，增长6.7%，占美国进口总额的21.2%，下降0.4个百分点；美方贸易逆差4191.6亿美元，增长11.6%。截至2018年，中国是美国第三大出口市场和第一大进口来源地。

据中国海关统计，2018年中美双边贸易进出口额6335.2亿美元，同比增长8.5%。其中，出口4784.2亿美元，增长11.3%；进口1551亿美元，增长0.7%；贸易顺差3233.2亿美元，同比扩大17.2%。2019年前2个月，中美双边贸易进出口额764.3亿美元，同比下降20.0%。其中，出口592.9亿美元，下降14.1%；进口171.3亿美元，下降35.3%。

事实上，美国对外贸易存在贸易逆差由来已久。诚如1960年美国经济学家罗伯特·特里芬所提出的“特里芬难题”，美元作为国际货币，一方面要求美国保持美元坚挺，不能长期存在贸易逆差；另一方面，其他国家对美元的需求又要求美国有贸易逆差，以向其他国家输出美元。因此，美元若既希望保持国际结算与储备货币地位，又希望保持美元的强势霸主地位，只能听任贸易逆差的存在。

如今美国贸易存在逆差延续了40余年，问题越来越大，已经深入美国经济基本面。其贸易逆差问题不仅需要借助美国财政部发行国债，吸收资本补充美国国内储蓄不足，而且美国国债发行规模越来越大，甚至超过美国经济规模，为二战后最严重状态。美国财政部公布的数据显示，截至2018年底，美国的国债规模达到21.974万亿美元，逼近22万亿美元。而2018年以来，美国债务增加1.36万亿美元，增长6.6%，或创下2012年以来的最大增幅。据美国国会预算办公室（CBO）的数据，2018 财政年度美国公共债务总额占美国 GDP 的比例为 78%，为 1950 年以来的最高水平。经济学理论认为美国财政赤字越大，国债规模越大，对美元越是不利。因此，“特里芬难题”已严重威胁美元强势地位，甚至到了不能维持的地步。

从历史上看，美国一旦发现有严重问题，首先不会承认自己有问题，而是寻找对手，认为对手有问题，1985 年西方五国签署“广场协议”就是典型例证。如今，美国将贸易失衡问题推到全球。因中国是美国最大顺差国，所以第一战集中火力对付中国。2019 年美国对全球及对中国贸易逆差不但没有减少，反而增加，这表明美国的政策失败了。

对 2018 年加征关税具体清单商品的定量研究表明，整体而言，美国对中国商品的进口依赖度较高，即便加征了关税，美国依然有大量商品需从中国进口；加征税率很大程度上决定了贸易摩擦对中国自美国进口的影响，税率越高，影响力越大。

在多轮中美磋商中，中方应保持足够耐心和战略定力，在捍卫自身利益的同时，有针对性地指出美国经济内部存在的问题，以及两国之间可以通过加强合作，逐步减少贸易失衡问题。贸易摩擦对两国经济及世界经济负面影响太大，2019 年中美双方达成贸易和解胜算更大。2019 年，中美之间除了双边磋商之外，还有双边相互督促落实协议问题，中美高科技企业知识产权、安全的争端问题，以及对世贸组织改革各有各的提案等问题。我们需对此提前做好预案。

2. 欧元区

欧元区经济 2019 年一季度走软，PMI 达到 2014 年以来最低水平。3 月欧元区制造业 PMI 仅为 47.6，低于 2 月的 49.3，创 2013 年 4 月以来新低，制造业放缓程度超出预期。3 月欧元区服务业 PMI 为

52.7，略低于2月的52.8。3月欧元区综合PMI由2月的51.9降至51.3。德国3月制造业PMI初值44.7，为79个月低点，德国3月综合PMI初值51.5，低于预期。法国3月综合PMI初值、制造业PMI初值和服务业PMI初值均跌破荣枯线，分别为48.7、49.8和48.7，其中，制造业PMI初值为近3个月以来新低。经合组织在3月初公布的全球经济展望报告中称，欧洲经济体存在巨大的政策不确定性。德国经济受到贸易壁垒影响，经济增速被较大程度拖累；英国“硬脱欧”可能会大大提高欧洲经济体的成本。经合组织已将2019年欧洲经济增速由此前的1.8%下调到1%。经济高度依赖出口的德国在2018年取得创纪录贸易额，但种种迹象表明，相对于德国国家体量而言，其出口规模巨大、出口快速增长的趋势正面临严峻挑战。汽车和汽车零部件产品是德国2018年最主要的出口产品，出口额达2297亿欧元，但未来受到贸易摩擦影响的不确定性也最大。

3. 日本

日本政府2019年3月20日发布的月度经济报告指出，鉴于全球贸易形势影响下日本出口和工业产出下滑，政府对经济总体形势的评估进行了下调，为三年来首次。报告称，设备投资、消费等继续增长，据此判断日本经济仍处于“缓慢恢复”状态。日本政府的结论似乎过于乐观。其报告将生产形势从2月认定的经济“缓慢增长”下调为“基本持平”，出口则从1月的“基本持平”下调为“有所减弱”。日本政府下调这两项重要指数展望，其实已在暗示日本经济或面临拐点，步入短周期衰退的可能性较高。

据日本海关统计，2019年1月，日本货物进出口额为1153.2亿美元，同比下降2.6%。其中，出口511.6亿美元，下降6.8%，出口降幅创逾两年来最大；进口641.5亿美元，增长1.1%。贸易逆差129.9亿美元，增长51.9%，连续第4个月出现逆差。1月，日本与中国双边货物进出口额为256.6亿美元，下降1.9%。其中，日本对中国出口87.9亿美元，下降16.0%，占日本出口总额的17.2%，下降1.9个百分点；日本自中国进口168.7亿美元，增长7.5%，占日本进口总额的26.3%，上升1.6个百分点。日本与中国的贸易逆差80.8亿美元，增长54.5%。

4. 中国

中国经济运行继续保持总体平稳、稳中有进的发展态势。2019年1~2月，中国规模以上工业增加值同比增长5.3%，增速比上年12月回落0.4个百分点。固定资产投资（不含农户）44849亿元，同比增长6.1%，增速比上年全年加快0.2个百分点。社会消费品零售总额66064亿元，同比增长8.2%，增速与上年12月份持平。

五　2019年中国外贸稳中提质

展望2019年，外部环境不稳定不确定因素较多。包括美国与中国贸易磋商之后，还将与日本、欧盟开展贸易谈判，或威胁到2019年日本、欧盟的经济贸易增长，甚至波及全球；美国或以退出WTO为威胁，提出世贸组织彻底改革方案，颠覆以往许多规则；英国脱欧处于混沌状态，未来可能有多种形势变化，极其复杂，若出现硬脱欧，对欧盟和英国都是巨大损失等。

在如下前提条件下，包括：①2019年人民币对美元升值1%~3%；②美联储决定停止加息，并于9月停止缩表，美元汇率指数略有贬值1%~3%；③原油价格年均50美元/桶；④中美贸易纠纷达成和解，改革开放有重大进展；⑤英国温和、有序脱欧等，预计以人民币计价，2019年我国出口同比增长6.5%，进口同比增长7.0%；以美元计价，2019年我国出口同比增长8.2%，进口同比增长8.5%。

2019 年 3 月中国政府工作报告对外贸提出“稳中提质”的要求，稳政策、稳主体、稳市场，鼓励高技术、高质量、高附加值产品出口，支持企业技术创新、制度创新、管理创新，加快推动外贸实现由大到强的跨越。

一是要稳政策，落实好中央出台的稳外贸政策措施。从 2015 年的《国务院办公厅关于促进进出口稳定增长的若干意见》到 2018 年的《国务院关于印发〈优化口岸营商环境促进跨境贸易便利化工作方案〉的通知》，近几年国家密集出台了大量推动外贸发展的政策。2019 年各级政府部门要狠抓政策落实，确保各项政策措施深入实施，推动外贸“稳中提质”。

二是要稳主体，增强各类企业发展信心，激发市场主体活力。要在坚持外贸大中小企业并重、多种所有制企业共同发展的同时，培育一批具有较强创新能力和国际竞争力的跨国公司。

三是要稳市场，要加强“一带一路”国际合作，优化国际市场布局，巩固传统市场，不断开拓新兴市场。推动实施市场多元化战略，综合考虑经济规模、发展速度、资源禀赋、风险程度等因素，拓展 30 个左右的重点市场。

四是要积极推动贸易新业态新模式的发展，特别是跨境电商贸易的发展。当前，中国跨境电商规模稳居全球第一，覆盖绝大多数国家和地区，广受全球消费者的欢迎。若政府积极扶植，特别是在海关、外汇、支付、金融等领域实行政策创新，未来必将成长出更多全球性大企业、独角兽企业。

提升外贸发展质量要推动六个转变：一是要加快推动“中国制造”向“中国创造”转变、“中国产品”向“中国品牌”转变，提升外贸供给体系质量；二是推动外贸由以货物贸易为主向货物贸易、服务贸易、技术贸易、资本输出等相结合转变；三是推动外贸竞争以传统价格优势为主向以“技术、标准、品牌、质量、服务”为核心的综合竞争优势转变；四是推动外贸增长动力由以传统要素驱动为主向创新驱动转变；五是推动外贸营商环境由以政策引导为主向制度规范和法治化、国际化转变；六是推动我国在全球经济治理的地位由以遵守、适应国际经贸规则为主向主动参与国际经贸规则制定转变。

B.9

中国科技创新的现状与趋势分析

吴 滨　韦结余*

摘　要： 近年来，我国科技创新取得了巨大成绩，科技创新总量居世界前列。我国研发人员投入量居世界首位，专利申请量和授权量连续两年居世界第一位，研发投入连续五年居世界第二位，企业已成为研发投入主体。但同时，我国仍然存在关键核心技术依赖进口、企业创新能力不足、科研成果转化率低等一系列问题，需要继续加大研发投入，提高科技成果产出质量，增强自主创新能力，注重创新生态体系建设，促进我国科技创新取得更大突破，为建设科技强国打下良好基础。

关键词： 科技创新　研发经费　核心技术　知识产权

目前我国经济处于转型的关键阶段，加强科技创新、增强经济发展的内生动力已经成为我国现阶段的核心任务。2019 年是全面建成小康社会、实现第一个百年奋斗目标的关键之年，国内外形势发生新的变化，我国科技创新在面临重要战略机遇的同时也面临着较大的压力。李克强总理在 2019 年的政府工作报告中提出了坚持创新引领发展、提升科技支撑能力的目标，指出了加强关键核心技术攻关、健全产学研一体化创新

---

* 吴滨，中国社会科学院数量经济与技术经济研究所技术经济理论方法研究室主任，研究员；韦结余，中国社会科学院数量经济与技术经济研究所技术经济理论方法研究室助理研究员。

机制、科技体制改革等具体任务。新时代，必须要深入实施创新驱动发展战略，把握世界科技发展趋势，推动我国科技创新强国战略目标的实现。

一　建设科技创新强国的基础已经初步形成

改革开放 40 多年来，特别是十八大以来，随着创新驱动发展战略的深入实施，我国科技创新取得了重大进展，科技实力进一步增强，主要科技创新指标稳步提升。科研投入稳步提高，专利、论文等创新成果稳居世界前列，重大科技成果不断涌现，科技创新对经济增长的带动作用越来越强。综合来看，通过近年来的不懈努力，我国科技创新能力显著增强，为科技创新强国建设奠定了良好基础。

（一）我国已经成为世界科技创新大国

根据国家统计局数据，2010 年以来，我国研发经费（R&D）稳步提高，全国研发经费投入由 2010 年的 706.2 亿元增加到 2018 年的 1965.7 亿元，增加了 1.8 倍，实现了历史性突破。2015 年我国的研发经费已经首次超过欧盟，仅次于美国，连续五年居世界第二位。我国的研发经费投入强度（研发经费占 GDP 的比重）也由 2010 年的 1.73% 增加到 2018 年的 2.18%（见图 1）。我国科研人员投入量也越来越多，2010 ~ 2018 年期间，我国研发人员全时当量稳步增加，由 255.4 万人年增加到 418 万人年，增长了 63.6%，居世界第一位，为我国跻身世界科技强国奠定了良好的人才基础（见图 2）。从专利产出来看，2018 年，我国发明专利申请受理量和授权量居全球首位，已经连续两年居世界第一位。2010 ~ 2018 年期间，我国专利申请受理量由 122.2 万件增长到 433.2 万件，增长 2.5 倍，专利申请授权量由 81.5 万件增长到 244.7 万件，增长 2 倍（见图 3）。同时，2018 年我国 PCT 国际专利申请量达到 5.5 万件，居世界第二位。其中，具有重要影响的创新成果不断涌现，在一些重点领域已经达到国际先进水平。2017 年，我国科技论文产出量为 170 万篇，比 2010 年增长近 20%（见图 4）。据中国科学技术信息研究所统计，我国国际科技论文数量连续 10 年位居世界第二，国际论文被引用排名世界第二位，高引用论文排名世界第三位。我国科研产出在保持规模增长的同时，也开始注重质量的提升，实现了高质量发展的良好开局。

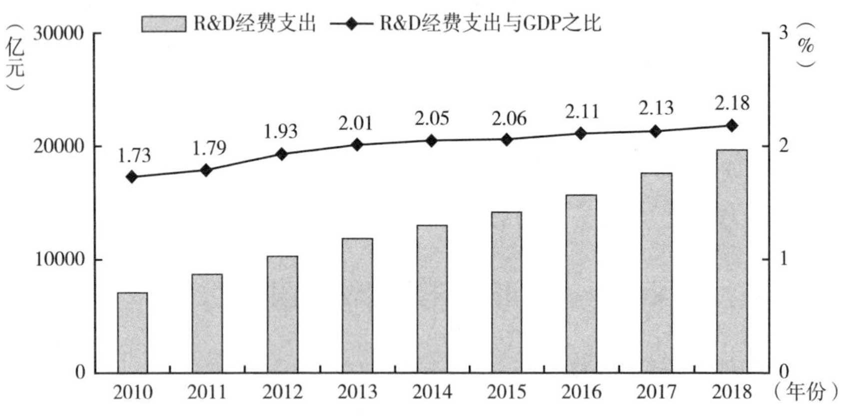

图 1　2010～2018 年我国研发经费投入强度

资料来源：国家统计局。

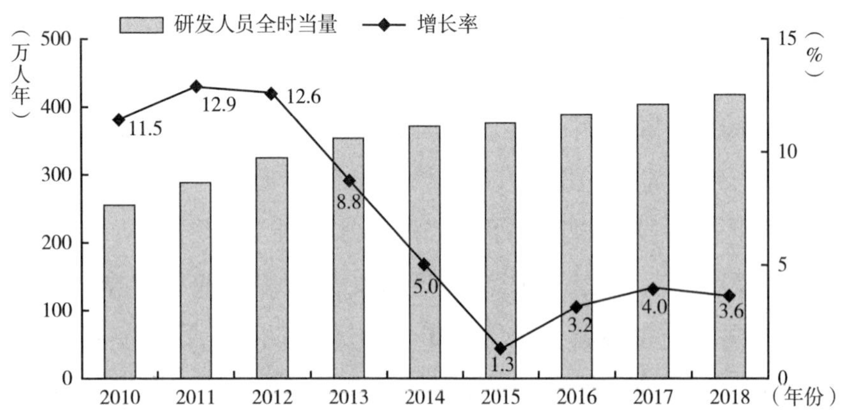

图 2　2010～2018 年我国研发人员全时当量与增长率

资料来源：国家统计局。

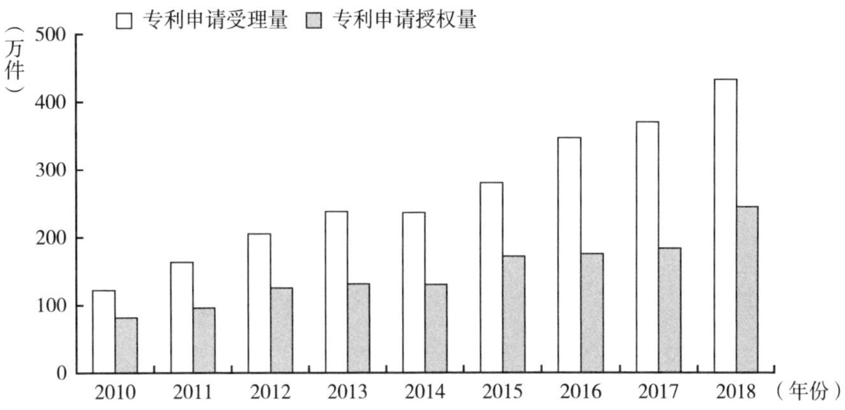

图 3　2010 ~ 2018 年我国发明专利申请受理量与授权量

资料来源：国家统计局。

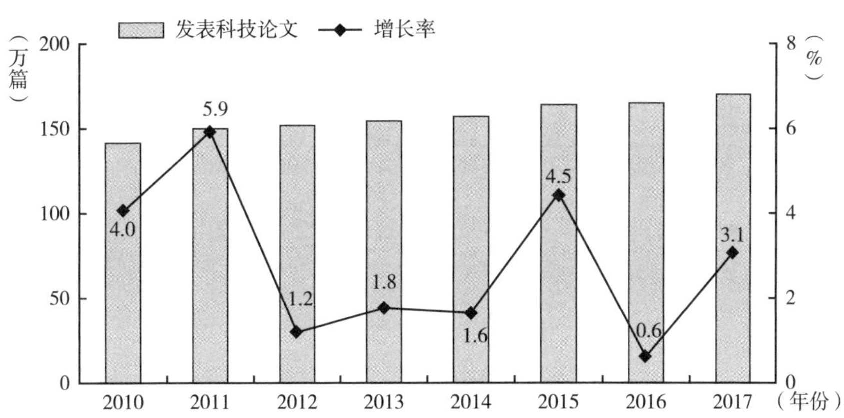

图 4　2010 ~ 2017 年我国科技论文的产出量与增长率

资料来源：国家统计局。

（二）企业创新主体地位明显强化

从研发投入主体结构来看，近年来企业研发投入一直是我国研发投入的主体。2010 年，企业研发投入为 5063 亿元，占研发投入总量的 71.7%，2017 年增加到 13465 亿元，占研发投入总量的 76.5%

（见图5）。企业在实践中越来越重视科技创新，在科技创新投入中的主体地位逐步体现。同时，企业在科技创新方面的投入极大地弥补了我国科技创新投入的不足，特别是一些大型龙头企业，开始围绕科技前沿布局科技创新资源，围绕产业链布局创新链，围绕创新链布局资金链，并进行跨行业、跨领域的产学研合作，企业科技创新主体地位逐渐显现。

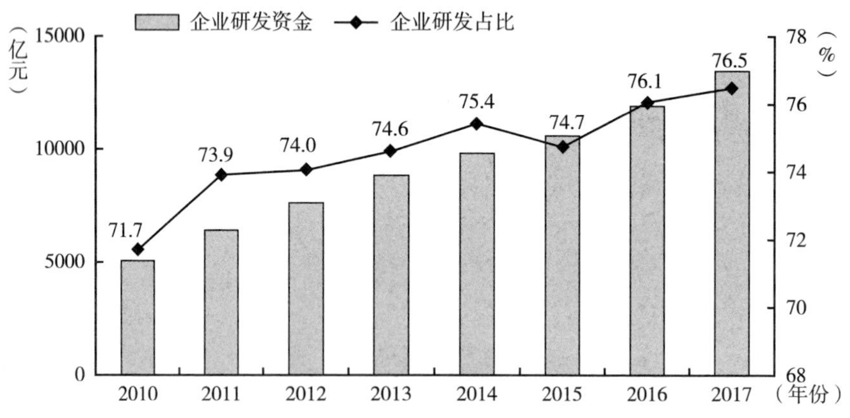

图5　2010～2018年我国企业研发投入总量与占比

资料来源：国家统计局。

（三）重大标准性科技创新成果不断涌现

近年来，我国科技创新取得了一大批有国际影响的重大成就，嫦娥四号、北斗三号、载人航天、大飞机、中微子振荡等重大创新成果举世瞩目，高铁网络、移动支付、数字经济等引领世界潮流，深海深地探测、超级计算、人工智能等面向国家重大需求的战略高技术领域持续取得重大突破。① 重大科技创新成果展示了我国科技创新的现实效

① 《提升科技创新能力：重大成果不断涌现》，http：//www. chinanews. com/gn/2019/02－18/8757140. shtml，2019年2月18日。

果，部分领域实现由跟跑向并行乃至领跑的重大转变，在促进经济社会发展的同时对于提振科技创新信心、树立创新文化均发挥了重要作用。

（四）科技创新对于经济拉动作用逐步显现

科技部数据显示，2018 年我国的科技进步贡献率提高至 58.5%，有力地带动了经济增长。以科技创新为主导的战略性新兴产业已经成为我国经济增长的新引擎，2017 年我国战略性新兴产业增加值占 GDP 的比重为 8.9%，2018 年很多省份战略性新兴产业增加值占地区生产总值的比重已经达到 10% 以上。2018 年我国高新技术企业达到 18.1 万家，科技型中小企业突破 13 万家，全国 168 个高新区预计实现营业收入 33 万亿元，科技创新对经济增长的拉动作用越来越明显。从高新技术的进出口总额来看，我国高新技术产品的进出口总额从 2010 年的 9050 亿美元增长到 2018 年的 14183 亿美元，增长了 56.7%。其中，2018 年同比增长 13.3%。我国高新技术产品出口总额由 2010 年的 4924 亿美元增长到 2018 年的 7469 亿美元，增长了 51.7%（见图 6）。同时，我国高新技术产品的出口额略高于进口额，

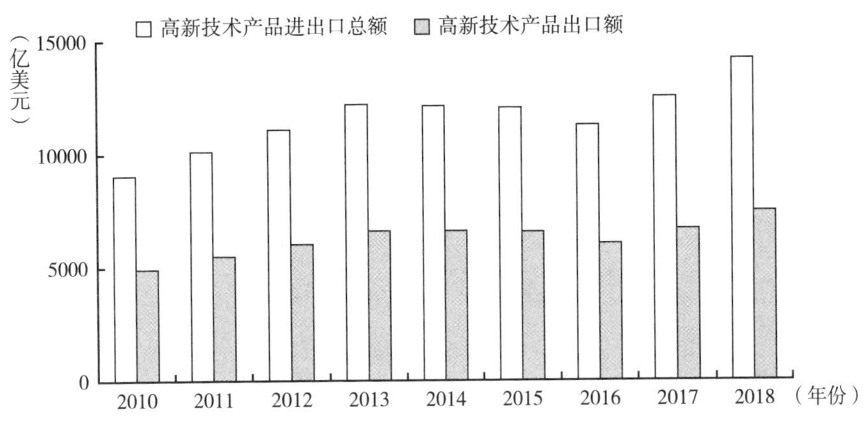

图 6　2010 ~ 2018 年我国高科技产品进出口总额

资料来源：国家统计局。

基本保持在54%左右。从技术交易额来看，2010年我国技术市场的交易额仅为3096亿元，2018年达到了17767亿元，年均复合增长率达到17%（见图7）。我国科技成果转化率有大幅提高，科技创新对经济增长中的作用越来越大。技术市场交易额的大幅提升也表明了我国技术市场环境持续优化，科研人员的活力得到了进一步释放，技术交易市场环境不断优化。

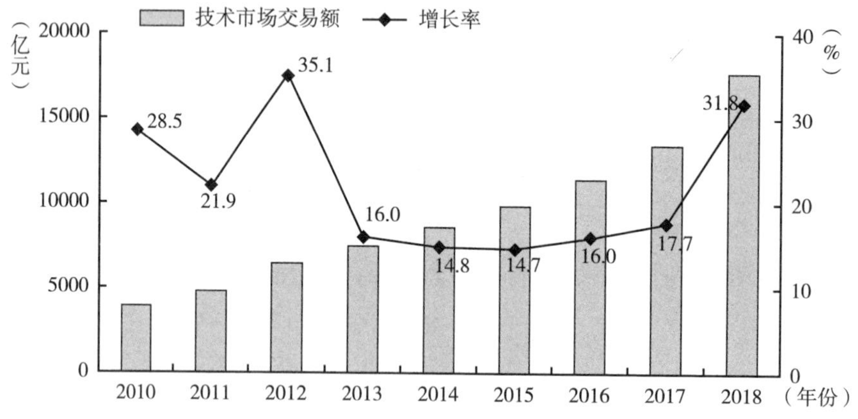

图7　2010～2018年我国技术市场交易额与增长率

资料来源：国家统计局。

二　建设科技创新强国仍然任务繁重

虽然我国科技创新取得了举世瞩目的成就，但是现阶段我国建设科技创新强国仍然面临着重大挑战。例如，自主创新能力不强，关键核心技术依赖进口的现状并没有改变，仍然存在企业创新动力不足、科技成果转化率不高、知识产权保护不足等问题，科技创新形势依然严峻。总体而言，我国科技创新能力与世界科技强国的差距依然存在。

（一）“大而不强”特征明显，关键核心技术仍受制于人

首先，虽然我国研发经费总量居世界第二位，但研发强度与创新型强国之间仍存在较大差距。2018 年我国研发投入强度仅为 2.18%，远远低于世界前三的以色列、日本和韩国，说明我国科技创新支持力度依然不够，科研投入仍然相对不足。目前，根据我国建设创新型国家的要求，要实现 2020 年研发投入强度达到 2.5% 的目标，形势依然严峻。其次，我国科技创新高端人才短缺。虽然我国科研人员数量居全球第一位，但是科研人员质量与发达国家差距很大，尤其是高层次的科技创新人才非常短缺，在科技领域有重大影响力和国际知名度的专家、学者很少，特别是在网络安全、人工智能、集成电路等领域高素质人才短缺，无法满足产业快速发展的需求，尤其对于民营企业和中小企业而言，难以吸引高层次科学技术人才。此外，虽然我国科技创新能力有很大提升，但相当一部分技术还是通过引进、消化、吸收、再创新的方式实现的，尽管经济效益明显，但我国自主创新能力不足，关键核心技术依赖进口的问题突出。特别是“中兴事件”，凸显了我国关键核心技术受制于人的现实。究其原因，我国基础研究领域长期滞后是重要因素，过于重视短期经济效益，基础研发能力不足，造成了部分关键设备、高端产品对外依赖程度过高。同时，一些产业共性技术有待突破。虽然我国已建立了一定数量的共性研发机构和平台，但整体效果还没有充分发挥，尚未形成良好的产业共性技术发展环境，导致难以突破关键共性技术的发展瓶颈，核心技术受制于人的问题仍然严峻。

（二）基础研发能力明显不足，严重制约了我国科技创新的持续能力形成

长期以来，我国应用研究与试验发展投入水平较高，基础研究投

入水平较低。国家统计局数据显示，从2010年到2018年，我国的基础研究投入由324亿元增加到1118亿元，增长了近2.5倍，但是我国的基础研究投入占比仍然很低，2018年只有5.7%（见图8）。这和发达国家的研发投入结构存在较大差异，例如美国将17%的研发经费用于基础研究，而我国则将更多的资金用于试验发展。客观而言，基础研发投入不足与我国科学创新的发展阶段有关，当我国技术处于追赶阶段时，应用研究和试验发展是主要的科技创新方式；但在新的历史时期，创新已经成为我国经济社会发展的内在动力，对基础研究提出了更高要求，往往只有基础研究的突破才能带来科学技术的提升，进而促进社会和经济的发展，基础研究是我国科技创新向并跑和领跑转变的重要支撑。

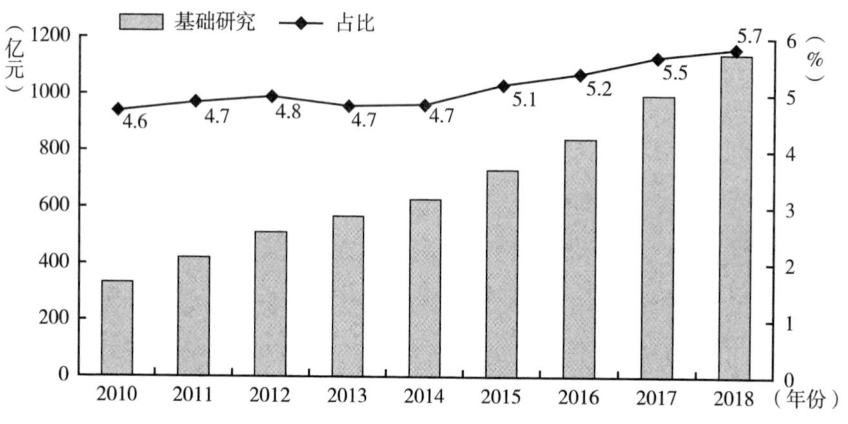

图8　2010～2018年我国基础研究投入量与占比

资料来源：国家统计局。

（三）科技和经济“两张皮”问题并没有得到根本性解决，科技成果转化成为“老生常谈”

据统计，我国科技成果的转化率不到30%，远低于发达国家的

60%～70%，很多科研成果并未转化为现实的生产力。[①] 这主要是因为我国的科研评价体系还不尽合理，导致科研成果与市场需求严重脱节，造成许多企业缺乏核心技术。在产学研结合方面，目前我国的产学研合作水平较低，企业与科研院所、高校的合作仍然停留在短期项目和临时合作上，更加深层次的合作还亟待突破，我国高校和科研院所与企业之间的合作整体水平较低。同时，在知识产权保护方面，我国知识产权法律体系还不完善，对创新的保护力度不足，造成很多企业缺乏研发的动力，不利于科技创新的长期发展。

（四）企业科技创新意愿和能力仍是短板

虽然企业已成为我国研发投入的主体，但是从创新能力来看，远远没有达到创新主体的要求。普遍来看，我国大部分企业缺乏长远的技术目标，企业往往因注重短期利益而忽视长远技术目标的制定，从而很少进行核心技术的研发。同时，我国企业平均研发强度明显低于发达国家企业平均研发强度，国际知名公司研发投入一般占销售收入的5%以上，根据欧盟委员会正式公布的“2018 年欧盟工业研发投资排名”来看，谷歌的研发投入占比已经到达 14.5%，微软的研发投入占到 13.3%，而国内企业除了华为研发投入占比为 14.7%外，大部分企业研发投入占比一般达不到销售收入的 2%，这直接导致了我国企业创新活力和竞争力远远低于国际领先企业。一方面，由于技术研发阶段的资金投入量较大、风险较高、投资回收周期长等原因，很多企业不愿意投入大量资金用于研发；另一方面，我国的技术创新收益相对较低，科技与经济相互脱节的情况仍然比较突出，导致科技创新资金投入相对不足。

---

① 《有关数据显示我国科技成果转化率不足 30%》，http://finance.sina.com.cn/roll/2016-01-25/doc-ifxnuvxc1956898.shtml，2016 年 1 月 25 日。

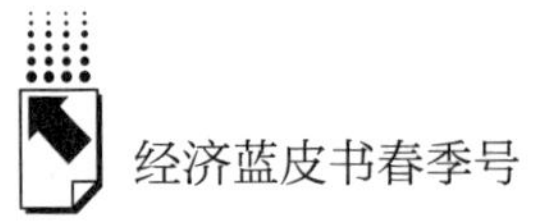

三　关于我国科技创新形势的几点判断

2019年，科技创新环境更加复杂，我国科技创新面临新的机遇和挑战。科技创新的速度日益加快，科学技术一体化的趋势越来越明显，从科技创新到产业化的周期越来越短，国际化竞争日趋激烈。与此同时，高质量发展对科学技术提出了更高的要求，科学技术突破对传统产业的发展提供了新的契机，对人们的生产和生活影响越来越深入，我国的科技体制改革难度进一步加大。

（一）科学技术的国际化竞争日益激烈

在新一轮科技革命和产业革命的历史交汇之际，科学技术的国际化竞争表现得日益激烈，谁占据了科技的制高点，谁就掌握了国际竞争的主导权。习近平总书记在2018年两院院士大会上指出，以人工智能、量子信息、合成生物学、先进制造、清洁能源等为代表的关键技术领域正在加速突破和孕育变革，科学技术之间交叉融合趋势越来越明显，前沿技术、颠覆性技术正在深刻影响着人们的生产和生活。不仅如此，经济全球化导致了资本、技术和人才在全球范围内的流动日益加剧，全球范围内配置科技资源成为重要的创新方式，高端科技人才的争夺将会日益加剧。统计公报显示，2018年我国外商直接投资新设立企业60533家，比上年增长了69.8%，实际使用外商直接投资金额达8856亿元。如今，世界跨国公司的研发、生产、销售都是全球化布局，资本、市场、技术、人才全球化是不可阻挡的趋势。同时，知识产权的竞争将成为科技竞争的重要抓手，专利实力在国际竞争之间的战略地位将越来越重要，企业之间的专利竞争也会越来越激烈。2018年，世界知名公司围绕知识产权展开了一系列竞争，各行业各领域专利案件频发，在信息通信领域表现尤其明显。例如，华为和三星的无线通信国际标准必要专利侵权案、苹果和三星的电子产品专利侵权案、高通与苹果之间的专利事件等。在一定程度上，未来科学技术之间的竞争主要表现在专利竞争方面，围绕专利的创造、运用、保护和管理，将会进入新的竞争阶段。

（二）经济社会发展对科学技术提出更高要求

目前，我国经济已由高速增长阶段转向高质量发展阶段，经济增速由10%下降到了6%左右，传统的依靠大量资源消耗和劳动力投入的发展阶段已经一去不复返，投资对经济增长的带动作用也越来越弱，科技创新必将成为经济增长的主要动力。从我国工业化进程来看，现阶段我国已经进入工业化中后期，2018 年服务业增加值占GDP 的比重为52.2%，工业占 GDP 的比重下降为40.7%，我国处于由以工业为主体转向以服务业为主体的发展阶段。工业化的主要任务已经不再是扩大规模，而是利用科学技术进行优化升级，实现工业的高质量发展。同时，随着中国特色社会主义步入新时代，我国主要矛盾转变为人民日益增长的美好生活需要和不平衡不充分的发展之间的矛盾，国内消费需求进一步向着高端化和绿色化方向发展。根据国家统计局数据，2018 年全国居民恩格尔系数为28.4%，服务性消费达到44.2%，我国消费正处于升级提质阶段，追求产品质量已经成为现代消费的主要特点，产品高端化已经是时代所驱。此外，随着绿色发展理念不断深入人心，人们对于产品绿色环保的要求越来越高，绿色消费已经由一种社会需求转变为现实需求，这就要求企业基于绿色技术创新实现绿色生产，提供更多优质生态产品以满足人民日益增长的优美生态环境需要。无论是对高质量产品和服务的需求，还是人们对绿色生态的向往均有赖于科技水平的提升。

（三）科技体制改革进入实质性的落实阶段

目前，我国的科研申报制度、评价体制、经费管理制度、成果转化制度等都存在不足与缺陷，[①] 科技创新主体自主决策能力有待提高。现有的评价标准片面将论文、专利、资金数量作为人才评价的主要标准，导致科研人员急于求成的现象突出，缺乏长期深入研究。十八大以来，我们在科技体制改革方面密集出台了一系列重大举措，仅中央出台的政策就有10多项，从2015年3月出台的《关于深化体制机制改革加快实施创新驱动发展战略的若干意见》到2018年7月出台的《关于深化项目评审、人才评价、机构评估改革的意见》，不仅涉及项目评审、人才评价、机构评估等科技体制改革的具体内容，也涉及科研诚信、科技成果分配等价值导向。可以说，这些政策的出台为科技体制改革提供了具体的方向和建议，确立了以激发科研人员活力为主要思想，以消除科技创新的种种障碍为主要手段，以提高广大科研人员的积极性、主动性、创造性为主要目的。但是，这些政策主要是从宏观上规划和指导，都是处于“建章立制”的谋划阶段，没有进入“落实实施”的新阶段。[②] 而李克强总理在2019年的政府工作报告中明确提出，“进一步提高基础研究项目间接经费占比，开展项目经费使用‘包干制’改革试点，不设科目比例限制，由科研团队自主决定使用”。特别是“包干制”改革试点和“不设科目比例限制”的提出，突破了科研项目严格按照预算来使用的惯例，这是我国科技体制改革上的重大突破，具有里程碑的意义。这充分体现了对科研人员的尊重和信任。只有真正减少了科研活动的行政干预，赋予科研人员和机构更大的自主权，才能更好地激发科研人员的创新活力，使科研人员潜心向学、创新突破，迎来“各类英才竞现、创新成果泉涌的生动局面”。

（四）科技创新为传统产业的发展提供了新的契机

科技创新不仅促进了新技术、新产业、新业态和新模式的诞生，

① 孙祁祥：《把握战略机遇　深化四项改革》，《经济参考报》2019年3月20日。

② 梁正：《科技体制改革的关键是“解放科学家”》，《学习时报》2019年3月27日。

也为传统行业的发展进行赋能，为传统产业的发展提供了新的契机。改革开放以来，以制造业为主的传统产业对我国经济的快速发展起到了积极的推动作用，造就了我国经济腾飞的奇迹，为我国实现工业现代化奠定了坚实基础。但是，进入 21 世纪以来，随着我国要素成本的上升和资源环境压力的不断增大，传统产业面临转型升级的重任。特别是 2010 年以后，我国出现了传统产能过剩的局面，2015 年我国开始实施供给侧结构性改革，十九大报告提出了建设现代化经济体系的任务，其中传统产业优化升级是建设现代产业体系的重要组成部分。对于传统产业，我们应该做到以下三点认识。首先，工业化并非制造业占比越低越好，制造业保持合理比重是经济社会持续发展的现实需要。其次，以制造业为主体的传统产业是现代化经济体系的重要组成部分，制造业是一个国家综合实力的重要体现，传统产业转型升级是实现经济的高质量发展的必然要求，在我国建设现代产业体系中发挥重要作用，加快实体经济发展，促进传统产业转型升级是实现高质量发展的基础。最后，新兴产业和传统产业是相对的，传统产业经过技术、设备、生产流程和运营模式等方面的改造提升，会焕发新的活力，传统行业并非没有机会，关键是实现转型升级。科技创新是推动传统产业转型升级的必要驱动力，也是传统产业升级发展的根本途径，传统产业必须依靠科技创新，才能突破自身发展瓶颈，实现转型升级。现阶段，我们要继续推进供给侧结构性改革，在加大落后过剩产能淘汰力度的同时，加快技术、品牌、商业模式升级，推动传统产业改造升级和融合更新。在建设现代化农业方面，可以利用现代科技提升改造传统农业，提高农业的产业化水平，实现市场化、规模化、集约化经营。在建设现代化工业方面，要以“互联网 +”为基础，整合传统资源，实现传统工业和互联网的深度融合，推动生产、管理和营销模式的变革，实现价值链的重构和升级。特别是在制造业领域，应该全力打造工业互联网平台，拓展“智能 +”，为制造业转型升级赋能，推进制造强国建设，促进我国实体经济发展，让更多国内外用户选择“中国制造、中国服务”。

四　立足创新能力提升弥补科技创新机制短板

2019 年，面对更加复杂的国内外形势，围绕 2020 年实现进入创新型国家行列的目标，根据我国科技强国建设存在的短板和差距，立足国家创新体系建设，推进体制机制改革，实现关键技术突破和提升，加快推进我国的科技强国建设。

（一）立足长期能力培养，集中资源加强关键基础环节的建设

首先，发挥国家资金的引导作用，鼓励企业加大研发投入，力争 2020 年实现研发强度达到 2.5% 的目标。特别是应该重视基础研究，加大基础研究的投入力度，为掌握关键核心技术提供源泉。充分发挥我国的制度优势，构建国家创新中心和国家级共性技术平台，加强关键核心技术和共性技术的研发和系统集成，提升我国的自主创新能力，努力在一些关键核心领域取得突破。同时，优化知识产权保护环境，不断激发企业的创新活力。加大高端人才引进力度。充分利用全球创新资源，进一步加大对引进海外高科技领域高端人才的支持力度。通过提高关键环节建设，促进我国中长期科技创新的系统布局。

（二）全面释放科研人员的活力

科技创新本质上是人的创造性活动，科技创新必须要以人为本。推进科技体制改革，必须破除体制机制障碍，要在制度安排、政策保障、环境营造上下功夫，激发科研人员的创新激情和活力。2019 年的政府报告提出科技体制改革是科技工作的重点，指出“要充分尊

重和信任科研人员，赋予创新团队和领军人才更大的人财物支配权和技术路线决策权”，并且提出要开展项目经费使用“包干制”改革试点。由于“包干制”在符合项目委托方和财务管理规定下，可以由项目负责人具体进行经费使用管理，这样可以弥补间接费用比例过低的不足，体现智力贡献。但是，目前“包干制”的落实还面临一定的困难，需要相关部门联合出台方案，落实各部门的责任职权，细化推行办法，完善科研成果评价机制和科研人员的诚信机制等一系列配套措施，才能在政策法规的引导与约束下推行“包干制”。[①] 总体来看，科技体制改革需要在科研管理体制、评价机制和转化机制上进行改革。一是改变科研管理机制，运用项目“包干制”等方式，把人的创造性活动从不合理的经费管理、人才评价等体制中解放出来，让科研经费为人的创造性活动服务。二是改革科技评价制度等，根据不同行业的特点建立中长期绩效评价制度，营造有利于科技人才安心、专心、潜心研究的制度环境。三是进一步完善科技成果转化机制，更多地发挥市场机制的选择作用，由社会实践来衡量科研创新成果。针对科技创新体制机制关键问题，加大改革力度，为科研人员提供更好的科研环境，营造良好的科研生态，更好地支持科研活动。

（三）积极探索国际科技创新模式

目前，科技创新已经成为全球竞争的焦点领域，而科技资源全球化配置的趋势愈发明显，这就需要我们充分利用国际创新资源，积极探索国际科技合作新模式，通过国际科技合作来提升我国的创新能力。首先，需要以全球视野谋划和推动科技创新，积极融入全球创新网络，加强国际科技创新合作，积极参与全球科技创新合作。积极推

---

① 《期待“包干制”引发蝴蝶效应》，http：//www. cas. cn/zt/hyzt/2019lh/mtbd/201903/t20190308_ 4684053. shtml，2019 年 3 月 8 日。

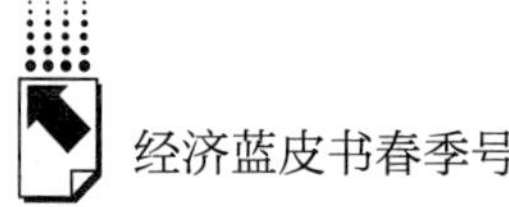

进国家间、国际组织间的科技合作计划，以科研合作项目和基金项目为纽带，支持国内企业与境外产学研合作项目，重点加强基础研究领域的国际合作，提高基础研究水平，增强原始创新能力；以企业为主导，通过项目合作的形式促进国际技术转移，通过支持科技型企业“走出去”，带动科技技术扩散到所需地区，同时对于我国社会发展所需的科技，在全球范围内整合创新资源，促进科技创新的实现；吸引在华的外资企业和研究机构参与国家科技计划项目，发挥跨国企业和研发机构的技术溢出效应，提高原始创新能力。其次，充分利用“一带一路”的建设机遇，面向沿线国家建设科技创新联盟和科技创新基地，为科技研发提供机遇和平台，通过成立科技联盟和国际科技合作交流协会等组织，建立国际科技合作基地和创新示范基地，促进科技成果的交流转化，充分发挥跨国企业和科研机构的技术溢出效应，提高我国的创新能力。最后，加强对国际科技创新合作规则的研究，合理利用国际规则，完善创新国际合作机制和政策，为企业融入全球创新体系提供“引进来”和“走出去”的便利条件，促进创新要素的双向流动，有效利用全球科技资源，提高创新质量和效率。

B.10

当前的税收政策分析

——以中国文化产业发展为例

付广军　李为人*

摘　要： 本报告从中国文化产业发展历史和现状入手，分析了文化产业经济和税收在整个国民经济和全部税收中的地位及作用，特别是对文化产业进行了税负、财政投入和文化消费等不同层面的分析。并根据当前和未来中国文化产业发展水平和前景，认真总结和梳理了中国文化产业税收政策历史和现状，客观地指出了文化产业税收政策存在的主要问题，建设性地提出了完善中国文化产业税收政策的若干建议。

关键词： 税收政策　文化产业　文化及相关产业

20世纪30年代，德国人瓦尔特·本雅明在《机械复制时代的艺术作品》中提出“文化产业”（Cultural Industry），将其作为一种特殊的文化和经济形态。1947年，德国法兰克福学派的西奥多·阿多诺及马克斯·霍克海默在出版的《启蒙的辩证法》中提出“文化

* 付广军，国家税务总局税收科学研究所研究员，中安联合博士后工作站博士后导师，民建中央财政金融委员会副主任；李为人，中国社会科学院大学公共政策与管理学院副院长，副教授。

产业”（Cultural Industry），用来批评资本主义社会下大众文化的商品化及标准化，对于“文化产业”的定义具有批判色彩。随着时代的发展，文化产业逐渐成为泛化意义上的“文化—经济”类型的专有名词。由于文化差异及经济发展水平不一，各国对文化产业的定义不尽相同，但均认为文化产业是一国参与全球竞争的重要软实力，同时具有低成本、高回报、输出无摩擦、利于展现国家形象等诸多优点。

“文化创意产业”（Cultural and Creative Industry）则兴起于“创意产业”，是创意产业的核心部分，也是文化产业的重要分支。文化创意产业在各国定义不同，但都已经成为欧洲、北美、澳洲、东亚、南亚地区文化和经济界高度关注的问题。

文化产业伴随知识经济和后工业化时代而兴起，在国际上更多地被称为创意产业、内容产业或版权产业。联合国教科文组织将文化产业定义为生产和传播文化产品和服务的一系列活动，这些产品和服务的特定属性、用途或目的，不论其可能具有何种商业价值，都承载或传达了文化表达。

目前，联合国教科文组织将文化产业界定为：按照工业标准生产、再生产、储存及分配文化产品和服务的一系列活动。这并非文化产业的唯一定义，各个国家（地区）由于经济、政治、文化、社会发展的背景阶段不同，对文化产业概念的理解也不尽相同，故而对文化产业并没有统一的界定。

在中国，国家统计局最新的产业分类《国民经济行业分类（2018）》中将文化产业定义为：为社会公众提供文化产品和文化相关产品的生产活动的集合，主要包含三个层次：一是内容层面的文化产品生产，二是渠道层面的文化传播，三是依存于前两者的辅助生产和中介服务。另外，按照国家统计局《中国统计年鉴》行业增加值的分类：1996～2003 年为教育、文化艺术和广播电影电视业，2004

年以后改为文化产业，包括文化、体育和娱乐业。

对文化产业的研究，涉及宏观经济、文化市场，还涉及文化产业税收政策。为了更好地研究税收政策在文化产业发展中所产生的促进作用，以下将结合中国文化产业发展状况，探讨现行文化产业税收政策及未来完善的重点。

一　中国文化产业发展及税收状况分析

（一）中国文化产业发展现状

中国文化产业伴随着人民群众文化消费的增长显示出了迅速发展的态势，市场投资于文化产业备受青睐，文化产品和服务种类日益丰富，文化产业对国民经济的影响力也持续加大。

1. 文化及相关产业发展情况分析

按照可查询的文化产业数据，1996～2003 年文化产业增加值很小，而且变化不大，到 2003 年文化产业增加值也只有 307.2 亿元，占 GDP 的 0.22%。可以看出中国对文化产业不够重视，对文化产业的统计也不完整，这严重制约了文化产业的发展。自 2004 年国家统计局发布《文化及相关产业分类》以来，中国开始重视文化产业的发展，也调整了文化产业的统计口径。中国文化产业增加值从 2004 年的 3440 亿元，逐年增加，2005～2007 年增速均超过 20%，2008 年增速略有下降，基本保持高于同期 GDP 年增速 6 个百分点以上。相关统计资料显示，2017 年文化及相关产业增加值为 34722 亿元，同比增长 12.8%，文化及相关产业增加值占 GDP 的比重逐年提高，从 2004 年的 2.13% 提高到 2017 的 4.20%，较 2004 年提高 2.07 个百分点（见表 1、图 1、图 2、图 3）。

表 1　1996～2017 年中国文化及相关产业状况

单位：亿元，%

年份	文化及相关产业			国内生产总值（GDP）	占 GDP 比重
	增加值	较上年增加	同比增长		
1996	211.84	—	—	71813.6	0.29
1997	207.14	-4.70	-2.2	79715.0	0.26
1998	207.62	0.48	0.2	85195.5	0.24
1999	191.29	-16.33	-7.9	90564.4	0.21
2000	205.95	14.66	7.7	100280.1	0.21
2001	210.68	4.73	2.3	110863.1	0.19
2002	250.00	39.32	18.7	121717.4	0.21
2003	307.20	57.20	22.9	137422.0	0.22
2004	3440	—	—	161840.2	2.13
2005	4253	813	23.6	187318.9	2.27
2006	5123	870	20.5	219438.5	2.33
2007	6455	1332	26.0	270232.3	2.39
2008	7630	1175	18.2	319515.5	2.39
2009	8786	1156	15.2	349081.4	2.52
2010	11052	2266	25.8	413030.3	2.68
2011	13479	2427	22.0	489300.6	2.75
2012	18071	4592	34.1	540367.4	3.34
2013	21351	3280	18.2	595244.4	3.59
2014	23940	2589	12.1	643974.0	3.72
2015	27235	3295	13.8	685505.8	3.97
2016	30785	3550	13.0	744127.0	4.14
2017	34722	3937	12.8	827121.7	4.20

注：1996～2003 年的统计口径是原文化部的部门数据，包含艺术业、图书馆业、群众文化业、文化娱乐业；2004 年以后采用《文化及相关产业分类》；2012 年以后采用《文化及相关产业分类（2012）》。

资料来源：《中国文化文物统计年鉴（1996～2017）》。

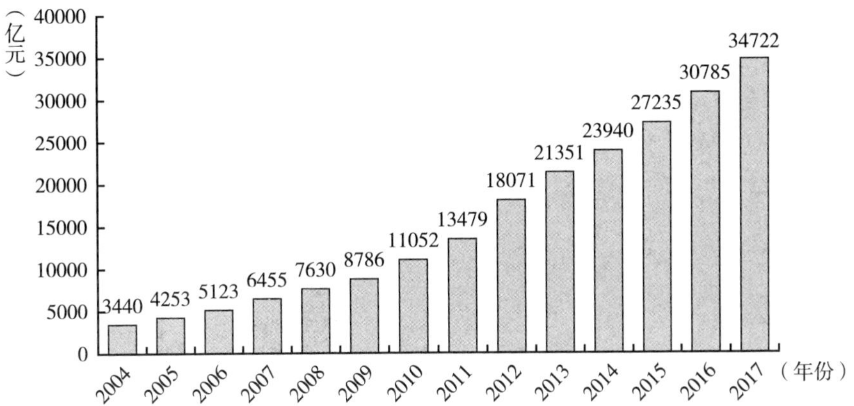

图 1　2004～2017 年中国文化及相关产业增加值

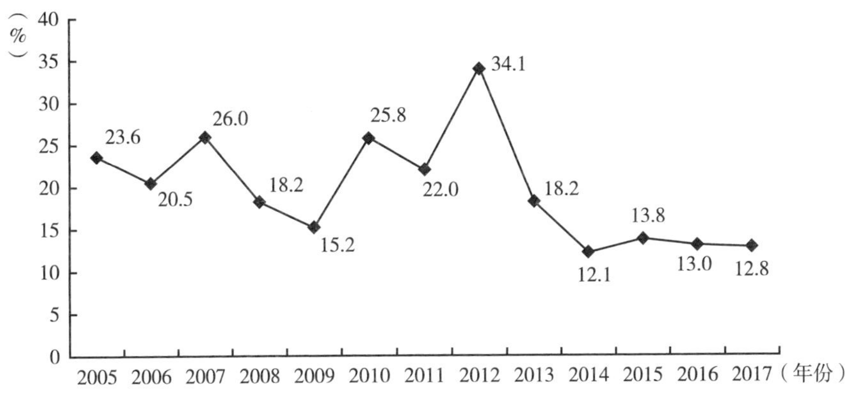

图 2　2005～2017 年中国文化及相关产业增加值增长率

从图 2 可以看出，文化及相关产业发展主要分为三个阶段：2004～2012 年，呈无规则剧烈波动增长阶段，2005 年较上年增长 23.6%，2012 年较上年增长 34.1%，最低的 2009 年仅比上年增长 15.2%；2012～2014 年，呈断崖式下降阶段，2013 年较上年增长 18.2%，较上年下降 15.9 个百分点，2014 年较上年增长 12.1%，较 2013 年下降 6.1 个百分点；2014 年以后进入平稳增长阶段，2015 年较上年增长 13.8%，2016 年同比增长 13.0%，2017 年同比增长 12.8%。

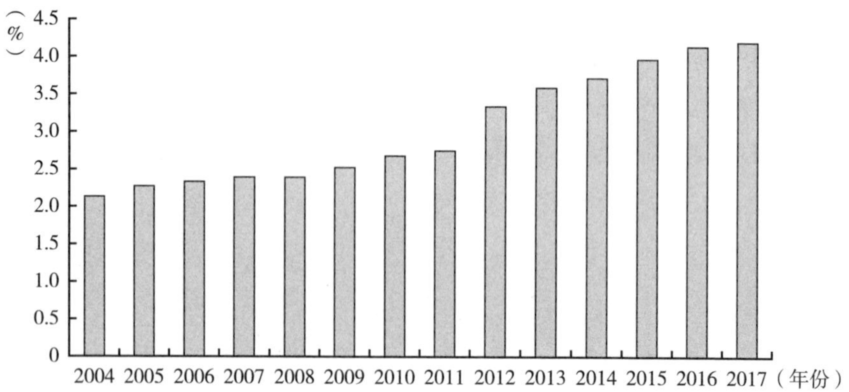

图3　2004～2017年中国文化及相关产业增加值占GDP比重

从表1和图3可以看出，文化及相关产业占GDP的比重逐年稳步提高，2005年文化及相关产业占GDP的比重为2.13%，到2012年超过3%，为3.34%，2016年超过4%，为4.14%，2017年为4.20%，离国民经济支柱产业5%的标准越来越近。

《国家“十三五”时期文化产业发展改革规划纲要》指出，到2020年末，文化产业将成为国民经济的支柱产业。随着国民经济的不断发展，中国人均国内生产总值不断增长，2011年达到5633美元，2017年达到8826美元。根据国际通行惯例，当人均GDP超过5000美元时，文化产业将会呈现出快速发展的态势，为什么中国文化产业没有出现快速增长态势，原因有：一是中国人均GDP从5000美元到2015年超过8000美元，仅用了短短5年，文化消费短时间内很难有明显改变。文化消费的不足，直接影响了文化产业的发展。二是中国居民主要消费支出用于医疗、教育和住房，挤占了文化消费，而发达国家（特别是高福利国家）这些方面基本是免费的，因此，在这些国家文化消费占比高，直接刺激了文化消费。中国文化消费的高峰期可能会迟到，但不会缺席，未来中国文化消费一定会出现高潮，文化产业一定会有较高的发展空间。

2. 文化、体育和娱乐业增加值分析

在中国，文化产业的精准统计口径尚未统一，并没有单独的文化产业增加值分类数据。为了寻找与文化产业税收收入相对应的文化产业增加值数据，便于进行税收与经济分析，我们在《中国统计年鉴》行业分类中采用了与文化产业近似的教育、文化艺术和广播电影电视业（2003 年前），文化、体育和娱乐业（2004 年后）。根据《中国统计年鉴 2018》资料显示，2016 年文化、体育和娱乐业（以下也同样简称文化产业）增加值仅为 5483.7 亿元，仅占 GDP 的 0.737%，占三产增加值的 1.427%，比前述文化及相关产业增加值数据要小很多。

同样是国家统计局公布的数据，文化产业其含义和口径不同，结果也差异较大。中国对文化及相关产业的范围与教育、文化艺术和广播电影电视业，文化、体育和娱乐业范围既有交叉，也有不同，总体上讲，文化及相关产业统计的口径和数值要比后两者大。加上各地对文化产业的称谓也不一致，多数地区称文化产业，少部分地区称文化创意产业（例如北京市目前采用此称谓）。

表 2　1996 ~ 2017 年中国文化产业增加值

单位：亿元，%

年份	国内生产总值（GDP）	第三产业增加值	文化产业		文化产业增加值占比	
			增加值	同比增长	占 GDP	占三产
1996	71813.6	24107.2	1354.9	—	1.887	5.620
1997	79715.0	27903.8	1573.2	16.1	1.974	5.638
1998	85195.5	31558.3	1823.9	15.9	2.141	5.779
1999	90564.4	34934.5	2098.0	15.0	2.317	6.006
2000	100280.1	39897.9	2391.2	14.0	2.385	5.993
2001	110863.1	45700.0	2768.7	15.8	2.497	6.058
2002	121717.4	51421.7	3090.4	11.6	2.539	6.010
2003	137422.0	57754.4	3415.1	10.5	2.485	5.913
2004	161840.2	66648.9	1043.2	—	0.645	1.565

续表

年份	国内生产总值（GDP）	第三产业增加值	文化产业		文化产业增加值占比	
			增加值	同比增长	占 GDP	占三产
2005	187318. 9	77427. 8	1204. 5	15. 5	0. 643	1. 556
2006	219438. 5	91759. 7	1362. 7	13. 1	0. 621	1. 485
2007	270232. 3	115810. 7	1631. 3	19. 7	0. 604	1. 409
2008	319515. 5	136805. 8	1922. 4	17. 8	0. 602	1. 405
2009	349081. 4	154747. 9	2231. 0	16. 1	0. 654	1. 507
2010	413030. 3	182038. 0	2495. 8	11. 9	0. 622	1. 438
2011	489300. 6	216098. 6	3134. 5	20. 5	0. 636	1. 465
2012	540367. 4	244821. 9	3530. 6	14. 6	0. 663	1. 486
2013	595244. 4	277959. 3	3867. 7	9. 6	0. 650	1. 391
2014	643974. 0	308058. 6	4274. 5	10. 5	0. 664	1. 388
2015	685505. 8	344075. 0	4931. 2	15. 4	0. 719	1. 433
2016	744127. 0	384221. 0	5483. 7	11. 2	0. 737	1. 427
2017	827121. 7	427032. 0	—	—	—	—

注：1996～2003 年文化产业为教育、文化艺术和广播电影电视业，2004 年以后文化产业为文化、体育和娱乐业。

资料来源：历年《中国统计年鉴》。

1996 年文化产业（教育、文化艺术和广播电影电视业）增加值 1354. 9 亿元，占 GDP 的 1. 887%，占第三产业增加值的 5. 62%。到 2003 年文化产业增加值为 3415. 1 亿元，占 GDP 的 2. 485%，较 1996 年提高 0. 598 个百分点，占第三产业的 5. 913%，较 1996 年提高 0. 293 个百分点。可以看出，文化产业发展及其在国民经济中的地位变化不大。

从文化产业的增速看，1997～2001 年比较平稳，除 2000 年为 14. 0% 外，均高于 15%，最高与最低仅相差 1. 1 个百分点。2002 年、2003 年文化产业增速明显下滑，2003 年增速较 2001 年下降了 5. 3 个百分点。

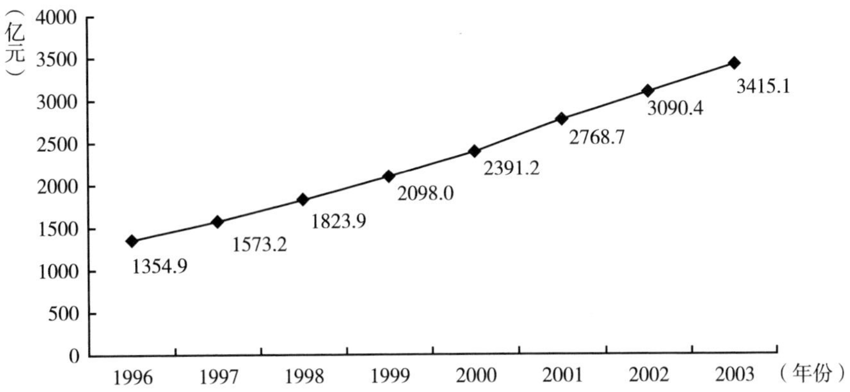

图4　1996～2003年中国教育、文化艺术和广播电影电视业增加值

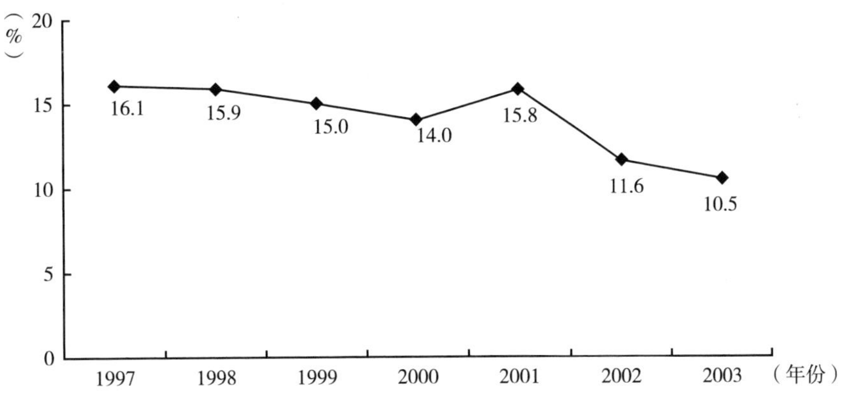

图5　1997～2003年中国教育、文化艺术和广播电影电视业增加值增速

2004年文化产业（文化、体育和娱乐业）增加值1043.2亿元，占GDP的0.645%，占第三产业增加值的1.565%。到2016年文化产业增加值为5483.7亿元，占GDP的0.737%，较2004年提高0.092个百分点，占第三产业的1.427%，较2004年下降0.138个百分点。可以看出文化产业发展在国民经济中的地位有所降低。

从文化产业的增速看，2005～2016年震荡下行，2011年最高达20.5%，2013年最低为9.6%，二者相差10.9个百分点。

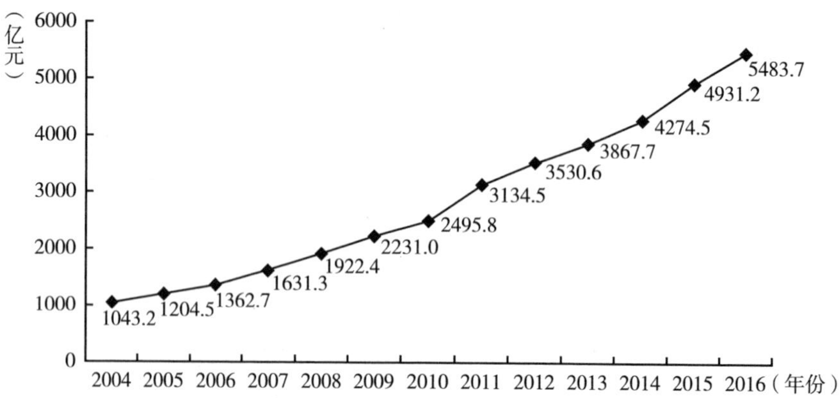

图 6　2004～2016 年中国文化、体育和娱乐业增加值

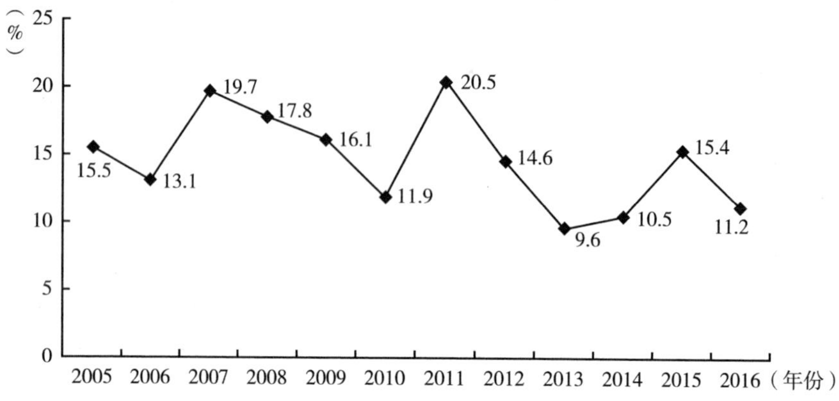

图 7　2005～2016 年中国文化、体育和娱乐业增加值增速

中国文化产业发展的统计口径不断调整，按照同口径比较分析，尽管总量不断增加，但是与国际文化发达国家相比，文化产业占 GDP 的比重相对较低。国际知识产权联盟颁布的《美国集中的版权产业：2011 年报告》显示，2010 年美国创意产业增加值为 16279 亿美元，占 GDP 的 11.1%。文化产业一直以来是日本的支柱产业，据统计，2015 年日本 GDP 共计 4.21 万亿美元，其中文化产业增加值为 0.39 万亿美元，文化产业占 GDP 的比重为 9.3%。

尽管中国文化产业有两种口径、三种产业范围，但是即使是按照第一种口径的文化及相关产业增加值占 GDP 的比重，也远远低于发达国家。

（二）公共财政用于文化、体育与传媒支出情况

按照《中国统计年鉴》，2017 年用于文化、体育与传媒的公共支出为 3391.93 亿元，仅占全部公共财政支出的 1.67%。其中，中央财政用于文化、体育与传媒的支出仅为 270.92 亿元，占中央公共支出的 0.91%；地方财政用于文化、体育与传媒的支出为 3121.01 亿元，仅占地方公共财政支出的 1.80%。可见，中国公共财政支出中用于文化、体育与传媒事业及文化产业部分还是很少的，支出比率非常低。因此，要发展文化产业、文化事业，从财政支出角度来说，更需要加大扶持力度。

表 3　2012～2017 年中国财政用于文化等方面的支出

单位：亿元

年份	公共财政			文化、体育与传媒		
	总支出	中央	地方	总支出	中央	地方
2012	125952.97	18764.63	107188.34	2268.35	193.56	2074.79
2013	140212.10	20471.76	119740.34	2544.39	204.45	2339.94
2014	151785.56	22570.07	129215.49	2691.48	223.00	2468.48
2015	175877.77	25542.15	150335.62	3076.64	271.99	2804.65
2016	187755.21	27403.85	160351.36	3163.08	247.95	2915.13
2017	203085.49	29857.15	173228.34	3391.93	270.92	3121.01

资料来源：历年《中国统计年鉴》。

表4　2012～2017年中国文化事业支出占财政支出比重

单位：%

年份	文化、体育与传媒支出占财政支出比重	中央部分占中央支出比重	地方部分占地方支出比重
2012	1.80	1.03	1.94
2013	1.81	1.00	1.95
2014	1.77	0.99	1.91
2015	1.75	1.06	1.87
2016	1.68	0.90	1.82
2017	1.67	0.91	1.80

注：根据表3资料计算得出。

（三）中国文化消费状况分析

中国文化产业的发展离不开文化市场的培育，文化市场包括文化产品和服务的生产供给端和消费需求端。即使文化产业的生产效率很高，但是文化产品没有市场，没人去进行文化消费，文化产业也会停滞不前。所以，促进文化产业发展还必须从文化消费角度来拉动。比如，大众观看电影的习惯，年轻人和老年人是不同的，老年人一般不会经常去电影院，除非单位或工会免费赠送电影票，才会进入电影院观影，而年轻人却经常去电影院看电影。很多时候，人们去看电影并不是因为了解影片的内容好坏，而是因为受了他人的观影评价影响才去的。因此，文化消费也需要引导。

文化消费与收入水平有关，但不是完全的正相关关系。中国现阶段文化消费的主流消费者是年轻人，那些自身没有稳定收入的年轻群体，他们背后至少有6个以上的文化消费赞助者，我们称为文化消费的“1+6”现象，具体来说，在一个家庭中，文化消费最多的是年轻人（多数是独生子女），自己没收入，背后有长辈支持文化消费。

因此，文化消费与实际收入并不挂钩，这也是一种消费习惯。

与城市相比，农村的文化消费水平普遍偏低，农村居民更多地采取公共文化消费方式，如国家文化部推广的送文化下乡政策。据了解在广大的农村地区，特别是西部农村地区，很少有人去电影院观影。所以要促进文化产业的发展，如何刺激农村文化消费很重要。

随着中国居民收入的增加，文化消费也会呈现持续上升趋势。王亚南的《中国文化消费需求景气评价报告》显示，1991 年至 2012 年，中国的人均文化消费从 58.07 元上升到 844.45 元。人均文化消费占总消费的比重基本维持在 7% 左右，文化消费占居民收入比重也基本维持在 5%。

《中国统计年鉴》显示，文化消费包括教育、文化、娱乐消费，其中教育占了很大比重。2013 年中国人均文化（含教育、文化、娱乐，下同）消费 1397.7 元，文化消费占总消费的比重为 10.57%，占人均居民收入的 7.63%。到 2017 年中国人均文化消费达到 2086.2 元，文化消费占人均消费支出的 11.39%，较 2013 年提高 0.82 个百分点，占人均居民收入的 8.03%，较 2013 年提高 0.4 个百分点。

表 5　2013 ~ 2017 年中国人均文化消费水平

单位：元，%

年份	人均教育、文化、娱乐消费	人均消费支出	人均居民收入	教育、文化、娱乐消费占比	
				占消费比	占居民收入比
2013	1397.7	13220.4	18310.8	10.57	7.63
2014	1535.9	14491.4	20167.1	10.60	7.62
2015	1723.1	15712.4	21966.2	10.97	7.84
2016	1915.3	17110.7	23821.0	11.19	8.04
2017	2086.2	18322.1	25973.8	11.39	8.03

资料来源：历年《中国统计年鉴》。

中国城乡人均文化消费差距很大，2017 年城镇人均文化消费 2846.6 元，农村人均文化消费 1171.3 元，城镇人均文化消费是农村的 2.43 倍；城镇人均文化消费占总消费的 11.64%，农村人均文化消费占总消费的 10.69%，城乡人均文化消费占总消费的比重差距不大，均处于较低水平。

此外，中国区域文化消费水平也存在较大差别，大城市（特别是北、上、广、深一线城市）城镇人均文化消费水平较高。这些城镇人均文化消费水平较高的城市，文化产业的发展水平也高。有关资料显示，2014 年中国城镇居民人均文化消费方面，北京为 3610.9 元，占居民人均收入的 12.9%；上海为 3605 元，占居民人均收入的 10.2%；广州为 4271.9 元，占居民人均收入的 12.8%。假如中国城镇人均文化消费水平能达到这些城市的水平，中国的文化产业发展就会具有强劲的拉动力。

表 6　2013～2017 年中国城乡人均文化消费对比

单位：元，%

年份	城镇人均教育文化娱乐			农村人均教育文化娱乐			城镇为农村的倍数
	文化消费	消费	占消费比	文化消费	消费	占消费比	
2013	1988.3	18487.5	10.75	754.6	7485.1	10.08	2.63
2014	2142.3	19968.1	10.73	859.5	8382.6	10.25	2.49
2015	2382.8	21392.4	11.14	969.3	9222.6	10.51	2.46
2016	2637.6	23078.9	11.43	1070.3	10129.3	10.57	2.46
2017	2846.6	24445.0	11.64	1171.3	10954.5	10.69	2.43

资料来源：历年《中国统计年鉴》。

居民的文化消费潜力亟待挖掘，因此，需要国家和政府制定促进文化产业发展和鼓励文化消费的政策。与其他商品消费不同，文化消费一般不属于必需品，低收入者没能力消费，部分高收入者没有文化消费习惯。培育文化消费习惯需要一个过程，今后应该强化文化消费的引导，用提高居民的文化消费水平来拉动文化产业的发展，短期可以通过增加财政支出来对文化消费进行补贴，引导城乡居民文化消费。

对文化产业的税收优惠政策主要集中在扶持文化生产方面，也就是通过文化产品和服务的供给端来扶持。目前税收政策对文化产业给予了巨大扶持，文化产业的税负较其他行业税负低了一半。但是，仅仅依靠税收优惠政策来支持文化产业发展是不够的。由于文化产业自身的特点，部分文化企业利润空间较小，即使税收政策再优惠也难以发挥作用。这与中国目前的税制设计有关，按照马克思理论的生产、交换、收入、分配等环节，中国的税制设计以生产环节税收为主（例如增值税），在文化消费环节的税收较少。实行“营改增”后，可考虑采取在消费环节征税。文化消费还有一个特点，就是消费与生产同时进行，属于最终产品和服务消费，对文化消费采取低税率，不影响上下游行业的增值税抵扣。建议未来的文化税收政策扶持的着力点在刺激文化消费方面，也就是从需求端扶持。

改变对文化消费的看法。传统观念认为文化消费属于高端消费，属于高收入者才能负担起的消费，基于这种看法，假如对文化产业采用低税率，则对低收入者不公平。党的十九大报告指出，中国社会主要矛盾已经转化为人民日益增长的美好生活需要和不平衡不充分的发展之间的矛盾。同时指出，人民美好生活需要日益广泛，对物质文化生活提出了更高要求。因此，认真学习领会十九大精神，改变对文化消费观念的传统看法，鼓励居民提高文化消费水平。同时文化消费是居民提高文化修养、文化素质的需要，对文化消费就应该采取低税率。事实上，文化消费已经日益渗透每一个人的日常生活，文化消费属于大众消费。

针对文化产业和文化消费存在的诸多问题，对于提高居民文化消费、促进文化产业转型升级有以下对策建议。第一，从文化消费能力的视角，最关键在于提高居民收入水平，增加居民文化消费支出。温饱问题没有解决，文化消费便无从谈起。居民收入水平提高了，除了满足日常生活需求外，会有更多的闲钱用于文化消费，因此，提高居民收入是第一位的。第二，从文化消费意愿的视角看，应该提升居民的文化素养，准确引导居民文化消费。第三，从文化消费供给的视角看，应该大力发展文化产业，推动文化产业转型升级。第四，从文化消费保障的视角看，要继续完善文化基础设施，建好文化消费软、硬环境。

（四）中国文化产业税收情况分析

按照与文化产业增加值同口径的文化产业（即文化、体育和娱乐业，下同）计算，2017 年中国税收总收入为 155734.72 亿元，其中文化产业税收收入仅为 570.76 亿元，占全部税收收入的 0.366%，占第三产业税收收入的 0.654%。目前与文化及相关产业增加值同口径的文化产业税收收入数据无法获取。进行文化产业税收和税负分析，数据保持口径的一致性尤为重要，建议国家统计局和国家税务总局对文化及相关产业的税收口径尽快达成一致。

表 7　2012～2017 年中国文化产业税收收入

单位：亿元，%

年份	税收收入	三产税收	文化产业税收收入		文化产业税收收入占比	
			绝对数	同比增长	占税收收入	占三产税收收入
2012	110740.04	55829.58	358.67	—	0.324	0.642
2013	119942.99	63017.80	372.53	3.9	0.311	0.591
2014	129541.07	69287.90	400.70	7.6	0.309	0.578
2015	136021.48	74531.15	416.68	2.7	0.306	0.559
2016	140499.04	79435.30	486.32	16.7	0.346	0.612
2017	155734.72	87319.04	570.76	17.4	0.366	0.654

注：文化产业为文化、体育和娱乐业，与《中国统计年鉴》保持一致。

资料来源：国家税务总局收入规划核算司《税收月度快报》。

自 2012 年国家税务总局收入规划核算司开始统计文化、体育和娱乐业税收收入数据，之前文化、体育和娱乐业相关税收收入数据无法获取，这给分析文化产业税收及税负的长期趋势带来困难。2012年文化产业税收收入仅为358.67亿元，仅占税收收入的0.324%，占第三产业税收收入的0.642%，随后的几年，文化产业税收收入增速远低于税收收入增速，因此，占比出现下降，到2016年文化产业税收收入开始加速增长，较上年增长16.7%，占全部税收收入的0.346%。2017年文化产业税收收入为570.76亿元，较上年增长17.4%，占全部税收收入的0.366%。

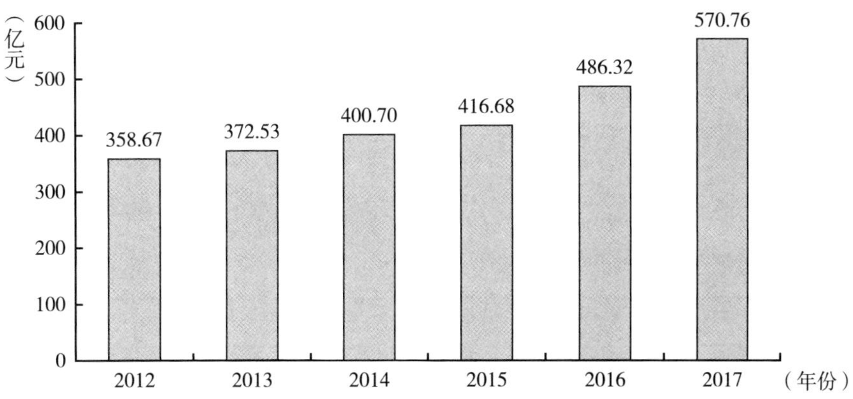

图8　2012～2017年文化、体育和娱乐业税收收入

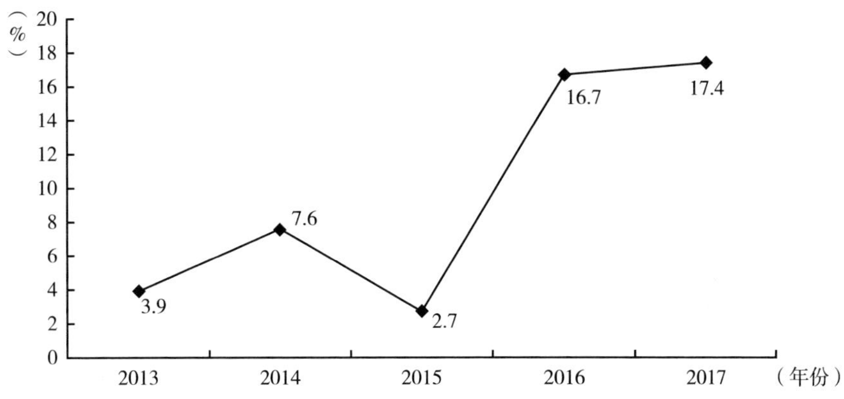

图9　2013～2017年文化、体育和娱乐业税收收入增速

（五）中国文化产业税负分析

实际上，中国针对文化产业税收的优惠政策有很多。从文化产业的税负情况即可看出，宏观税负是税收收入占 GDP 的比重，2016 年税收收入占 GDP 的比重为 18.9%，不包括收费、养老金，第三产业的税负为 20.7%，高于宏观税负 1.8 个百分点，文化产业税负为 10.4%，较宏观税负低 8.5 个百分点，是第三产业税负的一半。其他年份文化产业的税负 2012 年为 10.4%，2013 年为 9.6%，2014 年为 9.4%，2015 年最低仅为 8.4%，大大低于宏观税负和第三产业税负（见表 8、图 10）。

表 8　2012～2016 年中国文化产业税负状况

单位：%

年份	宏观税负	第三产业税负	文化产业税负
2012	21.3	24.1	10.4
2013	21.1	24.0	9.6
2014	20.1	22.5	9.4
2015	19.8	21.7	8.4
2016	18.9	20.7	10.4
2017	18.8	20.4	—

总体来看，中国文化产业是轻税的，税收政策对文化产业的支持力度较大。当然评价一个行业税负轻重，与这个行业税负的高低有一定关系，但是也不能就此判断税负高税负就重、税负低税负就轻。税负高不等于不重，税负低不等于轻。比如，房地产行业的税负在 40%以上，房地产行业的税负并不重，因为该行业的利润率高。也就是说，只有用行业税收收入比行业税收收入加净利润，才能评价这个行业的税负轻重，即税负的分子是税收收入，分母是税收收入加净利

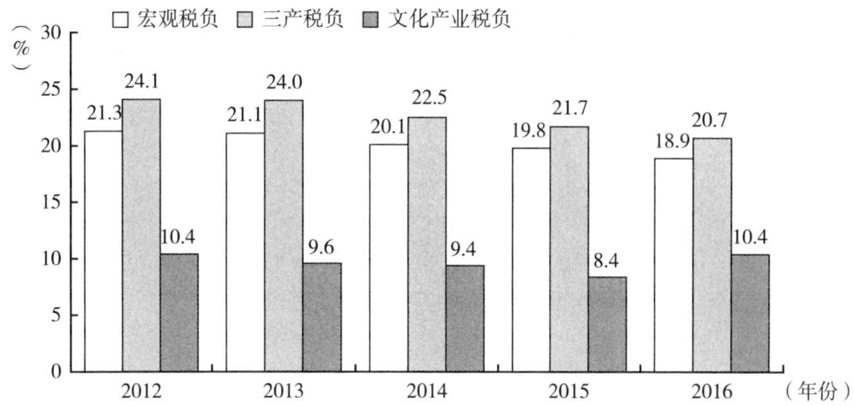

图 10　2012～2016 年文化、体育和娱乐业税负与宏观税负、三产税负比较

润。如果企业的净利润为零，企业的税负就达到百分之百，就进入拉弗曲线的禁税区。文化产业的税负远低于其他产业，也不能因此判定文化产业的税负轻，还要看文化产业的净利润情况。如果文化企业的净利润为零，那么税负也是重的。

二　中国文化产业税收政策梳理

（一）增值税税收优惠政策

第一，文化产品出口按照国家现行税法规定享受出口退（免）税政策。

第二，自 2010 年 7 月 15 日起，对承担《国家中长期科学和技术发展规划纲要（2006～2020 年）》中科技重大专项项目（课题）的企业和大专院校、科研院所等事业单位使用中央财政拨款、地方财政资金、单位自筹资金以及其他渠道获得的资金进口项目（课题）所需国内不能生产的关键设备、零部件、原材料，免征进口关税和进口环节增值税。

第三，自2007年1月1日起，将音像制品和电子出版物的增值税税率由17%下调至13%，2017年7月1日起下调为11%，2018年5月1日再次下调为10%。

第四，自2009年1月1日起至2013年12月31日，对经国务院或国务院广播影视行政主管部门批准成立的电影制片企业电影拷贝收入、转让电影版权收入、电影发行收入以及在农村取得的电影放映收入免征增值税。

第五，党报、党刊将其发行、印刷业务及相应的经营性资产剥离组建的文化企业，自注册之日起所取得的党报、党刊发行收入和印刷收入免征增值税。

第六，对属于增值税一般纳税人的动漫企业，销售其自主开发生产的动漫软件，按16%的税率征收增值税后，对其增值税实际税负超过3%的部分，实行即征即退政策。

第七，自2009年1月1日起至2010年12月31日，对符合条件的出版物在出版环节、印刷、制作业务实行增值税50%至100%先征后退的政策，对符合条件的新华书店实行增值税免税或先征后退政策。

（二）企业所得税税收优惠政策

第一，对符合条件的非营利文化产业组织的收入免征企业所得税。

第二，经认定的动漫企业自主开发、生产动漫产品，可申请享受国家现行鼓励软件产业发展的所得税优惠政策。软件生产企业实行增值税即征即退政策所退还的税款，由企业用于研究开发软件产品和扩大再生产，不作为企业所得税应税收入，不予征收企业所得税；中国境内新办软件生产企业经认定后，自获得年度起，第一年和第二年免征企业所得税，第三年至第五年减半征收企业所得税；

国家规划布局内的重点软件生产企业，如当年未享受免税优惠的，减按10%的税率征收企业所得税；软件生产企业的职工培训费用，可按实际发生额在计算应纳税所得额时扣除；企事业单位购进软件，经主管税务机关核准，其折旧或返销年限可以适当缩短，最短可为2年。

第三，在文化产业支撑技术等领域内，按规定认定的高新技术企业，减按15%的税率征收企业所得税；文化企业开发新技术、新产品、新工艺发生的研究开发费用，允许按国家税法规定在计算应纳税所得额时加计扣除。

第四，从2009年1月1日至2013年12月31日，经营性文化事业单位转制为企业，自转制注册之日起免征企业所得税。

第五，对2008年12月31日前新办的政府鼓励的文化企业，自工商注册登记之日起，免征3年企业所得税，享受优惠的期限截止到2010年12月31日。

（三）营业税改增值税后文化产业税收政策

文化产业属于第三产业，原来缴的是营业税，现在改成增值税。《财政部　国家税务总局关于在全国开展交通运输业和部分现代服务业营业税改征增值税试点税收政策的通知》（财税〔2013〕37号）规定，自2013年8月1日起，在全国范围内开展部分现代服务业营改增试点，部分现代服务业涉及文化产业的有：提供信息技术服务、文化创意服务、广播影视服务，税率为6%。

三　中国现行文化产业税收政策存在的主要问题

改革开放以来，中国文化产业蓬勃发展，对国民经济的贡献逐年提高。中国政府陆续出台的一系列扶持文化产业发展的经济政策取得了积极的市场效果。但是有关文化产业的税收政策目前还存在不完善之处。

（一）文化产业税收政策法律层级较低，尚未建立专门的文化产业税收体系

文化产业主要税收制度的法律效力层次较低。中国有关文化产业税收优惠的法律规定层级偏低，全国人大及其常委会的立法并没有指向文化产业税收政策的条款，当前有关文化产业的税收规定多见于国务院颁布的行政法规、有关部委发布的部门规章中，法律效力层次较低，在实际运行中也容易产生较多问题，如税收优惠幅度的稳定性差、变动性强等。而且，除个别产业外，很少能够根据文化产业各个行业本身的特点做出相适用的规定，没有形成促进文化产业发展的系统化、互相配合的税收规范体系。多数相关的税法规定仍主要集中在传统的报刊、音像制作、广播影视等行业，针对新兴文化创意产业方面的规定不多。

针对文化产业的税收优惠措施大多是临时性的。国外经验表明，文化产业从诞生到发展成熟需要 30 年左右的发展期，多变的税收政策显然不利于文化产业的成长与稳定。当然，适当调整文化产业税收政策是必要的，但是调整必须体现鼓励和扶持文化产业发展的长期性，必须沿着既有思路一以贯之。

（二）文化产业税收政策分散，优惠措施针对性较弱

文化产业税收优惠覆盖面包容性不强。2009 年由财政部、海关总署、国家税务总局发布的《关于支持文化企业发展若干税收政策问题的通知》奠定了中国文化产业税收政策的总基调。该通知列举了 18 类可以享受税收优惠的文化企业，虽然已基本覆盖当时中国出现的文化产业类型，但是随着近年来文化产业的大发展，

借助互联网平台和新媒体，新的文化产业形态不断涌现。以这些行业为平台组建的企业却无法享受到应有的税收优惠，显然没有达到文化产业发展整体的战略高度，在客观上不利于新兴文化产业的发展。

文化产业，包括生产型文化企业、以智力活动为主的文化企业，类型较多，种类复杂，现行税收政策有关文化产业的相关规定都比较分散，且互相之间存在矛盾，容易造成企业和政府双方的税收征缴困难。

虽然中国近年来对文化产业采取了一系列税收优惠措施，但是这些税收优惠针对性较弱。从行业税收优惠上讲，现行税收优惠几乎无差别地覆盖到文化产业的各个方面，这样无法有效引导社会资源在不同文化产业之间的区别性配置，从而无法发挥文化产业税收优惠的政策导向性。从地区税收优惠上讲，中国现行税收优惠政策并没有照顾到落后地区的文化产业发展现状，虽然有些地方也会出台税收优惠措施，但由于没有上位法的授权，这些税收优惠措施的合法性存在疑虑。此外，相当多数的地方性税收优惠不具有稳定性，甚至出现朝令夕改的情况，这对于扶持文化产业的发展、吸引文化产业投资来说都是不利的。

（三）文化产业总体税负较重，文化产品和服务的税收优惠范围较小

目前，中国文化产业的企业税负总体较重。以电影产业为例，营改增改革虽然使得电影业所负担的货物和劳务税发生了重大变化，小规模纳税人只需要缴纳 3% 的增值税，但是仍需缴纳 15% 的企业所得税、7% 的城建税、3% 的教育费附加等。电影衍生产品还需缴纳 10% 的增值税，甚至企业还要为部分从业人员承担税率高达 40% 的个人所得税。

另一个值得关注的是重复征税问题。依据现行增值税制，企业用于生产经营的固定资产可以进行抵扣，这有力缓解了企业的增值税重复征税问题。但是文化企业属于知识经济和创意经济，文化产业企业的资产大多数体现为品牌价值、知识产权和人力资源等无形资产。文化企业在开发和交易这些无形资产的过程中，智力投入占据产品成本的绝大部分，但企业在缴纳增值税时很少甚至无法进行相应抵扣。此外，中国目前针对文化产业捐赠并无特殊税收优惠，这与国际上通行做法不相符。

通过与国外文化产业比较发达的国家对比可以发现，对于文化产品和服务的增值税等货物和劳务税的税率都比较低，比如，德国增值税的标准税率是16%，文化企业实施7%的低税率至免税；西班牙增值税标准税率是19.6%，文化产业实施4%的优惠税率；比利时增值税的标准税率是21%，而文化产业除付费电视和有线电视外的最低税率是6%或零税率。比较之下，中国文化产品和服务的税收优惠范围还应扩大，税率较高。

（四）文化产业所得税激励作用不足，货物和劳务税制度科学性较差，“营改增”后部分文化企业税收负担依然相对较重

中国文化产业企业所得税激励性不足体现在：一是现有的税收优惠幅度较小，对文化产业的激励作用不足；二是对高新技术文化企业、外商投资文化企业与一般文化企业规定的差别化的税收优惠起点年度不同，造成不同文化企业间税收优惠待遇存在差别，有违税收公平原则。同时，在个人所得税方面，中国现行税法中对与文化产业相关的稿酬、劳务报酬、特许权使用费所得等，都规定了较高的税率以及较低的费用扣除额，而且缺乏对从事文化产业专业人才的激励性规定。

中国在文化产业增值税的税率设计上普遍过高，如对图书、报

纸、杂志、音像制品、电子出版物等适用10%的优惠税率

中国现行的一些文化产业税收优惠政策，主要集中在部分特殊的文化企业中，例如，对于正在转制中的文化企业，税法规定在转制注册之日起3年内免征企业所得税、房产税，但对于一般的文化企业没有相应的税收优惠政策，容易造成行业竞争的不公平，增加社会资本进入文化行业的壁垒。

中国部分文化企业由于没有完善的上下游业务的抵扣链条，在文化企业的“营改增”政策实施之后，部分文化企业面临着税负增加的情形。对于部分文化企业来讲，营改增后应税服务项目中，如广告收入、知识产权服务等，由原来5%的营业税变为现在的6%的增值税率。理论上，营改增后增值税可以有进项税抵扣，税率提高1个百分点，应该是税负降低，但由于部分企业进项抵扣不足，造成税负上升。

（五）文化贸易的税收政策引导作用不够

近些年来，中国在文化领域取得了令人可喜的成绩，培育了一批具有民族特色、国际影响力的文化品牌，但是，就税收方面而言，对国际文化贸易的引导和支持作用还不够，对图书报刊、电影电视出口未实现完全的出口退税，在一定程度上打击了文化产品和服务企业“走出去”的积极性。

（六）鼓励文化消费的税收政策缺乏

中国目前对文化产业的税收激励政策，主要是扶持文化产业发展的税收政策，也就是从文化产品的生产端鼓励，这些政策的实施，大力促进了文化产品的供给。但是，文化产业的发展，只从生产端刺激是不够的，如果没有居民对文化消费的增长，也就是广大居民没有文化消费的热情、没有文化消费的能力，文化产品的供给就会出现过

剩，不利于文化产业的发展。因此，制定出台鼓励居民文化消费的税收政策，是保证文化产业健康可持续发展的必要措施。

四　促进中国文化产业发展的税收政策建议

中国文化产业未来有巨大的发展潜力。中国的人均居民文化消费偏低，包括教育文化娱乐消费才占总消费的10%左右。中国文化产业亟须发展，税收政策必须起到促进作用。为此，我们提出如下完善文化产业税收政策的建议。

（一）提升文化产业税收立法层级，构建完整的文化产业税收政策体系

明确政府职能，清晰地划分出文化产业的不同行业类型，依靠顶层设计，将目前不同税种规定中表述的“文化产业”“文化体育业”“文化创意产业”等含义一致的概念进行统一。

建立立法层次较高、优惠政策较稳定的税收激励政策。从税收理论的角度分析，税收优惠可通过税率优惠、减免税、成本核算、税基减免、亏损弥补等多种方式实现，可以根据现行的优惠政策，从产业发展的角度，建立多种类、全行业的税收政策体系。

针对文化产业发展的特殊性，借鉴国外经验，适时推出一部文化产业领域的基本法。该法应设置专门条款确定文化产业发展的总体思路以及相关税收制度建设的基本原则，并以此为基础对现行分散存在的涉及文化产业的具体税收规范进行梳理，建立一套目标明确、科学完备、针对性强的税收制度。结合当前中国的税制结构以及文化产业的发展现状，构建完整的文化产业税收政策体系。

（二）提升文化产业税收政策的整体合力，增强文化产业税收政策针对性

对文化产业发展，中国尽管制定了大量的税收优惠政策，但是，文化产业涉及面广，文化与科技、文化与金融等不断融合，出现了大量新业态、新产品，如动漫产业、艺术品金融等。由于文化产业税收政策多数是针对传统文化产业的，这些文化产业新业态是近年新出现的，而促进文化产业发展的税收政策并没有及时更新。

一是制定针对文化产业新业态的税收优惠政策。根据文化产业的新特点、新情况，出台针对文化产业新业态的税收优惠政策。二是鼓励经济欠发达地区文化产业发展的税收政策。经济欠发达地区由于人均收入较低，文化消费水平也低于经济发达地区，为了促进经济欠发达地区文化产业的发展，对这些区域的文化产业实行税收优惠政策。

（三）有步骤地降低文化产业的税负水平，继续完善文化企业增值税改革

降低文化产业的增值税税率。与其他国家相比，中国文化产业的增值税税率相对较高，尤其是对于一些文化企业来讲，由于缺乏上游可抵扣的增值税进项税，其实际承担的税负较重。

有选择性地降低文化产业从业人员的个人所得税。可以通过区分文化产业的不同从业者取得的收入，规定特定的区域，制定相应的税收减免政策。可借鉴国外比较成功的经验，如美国设立的罗德岛免税文化区，在文化社区内生活的从业人员，可以享受文化作品销售免征所得税、画廊免征营业税等优惠措施。同时，由于文化产业的部分从业人员工作时间不固定，取得收入不均衡，容易造成某一时间段税负过重、纳税较多的情况，建议可以将文化产业从业人员的一年收入进

行平均，按照年平均收入水平来缴纳个人所得税，可以在一定程度上降低其实际承担的税负。

（四）发挥文化产业所得税激励作用，适度降低文化产业的增值税税率，减轻部分文化企业的税收整体负担

文化产业多数属于劳动密集型企业，按照现行增值税制度，作为企业财务成本的劳务支出占企业财务成本的比例高于技术密集型和资本密集型企业，其利润较低。从国民经济核算角度看，劳动力转移价值属于新创造的价值，是国内生产总值的重要组成部分。从税收角度看，劳动力转移价值（在企业财务中的工资薪金），属于增加值的一部分，按照现行增值税制度的规定，增加值是增值税的税基（征收税收的基础，简称税基）。

文化企业种类繁多，在“营改增”以后，虽然消除了营业税全额重复征税的弊端，但是，部分文化产业，特别是服务型文化产业，其生产资料转移价值占比较低，可用于抵扣的进项税较少，因此，对于部分文化企业来说，尤其是对于进项税额较少的企业来讲，税负不降反升，严重影响了企业的经营积极性。

针对出现的问题，一是适当降低文化企业一般纳税人的认定标准；二是进一步规范增值税发票的规范和管理，扩大能够开具增值税专用发票的企业范围，扩大抵扣范围；三是在“营改增”改革过程中，建立完善的产业增值税的抵扣链条，使增值税改革既能实现调整税制结构、产业结构的目的，又能使企业得到实实在在的减税优惠。

（五）实施鼓励文化出口、鼓励文化企业“走出去”的税收政策

中国是四大文明古国之一，文化历史悠久，鼓励中国文化产品出

口和文化企业积极走出国门，提升中华文化的国际影响力，不仅是国家战略，也是对外宣传中华文化的必要。税收政策作为促进经济发展的宏观政策手段，在鼓励文化产品出口、鼓励文化企业“走出去”方面可以发挥一定的作用。

建议对文化产品和服务出口实行免税政策，以鼓励出口；对文化企业“走出去”采用包括企业所得税在内的税收优惠政策。

（六）实施有利于扩大文化消费的税收优惠政策

第一，制定有利于国际文化贸易和文化产品服务出口的税收优惠政策。鼓励文化企业的原创作品，对纳入国家文化产业出口扶持计划、具有中国民族特色的文化项目实行免税出口，或全额退税；对于出口的动漫、游戏、电影电视等制定高退税率，降低企业的出口成本；鼓励国内文化企业与国外资本的合作，对在中国境内从事文化类经营的活动给予一定的税收减免。第二，支持文化的全民消费，增加文化消费总量，提高居民文化消费的水平。消费需求的增加，要求文化企业产品和服务的大量供给，可以通过税收政策的调节，引导大量的社会资本进入这一领域，引导文化产品的生产。通过对电影电视制作、音乐、报刊等行业实行所得税的低税率，对画家、导演、编剧等从业者的收入，比照稿酬收入的有关规定，减免部分个人所得税，激发文化产业从业者的积极性，建立适应未来经济文化发展的先进的文化产业。

五　总结

中国有五千年的灿烂文化，文化产业发展潜力巨大，充分挖掘中华优秀的传统文化，为处于发展阶段的中国文化产业提供动力。为促进文化产业的全面转型升级，我们认为应该做到以下四点。

第一，国家相关部门应该继续对文化产业实行低税负的政策。

第二，鉴于中国促进文化产业发展的税收政策比较零散的现状，建议制定扶持文化产业发展的税收优惠政策单行本。让更多的文化企业和从事文化产业的人员了解文化产业税收政策。

第三，在鼓励文化产业发展的同时，制定刺激居民文化消费的税收政策，鼓励居民更多地将收入用于文化消费。鼓励文化企业生产更多更好的文化产品，并将这些文化产品推介给居民，针对居民不同类型的文化消费，量身定制文化消费税收政策。

第四，增加国家和地方财政支出用于文化事业和文化产业的份额。目前中国用于扶持文化事业和文化产业的支出与市场经济发达国家相比偏少。政府应该尽量多地分担居民的文化消费支出，让居民真正感受到国家对文化事业的支持，逐渐从主要是政府为居民文化做消费引导转向居民自觉花钱进行文化消费。

总之，随着中国经济发展和居民人均收入的提高，中国的文化消费总量将持续增加，未来的文化消费前景可观。近期中央进一步提出将文化消费作为重要的消费领域加以推进。相比大量的针对文化生产的扶持政策，直接着力于促进文化消费的政策尚且缺乏，未来激励文化消费和文化生产的税收政策应同时发力。只有在文化的供给端和需求端同时发力，才能促进文化产业、文化消费的健康稳定发展，促进中国文化产业、文化事业的繁荣昌盛。

从实践可以看出，税收政策对于促进文化产业的发展而言是一项重要政策。国家应制定税收优惠激励政策，不断完善相关税收制度和税收体系，引导多种资本和投资主体进入文化产业，对于一些公益性和基础性的文化建设，由国家财政拨款逐渐转变为民间资本参与，实现文化产业的可持续发展。

参考文献

[1] 李雅丽：《美国文化产业：发展模式、产业政策及启示》，《经营管理》2018 年第 11 期。

[2] 杨阳：《文化产业发展与居民消费的发展现状及关系分析》，《时代金融》2018 年第 10 期。

[3] 陈笑玮、马维春：《中国现行文化产业税收优惠政策浅析》，《税务研究》2018 年第 3 期。

[4] 臧红文、张园园：《中国文化产业税收政策的现状与建议》，《财务与会计》2015 年第 24 期。

[5] 张世君、王燕燕：《韩国文化创意产业的税收制度》，《税务研究》2015 年第 8 期。

[6] 陈隆近、王雯：《促进文化消费的税收政策取向》，《税务研究》2015 年第 3 期。

[7] 贵静、张庆元：《文化产业税收政策：日本经验及启示》，《江西社会科学》2014 年第 11 期。

[8] 甘静：《推动文化产业发展的税收政策选择》，《湖南商学院学报》2014 年第 2 期。

[9] 杨京钟、洪连埔：《法国文化产业税收政策对中国的借鉴》，《税务研究》2012 年第 12 期。

[10] 兰相洁：《美国文化产业的税收支持政策及借鉴》，《中国财政》2012 年第6 期。

[11] 郭玉军、李华成：《欧美文化产业税收优惠法律制度及其对中国的启示》，《武汉大学学报》2012 年第 1 期。

[12] 申国军：《发达国家促进文化产业发展税收政策及其借鉴》，《涉外税务》2010 年第 4 期。

B.11
2019年中国数字经济发展现状与展望

叶秀敏 *

摘　要： 2018年，在全球经济不确定性日益增强、经济下行压力加大等诸多不利因素影响下，中国数字经济持续保持高速增长。数字经济已经成为我国发展速度快、创新活跃、带动性强的重要经济领域之一。党的十九大对建设网络强国、数字中国和智慧社会做出了重要的战略部署，提出"推动互联网、大数据、人工智能和实体经济深度融合"，培育新的增长点、形成新动能。在当前国际形势下，发展数字经济对于推动我国经济由高速增长阶段转向高质量发展阶段，争夺下一轮科技革命制高点而言意义尤为重大。

关键词： 数字经济　智慧社会　互联网 +　科技革命

一　中国数字经济发展现状

（一）中国数字经济高速增长

2017～2018年数字经济持续高速增长，规模总量占比接近国民

---

* 叶秀敏，任职于中国社会科学院数量经济与技术经济研究所网络经济研究室。

生产总值的1/3，其重要性凸显。信息技术创新不断，数字经济成为驱动经济发展的新动能，推动经济社会各领域全面融合发展。

1. 数字经济高速增长

从发展规模来看，中国数字经济保持快速成长势头。2017 年中国数字经济规模达到 27.2 万亿元，[①] 在国民经济生产总值中的占比持续增加，达到 32.9%，接近 1/3 的水平。2017 年，数字经济增速高达 20.3%，远超 GDP 6.9% 的增速，成为国民经济中最靓丽的风景线。据测算，2018 年中国数字经济规模增势不减，达到 32.6 万亿元，[②] 增长率保持在 20% 左右。

从用户规模来看，智能手机继续普及，提速降费政策取得实效，网民人数持续攀升。截至 2018 年 6 月，我国网民人数超过 8 亿，[③] 互联网普及率为 57.7%。智能手机成为我国最重要互联网接入终端，手机网民人数为 7.88 亿，在网民中的渗透率高达 98.3%。

在企业营收方面，数字经济上市企业都交出了满意的成绩单。根据赛迪顾问研究报告，2017 年数字经济基础层上市企业营业收入达到 50283 亿元，[④] 同比增长 16.3%；平台层企业营业收入达 13883 亿元，同比增长 57%；应用服务层营业收入 29616 亿元，同比增长 21.7%。数字经济基础层上市企业净利润达到 2644 亿元，同比增长 22.9%；平台层企业净利润为 672 亿元，同比增长 33.3%；应用服务层企业净利润达 2515 亿元，同比增长 20.6%。

从投融资热度来看，2018 年有关数字经济的投融资案例快速增加，2018 年前 10 个月的融资额已经是 2017 年全年的三倍。从细分领域来看，数字内容、数字消费、整机、数字生活、数字金融、技术

---

① 中国信息通信研究院：《中国数字经济发展与就业白皮书（2018）》。

② 中投顾问产业研究中心，https://www.sohu.com/a/253586042_255580。

③ 中国互联网络信息中心（CNNIC）：《中国互联网络发展状况统计报告（第 42 次）》。

④ 赛迪顾问：《2018 中国数字经济产业白皮书暨投资价值百强榜》。

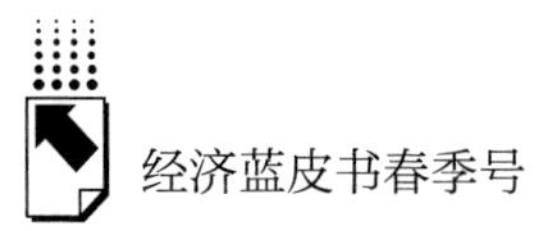

服务和零部件等七大领域投融资案例数量和金额最多。[1]

2. 网络零售持续快速增长

中国网络零售市场继续保持强劲增长。2018 年上半年，全国网上零售额实现 4.08 万亿元，[2] 同比增长 30.1%。其中，实物商品网上零售额 3.13 万亿元，增长 29.8%，占社会消费品零售总额的比重为 17.4%；在实物商品网上零售额中，吃、穿、用类商品分别增长 42.3%、24.1% 和 30.7%。2018 年"双十一"购物节当天，天猫成交额达到 2135 亿元人民币，有 237 个[3]品牌的商品销售额超过 1 亿元人民币，同比增长近 42%。

中国传统零售行业加速与互联网融合，各大网络零售平台积极与传统零售巨头快速对接合作，进行优势互补。与阿里巴巴合作的零售企业有银泰、苏宁、盒马鲜生、三江购物、百联集团、联华超市、新华都和高鑫零售等。与腾讯合作的零售企业有京东、唯品会、每日优鲜、永辉超市、万达商业、家乐福中国、海澜之家、步步高。巨头们的合作涵盖了零售的各种业态，不仅包括百货商店、超市、生鲜店，还包括新崛起的无人店等新兴业态。截至 2018 年"双十一"购物节前，落地各城市的天猫新零售智慧门店已达 20 万家；[4] 天猫超市 1 小时达进驻 21 城。不仅如此，京东和阿里巴巴还宣布整合小卖部、夫妻店等小微零售资源，实现线上和线下资源的融合。

跨境电子商务逆势增长，成为我国外贸领域新的增长点。尽管国际贸易环境复杂动荡，但是在国内多重利好政策的驱动下，2018 上半年中国跨境电商交易规模继续保持增长，达到 4.5 万亿元，[5] 同比

---

① 赛迪研究院：《2018 中国数字经济产业白皮书暨投资价值百强榜》。

② 资料来源：国家统计局。

③ 阿里研究院：《2018 年中国数字经济发展报告》。

④ 中国国际电子商务网：《中国新零售之城竞争力报告》。

⑤ 电子商务研究中心：《2018 年中国跨境电商市场数据监测报告（上）》。

增长25%。在跨境电商进出口结构上，出口占比高达77.1%，进口占比22.9%。在跨境电商交易模式上，B2B跨境电商交易额占比高达84.6%，跨境电商B2C交易占比15.4%，跨境网购用户增至7500万人。

3. 基础设施建设取得突破

基础设施不断完善，支撑数字经济高速发展。终端方面，2018年全年，我国智能手机出货量为3.97亿台，[①] 推动移动互联网继续普及应用。通信领域，持续推进宽带通信网络的普遍服务，加快网络的升级改造，以多种方式扩大网络覆盖范围。工业和信息化部向三大运营商发放了5G使用许可，加快推动5G规划和建设进程。IPv6部署取得进展，2017年11月，国务院办公厅印发《推进互联网协议第六版（IPv6）规模部署行动计划》，加快网络基础设施升级步伐。三大电信运营企业的骨干网设备改造升级已经完成，2018年6月，三大运营商联合阿里云宣布，将全面对外提供IPv6服务。在光纤建设方面，工信部数据显示，截至2018年底，全国行政村通光纤比例达到98%，新建4G基站12万个，总数达340万个，覆盖全国95%的行政村和99%的人口，4G用户规模达11.7亿。

提速降费促进移动互联网应用普及，释放数字经济潜力。2018年的《政府工作报告》要求，组织实施“深入推进网络提速降费 加快培育经济发展新动能2018专项行动”。经过三大运营商的努力，中国固定宽带网络平均下载速率达到24.99Mb/s，[②] 同比提升52.4%；移动宽带用户使用4G网络访问互联网时的平均下载速率达21.46Mb/s，同比提升39.3%，达到发达国家先进水平。

4. 大数据云计算业务高速增长

大数据和云计算是数字经济的基础支撑产业，对数字经济的发展

① 资料来源：IDC。

② 宽带发展联盟：《中国宽带速率状况报告》。

具有重要的推动作用。大数据产业是与数据获取、存储、加工、分析、应用相关的经济活动。云计算是指基于互联网，按照需求获得虚拟化的计算资源的一种服务模式。

随着利好政策和大数据的深入应用，中国大数据产业呈现快速增长态势。总体发展规模方面，2017 年中国大数据产业总体规模为 4700 亿元人民币，[①] 同比增长 30%。在行业应用领域，大数据的渗透逐步加快，报告显示，[②] 金融、电信、政务三个领域的大数据发展水平相对较高。在企业应用方面，大数据与传统企业融合能够帮助企业精准了解市场，提高科学决策能力和业务运行效率，传统企业越来越重视大数据业务，接近 2/3[③] 的被调查企业已经成立了相关的数据分析部门，近四成的企业已经应用了大数据。

中国云计算市场产业链已经基本构建完成，市场进入快速成长期。2017 年中国公有云市场规模达 264.8 亿元，[④] 增长率高达 55.7%，远远高于世界平均增速。其中，IaaS 市场规模达 148.7 亿元，同比增长 70.14%；PaaS 市场规模达 11.6 亿元，同比增长 52.64%；SaaS 市场规模达 104.5 亿元，同比增长 39.15%。此外，私有云也处在成长期，大型企业纷纷投资建设，根据中国信息通信研究院数据，20% 的被调查企业应用了私有云，[⑤] 其中 85.3% 的企业应用了开源技术。中国私有云市场规模达到 425.5 亿元，增速为 23.4%。IT 巨头企业纷纷把云计算服务作为未来布局重点。根据财报，2018 自然年阿里云营收规模达到 213.6 亿元，四年间营收规模增长 20 倍，成为我国最大的云服务公司。

---

① 中国信息通信研究院：《中国大数据发展调查报告 2018》。

② 中国电子信息产业发展研究院：《中国大数据产业发展评估报告 2018》。

③ 中国信息通信研究院：《中国大数据发展调查报告 2018》。

④ 国元证券：《2018 年云计算行业发展趋势分析报告》。

⑤ 中国信息通信研究院：《中国云计算发展调查报告 2018》。

5. 人工智能将成为中国数字经济的新增长点

大数据和云计算的突破性发展，降低了计算资源的成本，使得人工智能技术迅猛发展。人工智能从“阿尔法狗”的概念引入期逐步跨进“无人商店”和“自动驾驶”的实质性应用阶段。人工智能市场规模高速增长，2017 年我国人工智能市场规模达到 237.4 亿元，[①] 增速达到67%。其中，以生物识别、图像识别、视频识别等技术为核心的计算机视觉市场规模最大，占比 34.9%，达到 82.8 亿元。

人工智能发展环境逐步完善，有效地支撑着行业发展。在宏观政策方面，国家多次出台利好政策，在技术研发、平台建设、应用等产业链的各个环节推动人工智能的健康发展。四部委于 2016 年 5 月联合印发《“互联网 + 人工智能三年行动实施方案》，国务院于 2017 年 7 月印发《新一代人工智能发展规划》，工信部于 2017 年 12 月印发《促进新一代人工智能产业发展三年行动计划（2018 ~ 2020 年）》。在科研成果和人才方面，中国在论文总数、论文被引用量、人工智能专利数量上都排在世界前列。[②] 人工智能人才队伍稳步扩张，截至 2017 年，中国人工智能人才总量达 20 万人，其中，六成以上的人工智能人才分布在东部沿海地区。在投融资方面，人工智能产业发展高潮迭起，成为数字经济最热的细分领域。2017 年全球人工智能中国的投融资总额达到 277.1 亿美元，融资事件 369 起。

在技术、政策和资本的多重利好驱动下，人工智能企业快速崛起。截至 2018 年 6 月，我国拥有人工智能企业数量为 1011 家。[③] 在各细分领域，都有 IT 巨头布局的身影。百度在自动驾驶、图像识别和机器翻译等领域已经取得一定成绩，其自动驾驶汽车已经在一些特定场景进行了安全实测。腾讯在智慧医疗平台建设上取得了突破，能

---

① 《人工智能板块卷土重来，智能制造是急先锋》，搜狐财经，2018 年 1 月 4 日。

② 清华大学中国科技政策中心：《中国人工智能发展报告 2018》。

③ 清华大学中国科技政策中心：《中国人工智能发展报告 2018》。

够覆盖诊前、诊中、诊后多个环节，宣布已经与上百家三甲医院达成了合作意向。阿里巴巴全面布局人工智能，启动“NASA”计划，建设强大的研发部门，涉及智慧产业链、智慧城市、智慧国家等，目前无人超市已经正式开业。

6. 工业互联网启动

物联网、云计算、大数据和人工智能等技术日益成熟，为工业互联网的发展提供了坚实的技术支撑。2017 年 11 月，国务院发布《深化“互联网 + 先进制造业”发展工业互联网的指导意见》，提出建设三大体系（网络、平台、安全），发展两类应用（大型企业集成创新和中小企业应用普及），建设三类支撑（产业、生态、国际化）。2018 年 6 月，工业和信息化部发布的《工业互联网发展行动计划（2018 ~2020 年）》和《工业互联网专项工作组 2018 年工作计划》提出我国工业互联网发展战略规划。

在国家政策红利的推动下，我国工业互联网起步，2017 年中国工业互联网直接产业规模约为 5700 亿元。① 中国工业互联网平台快速建立起来，对接产业链上的各类主体，这其中不仅包括大型企业自建的平台，还有第三方服务平台，涉及网络化协同、个性化定制、服务型制造、企业决策和管理支撑等功能。截至 2018 年 3 月，平台数量约有 250 家。2017 年，海尔的工业互联网平台 COSMOPlat 已经实现交易额 3113 亿元，② 订单量达到 4116 万台，成为全球最大的大规模定制解决方案平台。

企业电子商务应用率先取得突破，极大地提高了企业生产经营效率，降低了采购成本。经不完全统计，2018 年，我国企业通过电子商务平台进行采购的市场规模为 3600 亿元，③ 同比增速高达 80%。

---

① 《2017 年我国工业互联网行业概况及市场规模分析》，中国产业信息网，2018 年 7 月 6 日。

② 《我国工业互联网已进入大发展时代》，搜狐财经，2018 年 2 月 2 日。

③ 赛迪研究院、中国国际电子商务中心研究院：《中国企业电商化采购发展报告（2018）》。

其中，企业通过电子商务采购消费通用型产品和服务的交易额达到1500亿元，增长率为62%。

（二）数字经济作为新动能，推动传统经济转型升级

近年来，在技术创新和国家政策的积极推动下，数字技术与我国经济社会广泛融合，推动经济社会逐级深入发展，成为引领产业变革、带动经济增长的重要引擎。根据测算，2017年中国数字经济对GDP的贡献为55%。[①]

1. 数字经济与传统经济广泛融合，提质增效

当前，发展数字经济已经成为新时代发展的基本国策，成为实现我国供给侧改革的必由之路。尤其在复杂多变的国际环境背景下，现代信息技术面临发展的巨大机遇，也面临更严峻的竞争挑战。发展数字经济已经成为我国获得国际竞争优势的战略选择。党中央、国务院高度重视发展数字经济。2016年，G20杭州峰会提出数字经济发展与合作倡议；2017年，数字经济首次写入政府工作报告，党的十九大报告专门提到建设“数字经济”“数字中国”。2018年，习近平总书记在全国网络安全和信息化工作会议上明确指出，“要发展数字经济，加快推动数字产业化，依靠信息技术创新驱动，不断催生新产业新业态新模式，用新动能推动新发展。要推动产业数字化，利用互联网新技术新应用对传统产业进行全方位、全角度、全链条的改造，提高全要素生产率，释放数字对经济发展的放大、叠加、倍增作用”。

数字技术推动我国经济转变发展方式、优化结构，加速从高速发展阶段转向高质量发展阶段。数字技术已经在商业、金融、制造、农业、医疗、交通等领域的各个业务环节广泛渗透融合，不仅推动传统产业提质增效，还迸发出新模式、新业态，增强发展动力。2017年，

---

① 中国信息通信研究院：《中国数字经济发展与就业白皮书（2018）》。

进行网络化协同研制的制造企业比例达到31.0%，[①] 开展智能制造的制造企业占比达到5.6%，能够开展个性化定制的制造企业占比7.3%。此外，数字技术也在能源、原材料等领域积极探索融合发展的路径。

传统企业积极应用互联网技术进行转型升级，重构价值链体系，进行业务流程和组织结构再造。以用户为核心、以订单为导向的价值链体系和组织结构正在形成。大数据为企业赋能，及时了解消费者的需求，帮助企业精准营销，驱动企业从大规模定制转向个性化定制。通过数字技术，优化资源配置，进行流程再造，重塑产业链各个主体之间的关系，实现快速反应和价值最大化。据统计，我国制造业的数字化水平快速增长，2017年达到17.2%，[②] 数字化生产设备联网率近40%，生产设备数字化率和关键工序数控化率分别达到44%和46%。实现网络化协同的制造业企业超过30%。以上海老字号企业为例，恒源祥、回力、永久等一批老字号企业已经开始逐步拥抱互联网，通过线上和线下的融合，开始产生经济效益和品牌知名度。2017年9月，北京的老字号品牌启动“天字号计划”，积极向互联网转型，短短几个月时间，多个品牌的销售额实现翻倍，有的产品还远销国外市场。

2. 数字经济拉动内需，提高百姓生活品质

数字经济已经渗透到百姓工作和生活的方方面面，深刻改变着生活方式和生活内容。数字经济在促进消费的同时，还推动百姓提升生活品质，促进消费升级，提高消费体验。

网络零售方便了消费者购物，拓展了产品范围，足不出户就能够购买到全球物美价廉的商品。网络零售拉动内需效果显著，近年来网

---

① 中国信息化百人会：《2017年中国数字经济发展报告》。

② 中国信息通信研究院：《中国数字经济发展和就业白皮书（2018年）》。

络零售额每年都以30%的速度增长。线上线下相结合的零售模式更是提高了消费者体验。移动支付方面，用户规模约为8.9亿，支付场景已经覆盖生活交费的各个领域，由第三方支付完成的比例已达48%，年交易规模实现106.78万亿元，平均每笔金额141元。

数字技术应用于生活服务领域，方便百姓日常生活，提升消费者生活品质。2018年，基于O2O模式的餐饮配送及外卖送餐服务增长18.8%。[①] 出行领域，数字出行提升消费者生活品质，减少了等候时间。据滴滴数据，2017年滴滴全年为全国400多座城市的4.5亿用户，提供了超过74.3亿次的移动出行服务，平均每人使用滴滴5次叫车服务。

数字文化娱乐产业丰富了百姓的业余生活，刺激信息消费，满足人们日益增长的文化生活需求。在线票务市场继续增长，2017年在线票务市场已经占整体票务市场份额的81%。[②] 2018年大年初一，单日的在线售票总金额就达到12.75亿元，有1200万人次通过淘票票平台购票，春节期间在该平台上影评总数达到475万条。

消费者需求的碎片化、个性化和多样化，也催生了新的服务业态。网络直播内容具有接地气、互动性和实时性强的特点，短时间吸引了大量用户，截至2018年6月，我国网络视频用户6.09亿，[③] 短视频用户5.94亿，直播用户4.25亿。

网络社交方面，社交APP促进了沟通和社交，让人与人之间的联系更加紧密。截至2018年底，微信月活用户数达到10.82亿，平均每天有450亿次的信息发送、4.1亿次音视频呼叫成功。

3. 数字经济促进就业和包容性发展

数字经济促进了大众创业，容纳了大量就业。网络零售平台对接

---

① 阿里研究院：《2018年中国数字经济发展报告》。

② 速途研究院：《2017年中国在线电影票务市场分析报告》。

③ 中国网络视听节目服务协会：《2018中国网络视听发展研究报告》。

了各地的资源，让信息更加透明，让营销效率更高，普通网民可以低门槛开店创业。共享汽车平台吸引了闲置汽车资源投入交通运营，解决了一部分司机的就业问题。外卖和网络零售承载了大量快递服务人员的就业，新涌起的主播成为年轻人最向往的职业。根据统计，数字经济领域就业人数超过1.7亿，[①] 占当年总就业人数的22.1%，成为吸纳就业的重要渠道。除了直接就业，数字平台还促进低门槛创业和就业，统计数字显示，2017年阿里巴巴零售生态创造就业机会总量达3681万个，[②] 其中直接就业岗位1558万个，仅内容电商从业者就已经超过100万人，此外还带动电商主播、“淘女郎”、设计师、数据采集等新型就业岗位。

数字平台为弱势群体赋能，让他们低成本对接全球大市场的优势，还为农村地区、偏远山区和中西部地区带来了对接全国大市场的机遇，让欠发达地区的农产品和土特产品走进千家万户，销售给城市人群，为贫困人口带来了发家致富的机会。2018年，全国共发现3202个网销额超过1000万元的淘宝村，国家级贫困县在阿里平台的网络销售额超过630亿元。

4. 数字经济提高公共服务和公共治理能力

发展数字经济，有利于政府整合数据资源，简化办事流程，提高政府服务效率。2018年全国数字城市建设步伐加快，消费者在线就可以缴纳社保、水电费，在线处理交通违章，在线缴存和提取公积金。数字政府方便了百姓，提高了办事效率。

电子政务方面，截至2017年12月，我国在线政务服务用户规模达到4.85亿，占总体网民的62.9%。其中，微信在全国362个城市开通了在线政府服务，支付宝在全国442个城市开通了公共服务缴费

① 中国信息通信研究院：《中国数字经济发展与就业白皮书（2018）》。

② 中国人民大学劳动人事学院：《阿里巴巴零售电商平台就业吸纳与带动能力研究（2017年度）》。

功能。一些法院还开通了线上立案、网上阅卷等诉讼服务，提高了诉讼效率。

在线医疗方面，互联网医疗已经能涵盖患者挂号、就医、买药等全流程。截至2018年底，互联网医疗市场规模达到300亿元，[①] 增速超过30%，互联网医疗用户数量达到1.9亿人，20%的三甲以上医院参与过互联网医疗合作，48%的医生使用过相关APP。

在线教育方面，互联网教育在一定程度上解决了传统教育资源不足和分布不平衡的问题，受到广泛欢迎。截至2018年6月，中国在线教育用户规模达1.72亿，[②] 增长10.7%，其中，手机在线教育用户增长最快，用户规模达到1.42亿，增长率为19.6%。

二　中国数字经济的发展展望

（一）四轮驱动，数字经济有望进入快速成长期

在宏观政策、技术创新、市场需求、资本的四轮驱动下，数字经济将进入快速成长期。第一，政策利好持续发酵，推动数字经济不断吸引更多的资源拓展市场的边界，深挖市场的内在潜力。全国各省也积极响应，相继出台了地方层面的数字经济发展规划，将发展数字经济作为重要任务，为中国数字经济爆发式发展提供了坚定的政策基础。第二，技术创新不断迭代，研发投入不断增加，合作型研发模式促进成果快速转化，驱动新模式新业态涌现，推动企业成长周期不断延长，释放更大的增长潜力。第三，市场需求不断提高，市场增长空间广阔。从消费层面看，消费升级要求数字经济助力提供更加多样

① 凯度咨询：《互联网+医疗健康白皮书》。

② 中国互联网络信息中心（CNNIC）：《中国互联网络发展状况统计报告（第42次）》。

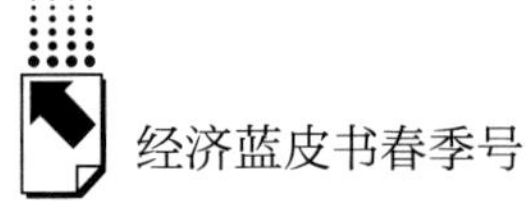

化、个性化、品质化的产品和服务。从企业生产和经营层面看，企业和组织的转型升级及供给侧改革对数字技术赋能提出更加系统的需求。第四，资本看好数字经济的发展前景，在人工智能、区块链、5G 等热点领域积极进行产业布局，风险投资热情持续高涨，为数字经济发展提供充足的资金保证。

（二）数字鸿沟将被逐渐弥补，落后地区有望实现跨越式发展

我国数字经济发展还存在多个不平衡。首先，区域发展不平衡，表现为：中心城市数字经济增速快于周边地区，一线、二线城市的数字化程度明显高于后线城市，东部沿海地区数字经济发展势头强于中西部和东北地区，城市地区数字化水平明显高于农村地区。其次，行业发展不平衡，电力、烟草、电子、交通设备制造、石化等行业数字化应用水平较高，实现综合集成企业比例相对较高，冶金、采矿、建材领域数字化应用能力则相对较低。最后，在细分领域上发展不平衡，我国在网络零售、在线支付、数字娱乐领域处在国际领先位置，但是在云服务、智能制造和农业信息化领域还落后于发达国家。

数字鸿沟的存在，也为市场带来了机会。落后地区或领域具有更大的发展潜力和上升空间。在落后区域，国家扶持政策更加倾斜，市场需求更加迫切，利润空间更加巨大，某些发展阻碍更小。落后地区完全可以借鉴先进发展经验，整合本地优势资源，制定有特色的战略，有很大机会实现弯道超车和跨越式发展。在数字经济发展弱势的领域，同样具有巨大的发展潜力，如物联网和视频技术能够对分散的农业生产过程进行有效监控和管理，对提高农产品质量和品质起到保障作用，有很大的发展前途。

（三）网络零售与多要素广泛融合，推动新零售创新

近年，网络零售快速发展，伴随着大数据和人工智能技术的应

用，新零售概念被更广泛地使用，也成为未来的发展趋势。新零售不是简单的网络零售，它是基于现代信息技术，与传统经济进行深度融合的创新型零售业态。第一，新零售是线上和线下的融合，实体店面 + 网络零售的结合更能优势互补，提高消费者的体验，促进线下和线上流量的互相转化。第二，新零售是网络零售与制造业的深度融合。借助网络零售平台，拓展市场边界，连接了全球大市场，整合资源和价值链网络，降低采购和管理成本。供需双方直接对接，省去中间环节，助力传统企业精准了解用户需求，推动供给侧改革和服务化转型。第三，新零售是新技术与电子商务的融合，加快了电子商务演进的步伐，解决电子商务的痛点和难点问题，驱动电子商务展开新一轮变革，物联网技术可以提高仓储效率、增加产品溯源能力；应用云计算和大数据可以帮助商家了解流行趋势，对用户画像，实现精准营销。区块链技术能够解决交易中的信用缺失问题；3D 打印技术提升个性化服务能力，实时进行产品生产。智能技术让零售流程更加简单便捷，降低人员成本，提升运营效率。第四，新零售是网络平台与多入口的融合。通过各种终端和应用入口的赋能，商家可以顺利找到用户，通过连接和引流将用户带入商业消费环节。网络平台与多入口的融合，能够打通线上与线下、虚拟与现实的各个碎片化场景以及各个消费环节，最终实现商业目的和价值增值。

（四）工业互联网跨越鸿沟，进入快速成长阶段

《工业互联网发展行动计划（2018 ~ 2020 年）》和《工业互联网专项工作组 2018 年工作计划》提出，到 2020 年底我国将实现“初步建成工业互联网基础设施和产业体系”的发展目标，具体包括建成 5 个左右标识解析国家顶级节点、遴选 10 个左右跨行业跨领域平台、推动 30 万家以上工业企业上云、培育超过 30 万个工业 APP。2018 年是工业互联网发展元年，未来几年将迎来快速成长期，政策将逐项落

地，数字技术与传统工业广泛融合并迸发出新模式、新业态。

人工智能无疑是工业互联网最热的领域，将驱动工业互联网应用提速发展。机器人、无人机、无人驾驶汽车、智能家居和可穿戴设备等新应用、新产品将逐步进入现实生产和生活场景。人工智能还能作为驱动力，带动商业、金融、教育、医疗、制造业等多个领域提高运转效率，提高服务能力。国务院关于印发的《新一代人工智能发展规划的通知》明确提出到2030年，人工智能核心产业规模超过1万亿元，带动相关产业规模超过10万亿元。麦肯锡预测，到2030年，自动驾驶乘用车将达到约800万辆，在中国市场自动驾驶相关的新车销售及出行服务创收将超过5000亿美元。

随着5G基础设施的建设和商用，5G产业将迎来爆发期。基于5G的工业互联网基础设施环境也将逐步完善。根据文件要求，到2020年我国将建成5G基站150万个，2020年实现基于NB－IoT的M2M连接超过6亿个，实现对全国的普遍覆盖和深度覆盖。赛迪顾问的预测数据同样看好5G产业的发展前景，预计到2019～2026年，我国5G产业总体市场规模将达到1.15万亿元。根据华为的预测，基于5G的广泛应用，2025年个人智能终端数量将达400亿，智能服务机器人将步入12%的家庭。IDC报告预测的数据更加乐观，到2021年，全球物联网支出将达到1.4万亿美元。其中包括企业对物联网硬件、软件、服务和网络连接的投资。不仅如此，5G不仅自成产业链，还能带动传统产业转型升级，加快培育新模式和新业态，有效拓展经济发展空间。预测显示，2030年5G将拉动GDP增长3.6万亿元。①

企业利用电子商务平台进行采购将被大规模应用，且将成为数字经济发展的先锋。研究显示，企业电子商务平台能够极大降低采购成本，提高采购效率，避免采购过程中的腐败问题，企业对电子商务采

① 中商产业研究院：《中国5G行业产业链及市场前景预测分析》。

购的满意度高达100%。[①] 企业电商化采购能为企业带来实实在在的成效，并且企业电商化采购进入门槛越来越低，即将进入应用的爆发期。

（五）研发投入加大，数字技术创新迭代加速

中美贸易摩擦暴露出中国在一些核心技术领域，如在芯片、操作系统、核心工业软件、数据库管理系统等，与发达国家相比还存在明显差距。[②] 这种落后也警醒中国数字经济在国际大市场中的竞争将面临严峻的挑战。未来，我国要突破发达国家的技术封锁，掌握数字经济发展的主动权，推动经济从高速增长阶段转向高质量发展阶段，要增加科技研发投入，加大对基础技术和核心技术等各类技术的攻关力度，加速技术创新步伐。

国务院在《"十三五"国家战略性新兴产业发展规划》中提出的要大力推进第五代移动通信（5G）联合研发、试验和预商用试点成为构建网络强国的重要基础。2018 年 4 月，中共中央政治局召开会议分析当前经济形势时提出，我国要加强关键核心技术攻关，积极支持新产业、新模式、新业态发展，并将"加强关键核心技术攻关"列为供给侧结构性改革的重点任务。

数字经济企业在重视应用的同时，已经开始重视技术的超前研发，加大研发投入。2017 年，我国研发经费支出占 GDP 的比重达到 1.5%，比 2011 年提高 0.3 个百分点。中国互联网百强企业的研发投入已突破千亿元，达到 1060.1 亿元，同比增长 41.4%，[③] 平均研发强度达到 9.6%，比我国研发经费投入平均强度高 7.48 个百分点。2016 年，百度和阿里巴巴的研发投入占收入的比例都超过了 10%。[④]

① 赛迪研究院、中国国际电子商务中心研究院：《中国企业电商化采购发展报告（2018）》。

② 刘亚东：《这 35 项卡脖子技术只是冰山一角!》，经济学杂谈公众号。

③ 中国互联网协会、工业和信息化部信息中心：《2018 年中国互联网企业 100 强发展报告》。

④ 中国信通院：《互联网发展趋势报告 2017～2018》。

2017 年，华为公司获得我国发明专利授权量 3293 件、中兴通讯获得 1699 件、联想获得 1454 件。2018 年阿里巴巴公开申请发明专利 1147 件、腾讯 393 件、京东 258 件、百度 166 件。

（六）竞争加剧，行业监管即将进入常态

数字经济各个细分领域都具有非常广阔的发展前景，吸引了众多企业和资金布局。由于竞争者众多，难免会出现各种各样的问题，如信息安全问题、不正当竞争问题、假冒伪劣问题和不诚信问题等。随着一些细分领域进入市场成熟期，为了营造更加公平、健康的市场发展环境，主管部门的监管力度会逐渐加强，将陆续出台一系列监管政策和规范。2018 年 9 月，《电子商务法》获得通过，对搭售问题、保证金问题、个人信息保护问题都有了明确规范。2018 年，为了规范网约车市场，先后出台了《网络预约出租汽车监管信息交互平台运行管理办法》《关于加强网络预约出租汽车行业事中事后联合监管有关工作的通知》。此外，在一些细分领域，一些监管办法陆续出台，如《关于进一步规范网络视听节目传播秩序的通知》《快递暂行条例》《关于加强对电子商务领域失信问题专项治理工作的通知》《关于加强跨境金融网络与信息服务管理的通知》《关于加强网络直播服务管理工作的通知》《区块链信息服务管理规定（征求意见稿）》《金融信息服务管理规定》。针对信息安全日益严峻的问题，有关部门出台《网络安全等级保护测评机构管理办法》《互联网个人信息安全保护指引（征求意见稿）》《科学数据管理办法》等。

Abstract

In the international context of increasing uncertainty, the world economy is still weak in 2019. Under the direct influence of "reverse globalization", multi-faceted economic and trade frictions caused by unilateralism, and policy spillover effects in developed economies, China's economy has maintained steady and rapid growth. Although it still faces many difficulties such as overcapacity, declining corporate profit margin, insufficient domestic demand, and continuous accumulation of financial risks, the data in the first quarter of 2019 are significantly better than expected, indicating that China's economic structure continues to be optimized, and supply-side reforms are beginning to take effect.

Faced with various risk challenges, China's economy is expected to grow by about 6.4% in 2019. The growth rate is slightly lower than that of the previous year, and it can achieve the economic growth target of 6.0% to 6.5% at the beginning of the year. It is expected that employment will remain stable in 2019, consumer prices will rise by 1.9%, and ex-factory prices of industrial products will rise by 0.1%.

In 2019, we should further deepen reforms, actively cultivate and expand new kinetic energy for economic growth, and strive to promote the formation of a strong domestic market and accelerate consumption upgrades to promote high-quality economic development. Grasp the general trend of consumption upgrading, overcome a series of bottlenecks restricting consumption upgrading, and promote the formation of a strong domestic market; take the transformation of consumption structure as an opportunity to promote the transformation and upgrading of industrial structure to meet the needs of the people's better life, and comprehensively improve the quality of products and services. Accelerate the construction of a modern industrial system, promote the benign interaction between supply-side reform and consumption upgrading, and form sustainable market momentum. Continuously optimize fiscal policies, promote corporate efficiency and stimulate potential vigor in the market. At the same time, it exerts the counter-cyclical effect of a prudent monetary policy and a macro-prudential policy, insists on mutual efforts to prevent and control, and effectively prevents and controls the hidden debt risks of local governments.

Keywords: China's Economy; Economic Growth; Economic and Trade Friction; Structural Optimization

Contents

Abstract: The current economic contraction since April 2017 will end in the first half of 2019, with a relatively small decline. In 2019, the economic boom may show a trend of first falling, then stable, steady and rising. It is predicted that GDP growth will be 6.3% to 6.4% in 2019, and CPI will increase by about 2%. Economic and price cycle volatility will continue to show the "microwave" characteristics of the new normal.

Keywords: Economic Cycle; Economic Analysis; Monitoring and Early Warning

Abstract: China's industrial investment growth rate rebounded in

2018, and high-tech manufacturing industry accelerated growth. In the face of the unstable international environment and the more obvious uncertainties, China's industrial development has undergone structural optimization and overall stability. However, we should also see challenges from all sides, such as the decline in economic returns of industrial enterprises, the decline in the operational capacity of industrial enterprises, and the difficulty of returning funds. At the same time, the slowdown in the growth of the automobile industry is worthy of attention. China's industrial economic development should fully reflect the combination of "short-term response and medium-and long-term reform and development". On the one hand, we will expand demand and strive to achieve steady growth of the industrial economy. On the other hand, we will continue to maintain strategic and strategic patience and deepen the supply-side structure. Reform and make every effort to promote the high-quality development of the industrial economy.

Keywords: Industrial Economic Operation; Structural Optimization; Supply-side Structural Reform

Abstract: The fundamental changes in the current labor supply situation in China are mainly reflected in the decline of the labor participation rate, the total number of working-age population and the number of employed people have declined. These changes mean that the main contradiction of employment in China has been characterized by the lack of employment. The contradiction of the total amount has been transformed into a structural contradiction characterized by low quality of employment.

The increase in the wage level of ordinary workers and the improvement of the quality of employment have become important issues to be solved. In this regard, we should reduce the burden on enterprises, enhance the vitality of the market, optimize the employment structure with the help of emerging industries, enable the high-quality economy to hatch more high-quality jobs, and do a good job in the employment of key groups.

Keywords: Population; Employment; Labor Participation Rate; Working Age Population

Abstract: In 2018, monetary policy played a counter-cyclical adjustment role of macro-prudential assessment (MPA), supported the return of eligible off-balance-sheet assets, and guided financial institutions to increase support for the weak links of the real economy, especially small and micro enterprises; Implementing private enterprise bond financing support tools, researching and setting up support tools for private enterprise equity financing, alleviating the risk of equity pledge, stabilizing and promoting its equity financing; "re-loaning, rediscounting" and mortgage supplementary loans for financial intermediaries, the scale continues Heavy volume. In 2018, the overall appearance of the two pillars is tightly matched, and the "wide currency" hedges the situation of "tight credit" . In 2019, the policy will focus on channeling "wide currency" to "wide credit" and be alert to the spiraling downside risks of real estate and credit during the financial cycle.

Keywords: Monetary Policy; Countercyclical Adjustment; Private Enterprise Financing; Tight Matching

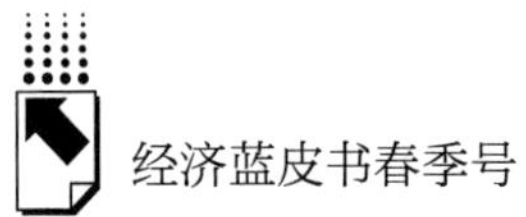

Abstract: The report of the 19th National Congress of the Communist Party of China pointed out that socialism with Chinese characteristics has entered a new era, and the main contradictions in our society have been transformed into contradictions between the people's growing needs for a better life and the development of inadequate and unbalanced development. How to achieve the upgrading of consumption structure and reduce the gap between urban and rural consumption is an important part of solving the main contradictions in our society. Since the 19th National Congress, the income level and living standard of urban and rural residents in China have been significantly improved. The proportion of household consumption to GDP will continue to rise, and the consumption structure of urban and rural residents will be significantly improved. The mobile Internet consumption, durable goods consumption and the consumption potential of pursuing healthy enjoyment are further released. Along with this, the constraints on industrial structure and consumption structure mismatch, regional economic imbalances and inadequate economic development are increasingly constraining the upgrading of consumption structure. Under the background of new era and new contradictions, we need to promote the continuous upgrading of China's consumption structure from the following four aspects: implementing the consumption growth strategy and policies, improving the consumption level of residents; coordinating the development of urban and rural consumer markets, improving the regional consumption structure; building an international consumption center and building an open Market environment; innovation and development of emerging industries, promoting emerging consumption.

Keywords: New Era; New Contradiction; Consumption Structure; Consumption Upgrading; Policy Orientation

Abstract: In 2018, the national CPI rose moderately, showing an "M" trend, which was within the target of price control; the price of upstream industrial products fell rapidly, driving the PPI to rise significantly. Considering factors such as changes in hikes, trends in economic demand, and policy adjustments, it is expected that the overall price level of the country will show a steady decline in 2019. Among them, the CPI will increase by 1.6%, which is 0.5 percentage points lower than the previous year; PPI Or from the ups and downs to −0.2%.

Keywords: Price; Hike Factor; Pig Cycle; Energy Price

Abstract: In 2018, China's foreign trade continued to achieve rapid growth, the structure continued to be optimized, and the quality and efficiency were further improved, laying a foundation for the high-quality development of foreign trade. In 2019, despite the uncertainties in the external environment, China's foreign trade will continue to improve.

Keywords: Foreign Trade; Emerging Five Strong; Private Enterprises; Steady Improvement

B.9 Analysis of the Status Quo and Trend of China's Science and Technology Innovation

Wu Bin, *Wei Jieyu* / 180

Abstract: In recent years, China's scientific and technological innovation has made great achievements, and the total amount of scientific and technological innovation ranks among the top in the world. The number of R&D personnel in China ranks first in the world. The number of patent applications and authorizations ranks first in the world for two consecutive years. R&D investment ranks second in the world for five consecutive years, and enterprises have become the mainstay of R&D investment. At the same time, however, China still has a series of problems in which key core technologies rely on imports, insufficient innovation capacity of enterprises, and low conversion rate of scientific research achievements. We need to continue to increase investment in research and development, improve the quality of scientific and technological achievements, enhance the capacity for independent innovation, and focus on innovation and ecology. The system construction will promote greater breakthroughs in China's scientific and technological innovation and lay a good foundation for building a strong country in science and technology.

Keywords: Technological Innovation; Research and Development Funding; Core Technology; Intellectual Property

Abstract: This report starts with the history and current situation of Chinese cultural industry development, and analyzes the status and role of cultural industry economy and taxation in the entire national economy and all taxation, especially the taxation, financial input and cultural consumption of cultural industries. Level analysis. According to the current and future development level and prospects of Chinese cultural industry, it carefully summarizes and sorts out the history and current situation of China's cultural industry tax policy, objectively points out the main problems of the cultural industry tax policy, and constructively proposes to improve the taxation of Chinese cultural industry. Several recommendations of the policy.

Keywords: Tax Policy; Cultural Industry; Culture and Related Industries

Abstract: China's digital economy continued to maintain rapid growth in 2019. The digital economy has become one of the important economic fields in China with rapid development, active innovation and strong driving force. The 19th National Congress of the Communist Party of China has made important strategic arrangements for the construction of "network power, digital China and smart society", and proposed to promote theInternet, big data, artificial intelligence and deep integration of the real economy "Internet +", and constantly cultivate new growth points. , the formation of new kinetic energy. Under the current international situation, the development of the digital economy has played a significant role in promoting China's economy from a high-speed growth stage to a high-quality development stage, and is particularly significant in competing for the next round of the technological revolution.

Keywords: Digital Economy; Smart Society; Internet +; Technological Revolution

皮书起源

“皮书”起源于十七、十八世纪的英国，主要指官方或社会组织正式发表的重要文件或报告，多以“白皮书”命名。在中国，“皮书”这一概念被社会广泛接受，并被成功运作、发展成为一种全新的出版形态，则源于中国社会科学院社会科学文献出版社。

皮书定义

皮书是对中国与世界发展状况和热点问题进行年度监测，以专业的角度、专家的视野和实证研究方法，针对某一领域或区域现状与发展态势展开分析和预测，具备原创性、实证性、专业性、连续性、前沿性、时效性等特点的公开出版物，由一系列权威研究报告组成。

皮书作者

皮书系列的作者以中国社会科学院、著名高校、地方社会科学院的研究人员为主，多为国内一流研究机构的权威专家学者，他们的看法和观点代表了学界对中国与世界的现实和未来最高水平的解读与分析。

皮书荣誉

皮书系列已成为社会科学文献出版社的著名图书品牌和中国社会科学院的知名学术品牌。2016 年，皮书系列正式列入“十三五”国家重点出版规划项目；2013~2019 年，重点皮书列入中国社会科学院承担的国家哲学社会科学创新工程项目；2019 年，64 种院外皮书使用“中国社会科学院创新工程学术出版项目”标识。

中国皮书网

（网址：www.pishu.cn）

发布皮书研创资讯，传播皮书精彩内容
引领皮书出版潮流，打造皮书服务平台

栏目设置

关于皮书：何谓皮书、皮书分类、皮书大事记、皮书荣誉、
皮书出版第一人、皮书编辑部

最新资讯：通知公告、新闻动态、媒体聚焦、网站专题、视频直播、下载专区

皮书研创：皮书规范、皮书选题、皮书出版、皮书研究、研创团队

皮书评奖评价：指标体系、皮书评价、皮书评奖

互动专区：皮书说、社科数托邦、皮书微博、留言板

所获荣誉

2008 年、2011 年，中国皮书网均在全国新闻出版业网站荣誉评选中获得“最具商业价值网站”称号；

2012 年，获得“出版业网站百强”称号。

网库合一

2014 年，中国皮书网与皮书数据库端口合一，实现资源共享。

中国社会发展数据库（下设12个子库）

全面整合国内外中国社会发展研究成果，汇聚独家统计数据、深度分析报告，涉及社会、人口、政治、教育、法律等12个领域，为了解中国社会发展动态、跟踪社会核心热点、分析社会发展趋势提供一站式资源搜索和数据分析与挖掘服务。

中国经济发展数据库（下设12个子库）

基于"皮书系列"中涉及中国经济发展的研究资料构建，内容涵盖宏观经济、农业经济、工业经济、产业经济等12个重点经济领域，为实时掌控经济运行态势、把握经济发展规律、洞察经济形势、进行经济决策提供参考和依据。

中国行业发展数据库（下设17个子库）

以中国国民经济行业分类为依据，覆盖金融业、旅游、医疗卫生、交通运输、能源矿产等100多个行业，跟踪分析国民经济相关行业市场运行状况和政策导向，汇集行业发展前沿资讯，为投资、从业及各种经济决策提供理论基础和实践指导。

中国区域发展数据库（下设6个子库）

对中国特定区域内的经济、社会、文化等领域现状与发展情况进行深度分析和预测，研究层级至县及县以下行政区，涉及地区、区域经济体、城市、农村等不同维度。为地方经济社会宏观态势研究、发展经验研究、案例分析提供数据服务。

中国文化传媒数据库（下设18个子库）

汇聚文化传媒领域专家观点、热点资讯，梳理国内外中国文化发展相关学术研究成果、一手统计数据，涵盖文化产业、新闻传播、电影娱乐、文学艺术、群众文化等18个重点研究领域。为文化传媒研究提供相关数据、研究报告和综合分析服务。

世界经济与国际关系数据库（下设6个子库）

立足"皮书系列"世界经济、国际关系相关学术资源，整合世界经济、国际政治、世界文化与科技、全球性问题、国际组织与国际法、区域研究6大领域研究成果，为世界经济与国际关系研究提供全方位数据分析，为决策和形势研判提供参考。

法律声明

“皮书系列”（含蓝皮书、绿皮书、黄皮书）之品牌由社会科学文献出版社最早使用并持续至今，现已被中国图书市场所熟知。“皮书系列”的相关商标已在中华人民共和国国家工商行政管理总局商标局注册，如LOGO（ ）、皮书、Pishu、经济蓝皮书、社会蓝皮书等。“皮书系列”图书的注册商标专用权及封面设计、版式设计的著作权均为社会科学文献出版社所有。未经社会科学文献出版社书面授权许可，任何使用与“皮书系列”图书注册商标、封面设计、版式设计相同或者近似的文字、图形或其组合的行为均系侵权行为。

经作者授权，本书的专有出版权及信息网络传播权等为社会科学文献出版社享有。未经社会科学文献出版社书面授权许可，任何就本书内容的复制、发行或以数字形式进行网络传播的行为均系侵权行为。

社会科学文献出版社将通过法律途径追究上述侵权行为的法律责任，维护自身合法权益。

欢迎社会各界人士对侵犯社会科学文献出版社上述权利的侵权行为进行举报。电话：010-59367121，电子邮箱：fawubu@ssap.cn。

社会科学文献出版社